Dass niemand deine Krone nehme

Ein Bibelstudium über das
Preisgericht Jesu Christi

Eduardo Cartea Millos

Luis Pérez Sío, meinem Lehrer,
María Ligia, meiner unvergleichlichen Ehefrau,
den jungen Leuten, die die Bibel studieren
und die Zukunft der Gemeinde Christi
bis zu seiner Wiederkunft repräsentieren.

Dass niemand deine Krone nehme
Eduardo Cartea Millos

1. Auflage 2023 (Koproduktion)

Verlag Mitternachtsruf, CH-8600 Dübendorf
www.mitternachtsruf.ch
Artikel-Nr. 180186
ISBN 978-3-85810-536-3

Christliche Verlagsgesellschaft mbH, DE-35683 Dillenburg
www.cv-dillenburg.de
Artikel-Nr. 271703
ISBN 978-3-86353-703-6

Übersetzung aus dem Spanischen: Jutta Schäfer
Umschlag: Cicero Studio AG, CH-9442 Berneck
Satz und Layout: Verlag Mitternachtsruf
Herstellung: ARKA Druck, PL-43-400 Cieszyn

Bibelzitate folgen, wenn nicht anders bezeichnet, der Schlachter Version 2000,

Um den Text noch klarer hervorzuheben, werden gelegentlich
auch andere Übersetzungen hinzugefügt.

In der Originalausgabe sind keine Quellenangaben verzeichnet,
sodass wir sie in der Regel, wenn nicht anders angegeben,
aus dem Spanischen übersetzt haben.

Dass niemand deine Krone nehme

Ein Bibelstudium über das
Preisgericht Jesu Christi

Eduardo Cartea Millos

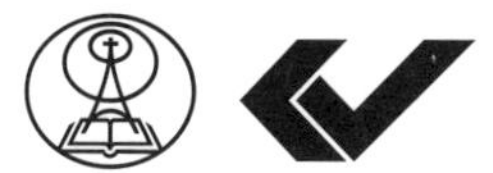

Inhaltsverzeichnis

Einleitung

Das Thema des Preisgerichts Christi ist im Neuen Testament von grosser Bedeutung. In den beiden Hauptstellen, Römer 14,10-12 und 2. Korinther 5,10, wird es eingehend erklärt, und es kommt auch an vielen anderen Textstellen zur Sprache, sei es direkt oder indirekt, wie zum Beispiel als Gleichnis. Darauf werden wir in diesem Buch später noch eingehen.

Im Allgemeinen ist es ein Thema, das nur wenig Beachtung findet und dem man nicht den Platz einräumt, der ihm wirklich gebührt. In der römisch-katholischen Theologie wurde es völlig beiseitegelegt, da man es als einen Bestandteil des *Weltgerichts* ansieht, in dem Gott alle Menschen aller Zeiten, seien sie Christen oder nicht, richten wird. Es kommt erstmalig im sogenannten Apostolischen Glaubensbekenntnis vor, das zwischen Mai und Juni 325 n. Chr. vom Konzil von Nizäa in Bithynien, Kleinasien, verfasst wurde. In diesem Grundstein des römischen Katholizismus heisst es, dass Jesus Christus vom Himmel kommen wird, «zu richten die Lebenden und die Toten». Der Katechismus der römisch-katholischen Kirche sagt, dass die Auferstehung aller Toten, der Gerechten und der Sünder (Apg 24,15), dem Endgericht vorausgehen wird und gemäss Johannes 5,28-29 die Stunde kommt, «in der alle, die in den Gräbern sind, seine Stimme hören werden, und sie werden hervorgehen: die das Gute getan haben, zur Auferstehung des Lebens; die aber das Böse getan haben, zur Auferstehung des Gerichts».

> Weiter lautet es im Artikel 1038 des erwähnten Katechismus: «Dann wird ‹der Menschensohn in seiner Herrlichkeit [kommen] und alle Engel mit ihm. Und alle Völker werden vor ihm zusammengerufen werden, und er wird sie voneinander scheiden, wie der Hirt die Schafe von den Böcken scheidet. Er wird die Schafe zu seiner Rechten versammeln, die Böcke aber zur Linken. Und sie werden weggehen und die ewige Strafe erhalten, die Gerechten aber das ewige Leben› (Mt 25,31.32-33.46).»

Ein Satz belegt diese Lehrmeinung, wo geäussert wird, dass das Gericht Gottes dem Kommen des erhöhten Christus folgen wird: «Das Letzte Gericht wird bei der herrlichen Wiederkunft Christi stattfinden. [...] Dann wird er durch seinen Sohn Jesus Christus sein endgültiges Wort über die ganze Geschichte sprechen» (Artikel 1040).

In der evangelischen Theologie vertreten viele ebenfalls die Position, dass ein einziges Endgericht «am Ende der Zeit» stattfinden wird. Gemäss dieser theologischen Auffassung spricht die Bibel immer von dem kommenden Gericht als einem einzigen Ereignis. Sie lehre, nach vorne zu schauen, nicht auf die Zeiten des Gerichts, sondern auf den «Tag des Gerichts» (Joh 5,28-29; Apg 17,31; 2Petr 3,7), der auch «jener Tag» genannt wird

(Mt 7,22; 2Tim 4,8) und der «Tag des Zorns und der Offenbarung des gerechten Gerichts Gottes» (Röm 2,5). Ausserdem, so meinen Vertreter dieser theologischen Richtung, könne man aufgrund zahlreicher Textstellen darauf schliessen, dass die Gerechten und die Übeltäter gemeinsam im Gericht zu einer endgültigen Trennung erscheinen werden (Mt 7,22-23; 25,31-46; Röm 2,5-7; Offb 11,18; 20,11-15).

Obwohl ein Gericht zur Belohnung der guten Werke derjenigen, die bereits gerettet sind, bejaht wird, betrachten viele evangelische Theologen es nicht als ein getrenntes Ereignis, sondern als einen Bestandteil des «grossen Tages des Gerichts» Gottes über die Menschen.

Zuletzt sei die theologische Position genannt, die auf einer wörtlichen oder historisch-grammatikalischen Auslegung der Heiligen Schrift basiert. Sie lässt uns verschiedene Endzeitgerichte erkennen, die über die Menschen hereinbrechen werden. Alle werden jedoch vom selben Richter, dem Herrn Jesus Christus, ausgeführt (Joh 5,22; Apg 17,31).

Diese Gerichte erfolgen nicht nur zu verschiedenen Zeiten und an verschiedenen Orten, sondern sie beziehen sich auch auf verschiedene Gruppen von Menschen und haben unterschiedliche Kriterien der Beurteilung sowie verschiedene Folgen.

Man darf das eine nicht mit dem anderen vertauschen, wie wir im Folgenden sehen:

- Das Gericht über die auferstandenen und zu ihren Lebzeiten entrückten Gläubigen bei dem Kommen des Herrn für seine Gemeinde (Lk 14,14; 1Thess 4,13-17; 1Kor 4,5; 2Tim 4,8; Offb 22,12). Dieses Gericht wird im Himmel erfolgen (1Thess 4,17; 2Kor 5,1-3) und die Werke des Gläubigen beurteilen (Röm 14,10; 2Kor 5,11), mit dem Ziel, jeden Einzelnen seinen Werken gemäss zu belohnen (1Kor 3,1-15; 2Kor 5,10; 1Kor 9,27; Offb 22,12).

- Das Gericht über Israel – über diejenigen, die am Ende der Grossen Trübsal noch leben. Es wird nach dem zweiten Kommen Christi auf dieser Erde stattfinden, wie wir es in Matthäus 24 und 25 sehen, besonders in 24,31 und 25,1-30. Hier werden die Geretteten von den Ungläubigen getrennt werden, so wie es damals der Hirte mit den Schafen machte, die er eines nach dem anderen «unter dem Stab hindurchgehen» liess. Die Absicht war, sie «in die Bundesverpflichtungen» einzuführen (Hes 20,37-38), zu ihrer Rettung (Röm 11,26-27) oder zu ihrer Verdammnis (Mt 25,30). Dadurch wird offenbar, wer zum wahren Israel, dem «Israel Gottes» gehört (Röm 9,6; Gal 6,16).
- Das Gericht über die Heiden – in Matthäus 25,31-46 «Heidenvölker» genannt –, wobei von ihnen nicht als politischem Gebilde gesprochen wird, sondern als Nationen, die nicht zu Israel gehören, das heisst die Heiden (griech. *ethne*; hebr. *gojim*). Hierbei werden nicht Menschengruppen gerichtet, sondern Einzelpersonen, jeder ganz persönlich, und zwar sind es diejenigen, die nach der Grossen Trübsal noch leben. Die Bibel sagt, dass Gott «jedem vergelten wird nach seinen Werken» (Röm 2,6-8). Dieses Gericht wird auf der Erde stattfinden. Nach Joel 4,2 wird es im «Tal Josaphat» sein, allerdings ist es nicht so ganz einfach, den genauen Ort anzugeben (vgl. Sach 14,4). In dieser Rechtsprechung geht es um den Umgang mit den Juden während der Zeit der Angst Jakobs. Diese Juden werden vom Herrn «meine Brüder» genannt, und er fällt das Urteil, wer ins Tausendjährige Reich eintreten darf (Mt 25,34.41.46), unter

der Bedingung, dass diese Menschen gerettet sind, weil sie das gepredigte «Evangelium vom Reich» während der Grossen Trübsal angenommen haben (Mt 24,14).

- Das Gericht vor dem Grossen Weissen Thron (Offb 20,11-15). Es ist das Endgericht über die Menschen, das im Plan Gottes am Ende der Zeit stattfinden wird. Es geschieht erst nach dem Tausendjährigen Reich (Offb 20,5.12.13) an einem Ort, den die Bibel nicht genau definiert. Dort werden «die Toten, Kleine und Grosse» aller Zeiten, die zur Verdammnis auferweckt wurden, gerichtet, und zwar nach «ihren Werken, entsprechend dem, was in den Büchern geschrieben stand» (Offb 20,12). Dadurch wird jedem Einzelnen der Ungläubigen, dessen Name nicht «im Buch des Lebens» gefunden wurde, gezeigt, dass er es verdient, «in den Feuersee geworfen» zu werden, ewig von Gott getrennt (Offb 20,14).

Es sollte keine Verwechslung geben zwischen Lebenden und Toten, zwischen Gläubigen und Ungläubigen, zwischen Gerichten im Himmel und Gerichten auf der Erde, zu verschiedenen Zeiten vor oder nach der Grossen Trübsal oder vor oder nach dem Tausendjährigen Reich. Dieses Unterscheidungsvermögen ist jedoch nur gegeben, wenn, wie eben erwähnt, die Bibel wortgetreu ausgelegt und die Reihenfolge im göttlichen Plan für die letzte Zeit beachtet wird.

Wir wollen dieses wunderbare Thema jedoch nicht nur unter dem eschatologischen und prophetischen Gesichtspunkt studieren, sondern auch unter dem praktischen Aspekt. Stellen Sie sich folgende Fragen:

- Welche Bedeutung hat das Preisgericht Christi für mein Leben im Hier und Jetzt?
- Was soll das Wissen darüber, dass ich eines Tages vor dem Herrn stehen und von ihm gerichtet werde – zur Belohnung oder zum Verlust –, in meinem Charakter und in meinem Lebenswandel als Christ auslösen?
- Welchen Anreiz für meinen Dienst kann das Wissen bewirken, dass eines Tages meine Werke von dem forschenden Blick dessen begutachtet werden, der Augen hat «wie eine Feuerflamme» (Offb 19,12), der aber auch bereit ist, den Treuen Kronen zu verleihen (Offb 2,10)?

Aus diesen Gründen bedarf das Preisgericht Jesu Christi für die Gläubigen eines besonderen Studiums, zumal diesem Thema im Allgemeinen nicht das Gewicht beigemessen wird, das es verdient. Es ist die Absicht dieses Buches, dem nachzukommen und ihm gerecht zu werden, nach dem Willen des Herrn und allein zu seiner Ehre.

KAPITEL 1

Die glückselige Hoffnung

Die Zeit der Gemeinde des Herrn liegt zwischen den beiden Kommen Jesu Christi, ihres Herrn. Das erste Kommen war zu ihrer Rettung und zu ihrer Heiligung, das zweite (die Entrückung) erfolgt zu ihrer Verherrlichung. Die Gemeinde sehnt sich nach diesem Ereignis, der «glückseligen Hoffnung» (Tit 2,13). Im Endzeitplan Gottes ist es das erste Geschehen, das keiner weiteren Erfüllung irgendeines Zeichens bedarf. Es gibt kein anderes Ereignis, worauf die Gemeinde warten müsste, als allein auf das Kommen des Herrn Jesus Christus.

Das bedeutet seine Rückkehr für die Seinen. Er wird uns für immer zu sich holen. Es wird die Erfüllung der Prophezeiungen des Neuen Testaments sein.

Das Wort «Prophetie» hat hier zwei Bedeutungen. Erstens ist es die Erklärung des göttlichen Willens, für dessen Weitergabe

Gott die Vollmacht erteilt hat. Im Kontext des Neuen Testaments ist die Prophetie die Botschaft des göttlich inspirierten Wortes. Die Prophetie ist aber auch eine Voraussage, eine Deklaration zukünftiger Ereignisse.

Prophetie beruht auf Offenbarung. Diese Offenbarung wird dem Propheten erteilt, und sie wird dann zu einer prophetischen Proklamation, wie es in 2. Petrus 1,19-21 geschrieben steht:

> «Und so halten wir nun fest an dem völlig gewissen prophetischen Wort, und ihr tut gut daran, darauf zu achten als auf ein Licht, das an einem dunklen Ort scheint, bis der Tag anbricht und der Morgenstern aufgeht in euren Herzen. Dabei sollt ihr vor allem das erkennen, dass keine Weissagung der Schrift von eigenmächtiger Deutung ist. Denn niemals wurde eine Weissagung durch menschlichen Willen hervorgebracht, sondern vom Heiligen Geist getrieben haben die heiligen Menschen Gottes geredet.»

An dieser Stelle sind verschiedene Dinge zu beachten:

- Das prophetische Wort ist kein Gegenstand persönlicher Interpretation. Das heisst, dass seine Aussage mit der ganzen Heiligen Schrift im Einklang stehen muss und nicht mit irgendeiner persönlichen Auslegung.
- Es ist inspiriertes Wort. Das bedeutet, dass das von den Autoren Geschriebene von Gott eingehaucht ist. Somit gehört es zum Kanon der Heiligen Schrift und hat göttliche Autorität.
- Es ist ein Licht, das auf unsere Füsse gerichtet ist und Schritt für Schritt den Weg erhellt (Ps 119,105), damit wir nicht stolpern, sondern den Blick auf das grosse Ereignis richten, mit dem unsere Erlösung, deren wir uns jetzt erfreuen, eines Tages im Himmel zur Vollendung kommt.

- Es ist ein Wegweiser, bis der Tag anbricht, das heisst der Tag Jesu Christi, der Tag seines Kommens, und *der Morgenstern aufgeht in unseren Herzen* (2Petr 1,19).

Darum dient das prophetische Wort dem Gläubigen nicht nur zur Information, sondern auch zur Bildung des Charakters und zur Prägung des Lebenswandels. Das heisst, dass wir es nicht studieren, nur um etwas mehr über die Zukunft zu erfahren, wie interessant dies auch sein mag, sondern um unser Christenleben den Ereignissen gemäss zu führen, die uns erwarten.

Die Ereignisse, die nach dem prophetischen Plan stattfinden werden und sich auf die Gemeinde des Herrn beziehen, sind:

- die *parousia*, die Erscheinung des Herrn Jesus, die die herrliche Auferstehung und die Entrückung der Gemeinde beinhaltet;
- die Vergabe der Belohnungen: das Preisgericht Jesu Christi;
- die kommende Herrlichkeit: die Hochzeit des Lammes, das Tausendjährige Reich und die Ewigkeit.

Der Tag Christi

Die *glückselige Hoffnung* der Gemeinde besteht aus einem zweifachen Ereignis: der Auferstehung der Gläubigen, die im Herrn verstorben sind, und der Entrückung der Gemeinde, die beim Kommen des Herrn lebt.

Das Thema der Wiederkunft des Herrn Jesus Christus ist für die Gläubigen sehr klar. Der natürliche Mensch und das Namenschristentum schenken ihm keine Beachtung und sie haben dafür kein Verständnis.

Doch die ganze Bibel spricht davon, und einer von zwanzig Versen erwähnt sein herrliches Kommen. Es wird «am Tag

Christi» geschehen. Dieser Tag, auch «der Tag Jesu Christi» oder «unseres Herrn Jesus Christus» und auch «jener Tag» genannt (1Kor 1,8; 5,5; 2Kor 1,14; Phil 1,6.10; 2,16; 2Tim 1,12; 4,8), hat mit Geschehnissen zu tun, die sich ausschliesslich auf die Gemeinde des Herrn beziehen. Sie gehören in die Zeit vor der Aufrichtung des sichtbaren Reiches Christi bei seinem zweiten Kommen auf diese Erde.

Die Gewissheit seines Kommens

Die Verheissung der Wiederkunft des Herrn Jesus wurde von ihm selbst gegeben. In Offenbarung 22,12.13 heisst es: «Und siehe, ich komme bald und mein Lohn mit mir, um einem jeden so zu vergelten, wie sein Werk sein wird.» Wie eine Unterschrift fügt er dann diese Worte hinzu: «Ich bin das A und das O, der Anfang und das Ende, der Erste und der Letzte.» Dieser Ausdruck deutet auf mindestens drei Dinge hin:

1. den Totalitätsanspruch: Er ist alles, der Anfänger und Vollender unseres Glaubens, «derselbe gestern und heute und auch in Ewigkeit» (Hebr 13,8);
2. die Ewigkeit: Niemand war vor ihm und niemand wird nach ihm sein, «von Ewigkeit zu Ewigkeit bist du Gott» (Ps 90,2);
3. die Autorität: Er ist der Erste, folglich empfing er von niemandem Macht. Er ist der Mittelpunkt und teilt seine Macht mit keinem anderen. Er ist der Letzte und wird somit seine Macht niemandem übergeben. Seine Autorität ist absolut: «Mir ist gegeben alle Macht – alle Autorität – im Himmel und auf Erden» (Mt 28,18).

«In ihm ist das Ja und ... das Amen», er ist der «Amen» (2Kor 1,20; Offb 3,14). Darum ist sein Wort absolut zuverlässig. Seine Verheissung wird in Erfüllung gehen, weil er sein Wort hält, denn er ist der treue und wahrhaftige Zeuge: «Und siehe, ich komme bald und mein Lohn mit mir, um einem jeden so zu vergelten, wie sein Werk sein wird» (Offb 22,12). Von Anfang an wartete die Gemeinde des Herrn hoffnungsvoll auf dieses Ereignis, ohne dass die Notwendigkeit bestanden hätte, dass sich noch irgendein Zeichen erfüllen müsste.

Dessen ungeachtet zeigen uns die aktuellen Weltereignisse – wie die Globalisierung, die ökumenische Bewegung, die wechselnden Krisen, der wachsende Relativismus, die überhandnehmende Korruption und gräuliche Gewalttaten – immer mehr den Schauplatz, auf den die Schrift für das Kommen des Herrn hinweist.

Alles deutet darauf hin, dass das Kommen Jesu bald geschehen wird. Im 22. Kapitel der Offenbarung steht dreimal der Ausdruck «ich komme bald» (V. 7,12 und 20).

Auch in Hebräer 10,37 lesen wir: «Denn noch eine kleine, ganz kleine Weile, dann wird der kommen, der kommen soll, und wird nicht auf sich warten lassen.» Lasst uns in Erwartung dieser «glückseligen Hoffnung» leben (Tit 2,13). Schon bald werden wir die Posaune Gottes und die Stimme des Erzengels hören, die uns nach oben rufen werden, so wie es Johannes in Offenbarung 4,1 vernahm: «Komm hier herauf ...»

«Ja, ich komme bald!», sagt der Herr; «Amen. – Ja komm, Herr Jesus!», antwortet die Gemeinde (Offb 22,20).

Paulus schrieb einen kurzen, aber wertvollen Brief an Titus, in dem er in Kapitel 2 erklärte, wie das Zeugnis eines Christen im täglichen Leben sein sollte. Dabei richtete er sich an die Ältesten – in Bezug auf das Alter –, an die alten und die jungen Frauen, die jungen Männer und die Knechte.

Titus lebte in einer schwierigen Generation in der Gesellschaft von Kreta. Der Apostel bezeichnete die Kreter in seinem Brief als Lügner, Perverse, Götzendiener, Materialisten und Hedonisten. Unsere heutige Gesellschaft unterscheidet sich nicht sehr von der des ersten Jahrhunderts. Auch heute, im Zeitalter des Relativismus und der Postmoderne, sind die Menschen wie sie *Lügner*. Auf allen Ebenen der Gesellschaft, sei es in den persönlichen Beziehungen, im Berufsleben, in der Wirtschaft oder der Politik, nehmen Lügen, Übervorteilungen, Heuchelei und Betrug überhand.

Ebenso sind die Menschen heute *pervers*. Die Bildung hat die primitivsten Instinkte des Menschen nicht verändert, der von seiner Habgier und seinen Leidenschaften beherrscht wird. Die ganze Perversität, die sich in seinem Verstand und in seiner Seele eingenistet hat, trägt der Mensch in seinem Verhalten zur Schau.

Die Menschen sind *Materialisten*. Das Geld ist der grosse Götze, den die Welt liebt und anbetet; ja, sie dient ihm. Das führt zum Konsumismus, der die Menschen mitreisst, in schwindelerregendem Stress zu arbeiten, um das Notwendige wie auch das Unnötige im Leben zu erlangen.

Ebenso sind sie *Hedonisten*, die sich um jeden Preis bemühen, gut zu leben, sich zu vergnügen und «glücklich» zu sein, selbst wenn es bedeutet, Ideale aufzugeben und stattdessen nach immer neueren und erregenderen Alternativen zu suchen. Der «Light-Mensch» von heute sucht sein Glück im Sichtbaren, mehr im Haben als im Sein. Er lebt ohne Verbindlichkeiten, gleichgültig, kalt und gottlos. Er ist ein *Nihilist* ohne verpflichtende Beziehungen, ist gelangweilt und lässt sich einfach treiben.

Zweifellos ist heute, genauso wie gestern, das Evangelium die einzige Antwort auf die «Gesellschaft von Kreta» des 21. Jahrhunderts. Deshalb schreibt Paulus in Titus 2,10, wie das Volk Gottes inmitten einer solchen Gesellschaft sein muss: Die Christen sollen «der Lehre Gottes, unseres Retters, in jeder Hinsicht Ehre machen». Das bedeutet, dass im Leben der Gläubigen *die Lehre Gottes in ihrem ganzen Glanz erstrahlen* soll.

Und dann wird uns in Titus 2,11 der Grund dieser Aufforderung genannt: «Denn die Gnade Gottes ist erschienen, die heilbringend ist für alle Menschen.» Gnade ist das, was Gott uns Menschen unverdient gibt und was sich unbegreiflicherweise durch einen Gott erklärt, der sich zum verlorenen Sünder herabneigt, der sich durch seine Sünde von ihm entfernt hat. Nun aber hat Gott sich ihm gezeigt und die Finsternis der Menschheit wie ein Leuchtfeuer *zur Errettung für alle Menschen* erhellt.

Zwischen Gnade und Herrlichkeit

Das Christenleben ist von der Gnade und der Herrlichkeit umrahmt. Gnade und Herrlichkeit werden in verschiedenen Bibelstellen zusammen genannt (Ps 84,12; Röm 5,2), und sie sind besonders in dem verkörpert, von dem Johannes sagt: «Wir sahen seine Herrlichkeit, eine Herrlichkeit als des eingeborenen Sohnes vom Vater, voller Gnade und Wahrheit» (Joh 1,14, LUT). In Titus 2,11 steht, dass die «Gnade Gottes ... erschienen» (*epephane*) ist, und in Vers 13 wird die «Erscheinung (*epiphaneia*) der Herrlichkeit» erwartet.

Ausserdem übt diese Gnade ein Lehramt aus: Sie unterweist, erzieht und diszipliniert uns, damit wir drei Haltungen annehmen, die die geistliche Natur offenbaren, die im Gläubigen vorherrschen soll: das Absagen, das Leben und das Warten. Diese drei Haltungen vereint ergeben das Lebensmotto, das ein Christ haben sollte: «absagen ... leben und warten» (Tit 2,12-13, LUT).

Wir sollen der Gottlosigkeit, das heisst dem Fehlen der ehrerbietigen Gottesfurcht, und den weltlichen Wünschen und Begierden absagen, die nichts anderes sind als das Trachten des natürlichen Menschen nach Vergnügen, Macht und Reichtum. Wenn das Wort Gottes von «der jetzigen Weltzeit» (V. 12) spricht, dann bedeutet dieser Ausdruck «die gegenwärtige Ära» und meint damit die grosse Menge der Gedanken, Meinungen, Spekulationen, Wünsche, Triebe und Bestrebungen, die für die Welt normal sind und die die Umwelt darstellen, in der wir Gläubigen leben.

Wie viel dieser Umwelt ist in unser Leben eingedrungen! Wie viele weltliche Kriterien haben unser Denken erfasst! Wie viele Wünsche, Praktiken, Lüste und Ziele der gottlosen Menschheit haben sich in unserem Lebenswandel festgesetzt! Der Apostel fordert uns auf, diesen abzusagen – mit Überzeugung, mit heiliger Entschiedenheit, als Antwort auf die Worte des Apostels in Römer 12,1-2:

> «Ich ermahne euch nun, ihr Brüder, angesichts der Barmherzigkeit Gottes, dass ihr eure Leiber darbringt als ein lebendiges, heiliges, Gott wohlgefälliges Opfer: das sei euer vernünftiger Gottesdienst! Und passt euch nicht diesem Weltlauf an, sondern lasst euch in eurem Wesen verwandeln durch die Erneuerung eures Sinnes, damit ihr prüfen könnt, was der gute und wohlgefällige und vollkommene Wille Gottes ist.»

Besonnen zu leben (Tit 2,12), appelliert an unsere Privatsphäre. *Besonnen* bedeutet mit Vernunft, Umsicht, mit einem Verstand, der unter Kontrolle steht. – *Gerecht* heisst ohne Vorurteile, ohne Ansehen der Person, mit Ehrlichkeit und Integrität in unserem Umgang mit anderen. – Und *gottselig* (wie SLT übersetzt) bezieht sich auf unsere Verehrung Gottes, mit inbrünstiger Hingabe und heiliger Ehrfurcht dem Einzigen gegenüber, der unserer Anbetung würdig ist.

Und schliesslich wird gesagt, dass wir so leben sollen, dass wir die «glückselige Hoffnung erwarten und die Erscheinung der Herrlichkeit des grossen Gottes und unseres Retters Jesus Christus» (V. 13). Dieses Erwarten beinhaltet eine ständige Bereitschaft und den Wunsch, den Herrn jeden Moment willkommen zu heissen. Das Warten ist das Ergebnis einer inbrünstigen Hoffnung mit einer permanenten Erwartungsfreude, den zu empfangen, nach dem man sich sehnt. Wie erwartet eine Mutter die Geburt ihres Babys? Wie warten eine Braut oder ein Bräutigam auf den Tag ihrer Hochzeit? Wie erwarten sich Freunde nach einer langen Abwesenheit? Das bedeutet «erwarten». Es ist kein passives Warten, sondern ein freudiges, tief empfundenes Ersehnen, das das ganze Leben in Beschlag nimmt.

«Indem wir die glückselige Hoffnung erwarten» ist nichts anderes, als «die Erscheinung der Herrlichkeit des grossen Gottes und unseres Retters Jesus Christus» zu erwarten. Unser gegenwärtiges Leben spielt sich zwischen Erinnerung und Hoffnung ab, der Erinnerung an Vergangenes und der Hoffnung auf Zukünftiges. Hoffnung ist nicht nur ein schönes Wort. Ohne sie kann der Mensch nicht leben, doch wenn er Hoffnung hat, ist er fähig, alles zu ertragen, sogar das schier Unerträgliche. Im weltlichen Sinn ist die Hoffnung oft ungewiss. Im Fall eines wahren Christen ist die Hoffnung jedoch etwas Sicheres, denn sie stützt sich durch den Glauben auf die zuverlässigen Verheissungen Gottes.

Bevor wir Christus gehörten, lebten wir ohne Hoffnung. Aber seitdem wir uns Jesus als unserem Retter anvertraut haben, erfüllt uns vom ersten Atemzug unseres geistlichen Lebens an eine neue Hoffnung. Gott hat uns den Reichtum der Herrlichkeit dieses Geheimnisses offenbart, das er folgendermassen beschreibt: «Christus in euch, die Hoffnung der Herrlichkeit» (Kol 1,27).

Es heisst, dass unsere Hoffnung *glückselig* ist. Mit anderen Worten: Wir erwarten eine «glückliche», eine «gesegnete» Hoffnung, denn sie wird die völlige und ewige Vollendung aller unserer Segnungen in Christus sein.

Die Gemeinde befindet sich heute in der Welt wie inmitten eines aufgewühlten Sees, vergleichbar mit jener denkwürdigen Begebenheit, von der die Evangelien berichten, während der Herr zum Beten auf einen Berg gestiegen war. Das Schiff von Petrus «litt Not von den Wellen; denn der Wind stand ihnen entgegen. Aber um die vierte Nachtwache kam Jesus zu ihnen und ging auf dem See» (Mt 14,24-25). Und er sprach zu ihnen: «Seid getrost, ich bin's; fürchtet euch nicht!» (V. 27). Diese Worte setzen aller Not ein Ende und stillen jeden Sturm.

Vielleicht sind wir gerade entmutigt, traurig, voller Probleme oder krank und merken, wie unsere Kräfte schwinden. Möglicherweise schleppen wir Sorgen, die unseren Arbeitsplatz betreffen, mit uns herum oder Probleme von zu Hause, mit unserer Familie. Christus ist unsere Hoffnung der Herrlichkeit! Er wird eines Tages kommen, um uns zu sich zu holen. Er wird uns mit sich in den Himmel, zum Haus des Vaters, führen und diesem Leben der Ängste, Entbehrungen und Tränen ein Ende setzen; die Hoffnung wird dann zu einer glückseligen Realität.

Nun schreibt Paulus in Titus 2,13, dass wir auf die «Erscheinung der Herrlichkeit» Jesu Christi warten sollen. Er bezieht sich dabei nicht ausdrücklich auf sein Kommen auf diese Erde, um zu regieren. Das heisst, es geht nicht um die zweite Phase, den zweiten Akt des «Dramas» seines herrlichen Kommens, sondern es betrifft seine strahlende Erscheinung, um die Gemeinde zu sich zu holen: Seine Wiederkunft, im Griechischen die *parousia* Christi genannt, bedeutet die ewige Gegenwart des Herrn Jesus unter den Seinen.

In 1. Thessalonicher 4 können wir einige Dinge hervorheben, die sich auf das Kommen des Herrn Jesus Christus und auf diejenigen beziehen, die ihm angehören, seine Gemeinde.

Eine Rückkehr

Der «Herr selbst wird ... vom Himmel herabkommen» (V. 16). An einem Tag in der Vergangenheit öffnete sich der Mutterleib einer Jungfrau, damit Jesus zum ersten Mal auf diese Welt kommen konnte. An einem Tag in der Zukunft werden sich die Himmel öffnen, und der Herr Jesus wird kommen, um sich mit den Seinen zu treffen, die auferstehen werden, und mit denen, die entrückt werden, um sie alle zu sich zu holen und sie zu verherrlichen.

Die Jahrhunderte der Bibel verschmelzen in dem Lied der Hoffnung aller Zeiten: Christus kommt wieder!

Jesus Christus hat es verheissen (Joh 14,3): «Und wenn ich hingehe und euch eine Stätte (im Himmel) bereite, so komme ich wieder und werde euch zu mir nehmen.»

Die Engel haben es angekündigt (Apg 1,11): «Dieser Jesus, der von euch weg in den Himmel aufgenommen worden ist, wird in derselben Weise wiederkommen, wie ihr ihn habt in den Himmel auffahren sehen.»

Die Apostel lehrten diese Wahrheit:

- Paulus (1Kor 15,51-52): «Siehe, ich sage euch ein Geheimnis: Wir werden zwar nicht alle entschlafen, wir werden aber alle verwandelt werden, plötzlich, in einem Augenblick, zur Zeit der letzten Posaune.»
- Petrus (2Petr 3,9): «Der Herr zögert nicht die Verheissung hinaus.»
- Johannes (1Joh 3,2): «Geliebte, wir sind jetzt Kinder Gottes, und noch ist nicht offenbar geworden ...»
- Jakobus (Jak 5,8): «So wartet auch ihr geduldig; stärkt eure Herzen, denn die Wiederkunft des Herrn ist nahe!»
- Judas (Jud 24): «Dem aber, der mächtig genug ist, euch ohne Straucheln zu bewahren und euch unsträflich, mit Freuden vor das Angesicht seiner Herrlichkeit zu stellen ...»

Zuletzt die Offenbarung, die voller Referenzen auf dieses Ereignis ist. In ihrem letzten Kapitel heisst es zum Abschluss der göttlichen Offenbarung (Offb 22,20), als wäre es das Geheimnis zwischen dem himmlischen Bräutigam und seiner Braut, der Gemeinde: «Ja, ich komme bald!» Und die Gemeinde antwortet im Chor: «Amen. – Ja, komm, Herr Jesus!»

Die Gemeinde hat dieses Geheimnis zweitausend Jahre lang treu bewahrt und es stets vor Augen gehabt, denn es ist von ihrem Gott, der sich einer frech herausfordernden und gottlosen Welt gegenüber in Schweigen hüllt.

Während der ersten dreihundert Jahre war das Christentum eine nahezu verbotene Religion. Die Machthaber des Römischen Reiches wollten es zum Schweigen bringen. So wurden die Christen verhaftet, deportiert, ins Gefängnis geworfen und gegeisselt. Sie erlitten die grausamsten Todesfolterungen, die wir uns vorstellen können. Ihnen wurden die Augen ausgestochen, sie wurden erhängt, enthauptet, gekreuzigt, verbrannt, von wilden Tieren gefressen. Doch von Anfang an in allen Schwierigkeiten erfuhren Christen die Barmherzigkeit und Gnade Gottes in ihrem Leben. Auch wenn es nach aussen hin den Anschein einer Niederlage hatte. Gott trug seine Gemeinde durch die Jahrhunderte, erweckte Männer und Frauen, die die Botschaft der Hoffnung weitertrugen.

Unter Konstantin dem Grossen schlossen sich die Kirche und der Staat zu einem Bündnis zusammen, das alles andere als heilig war. Es war eine Religion ohne Leben, voller Korruption, Betrug und Perversion. Im 16. Jahrhundert jedoch gab es ein Licht der Hoffnung, das durch die geöffnete Bibel von Martin Luther aufleuchtete. Dieses Licht verbreitete sich wie ein Blitz von Nord nach Süd, vom Osten zum Westen, durch Männer des Glaubens, die in der Heiligen Schrift die Wahrheit erkannten, dass «der Gerechte ... aus Glauben leben» wird (Hab 2,4; Röm 1,17). Es flammte die Verheissung des Kommens des Herrn Jesus wieder neu auf.

Im 19. Jahrhundert wollten zuerst in Irland und England und dann in Frankreich, Deutschland, in der Schweiz, in Spanien und Italien eine Handvoll Männer und Frauen zur Wahrheit des Wortes Gottes zurückkehren. Als sie der kalten Liturgie ihrer toten Kirchen den Rücken kehrten, entdeckten sie das Aufblühen und die neue Kraft, die in ihnen die Verheissung des Wiederkommens des Herrn Jesus bewirkte. Und so war es auch bei denjenigen, die uns lehrten, liebten, predigten und sich über die Verheissung freuten: «Ja, ich komme bald!»

Das Gericht Gottes ist noch nicht über die Welt hereingebrochen, weil er Geduld hat und gnädig ist. Viele, die die Wahrheit angenommen haben, werden in der muslimischen Welt und in atheistischen Ländern verfolgt und leiden, doch sie beziehen ihre Kraft aus Gottes Verheissungen. Im Gegensatz dazu glauben viele in den sogenannten christlichen Ländern nicht an Gott und folgen nicht dem Christus der Schrift nach.

Die Menschen haben Gott vergessen und meinen, Gott habe sie vergessen. In Wirklichkeit verhält es sich mit der gleichgültigen Menschheit so, wie es in dem Ausruf des Gleichnisses zum Ausdruck kommt: «Wir wollen nicht, dass dieser über uns herrsche!» (Lk 19,14). Mit Geschrei bekräftigen sie dies vor dem widerwilligen Pilatus: «Kreuzige, kreuzige ihn!» (Lk 23,21). Wie jemand sagte: «Wenn Christus so auf die Erde wiederkäme wie beim ersten Mal, dann würde er wieder gekreuzigt werden.»

Aber so wird es nicht für immer bleiben. Eines Tages wird der Schall der Posaune ertönen wie das antike Widderhorn, der hebräische «Schofar», der die Stämme Israels zur Versammlung rief. Die gebieterische Stimme des Herrn wird zu hören sein (1Thess 4,16) und die Gemeinde wird wie Eisen durch einen starken Magneten in einem Augenblick, in einem Augenzwinkern von dieser Erde entschwinden, wenn ihr geliebter Herr sie für immer zu sich holen wird.

Nun schaut sein Volk zum Himmel auf und «wartet auf die selige Hoffnung und die Offenbarung seiner Herrlichkeit».

Das Volk Israel beobachtete am grossen Versöhnungstag, wie der Hohepriester Aaron sich entfernte, bis er schliesslich hinter dem Vorhang nicht mehr zu sehen war. Dann hörte man seine Schellen im Allerheiligsten, bis er wieder hervorkam. Genauso vernimmt die Gemeinde das Glockengeläut des Kommens Jesu

Christi. Bald wird sie sehen, wie er in seiner strahlenden Herrlichkeit erscheint, um sie zu empfangen und mit sich zu führen in sein Reich. Damit wird er sein Erlösungswerk für die Gemeinde abschliessen.

Eine Auferweckung

Die «Toten in Christus werden zuerst auferstehen» (1Thess 4,16). Paulus sagt in 1. Korinther 15,51-55:

> «Siehe, ich sage euch ein Geheimnis: Wir werden zwar nicht alle entschlafen, wir werden aber alle verwandelt werden, plötzlich, in einem Augenblick, zur Zeit der letzten Posaune; denn die Posaune wird erschallen, und die Toten werden auferweckt werden unverweslich, und wir werden verwandelt werden. Denn dieses Verwesliche muss Unverweslichkeit anziehen, und dieses Sterbliche muss Unsterblichkeit anziehen. Wenn aber dieses Verwesliche Unverweslichkeit anziehen und dieses Sterbliche Unsterblichkeit anziehen wird, dann wird das Wort erfüllt werden, das geschrieben steht: ‹Der Tod ist verschlungen in Sieg. Tod, wo ist dein Stachel? Totenreich, wo ist dein Sieg?›»

Die Gemeinde des Herrn hat ihre Zeit zwischen zwei Auferstehungen: «Als Erstling (der Erste) Christus; danach die, welche Christus angehören, bei seiner Wiederkunft» (1Kor 15,23).

Wer wird auferstehen, entrückt und verwandelt werden? Die Gläubigen der Gemeinde des Herrn von Pfingsten an, bis die Zahl der Erlösten, die den Leib Christi bilden, vollständig ist. – Die Gläubigen des Alten Testaments werden nicht dabei sein; sie werden erst nach der Grossen Trübsal auferweckt werden, um in das Tausendjährige Reich einzugehen (Offb 20,5-6).

Eines Tages wird seine mächtige Stimme im ganzen Universum erschallen, und die Gräber werden sich öffnen. Dann werden Millionen von Christen aller Zeiten, bekannte und unbekannte, ans Licht kommen und mit einem Herrlichkeitsleib dem Herrn entgegengehen.

Wie wird er das tun? Die Bibel beantwortet das in Philipper 3,21: «... vermöge der Kraft, durch die er sich selbst auch alles unterwerfen kann.»

Es ist die Kraft, die das Universum zusammenhält, die Konstellationen in der Dunkelheit des Kosmos leuchten lässt, die Gestirne in ihrer Umlaufbahn und die Natur im Gleichgewicht hält. Es ist dieselbe Kraft, die den brillanten Verstand in den Menschen hineinlegt, die Schönheit in das Kind und den Duft in die Blume. Mit derselben Kraft und derselben Herrlichkeit wird er eines Tages diejenigen auferwecken, die *in Jesus entschlafen sind* (1Thess 4,14-18).

Mir gefällt die Erklärung des bekannten Predigers Robert T. Ketcham:

> «Ich lade dich ein, durch das Tor eines Kohlebergwerks einzutreten, um dann viele Meter bis in die Tiefe der Erde hinunterzufahren, bis in ihr Innerstes. Dort ist alles schmutzig. Es gibt da nur Lehm, Sand, Russ und Wasser. Nun nimm eine Handvoll dieses schmutzigen Lehms und gib ihn Gott. Bitte ihn, damit seiner grossen Macht gemäss zu arbeiten. Er wird den Lehm der Hitze und dem Druck aussetzen, und mit der Zeit wird er zu einer harten und kristallinischen Substanz, die die Sonnenstrahlen reflektieren kann. Es ist ein Saphir. Aber füge ihm noch ein Stück unverbrannter Kohle hinzu und lasse Gott noch weiter in seiner grossen Macht daran arbeiten. Nach einiger Zeit wird daraus ein

noch härterer Kristall. Er ist ein Diamant, der an der Hand einer Frau wunderschön funkelt. Jetzt richte deinen Blick auf den Tag der Auferstehung und siehe, wie dieselbe Kraft etwas Staub, die Überbleibsel des Todes, deren Anblick erschreckend ist, nimmt und nun mit derselben Macht, die den Lehm in einen Saphir oder Kohle in einen Diamanten verwandelt, die sterbliche Hülle in einen Herrlichkeitsleib verwandelt. Was für ein Wunder! Das ist die Kraft Gottes, des Sohnes Gottes, bei seinem Kommen.»

Gott kann aus schwarzer Kohle kristallklare Diamanten machen. Er ist der Schöpfer und hat den dafür notwendigen chemischen Prozess selbst in Gang gesetzt. (Und das lange bevor die Wissenschaft wusste, wie man sie synthetisch herstellen kann!) Wenn er dieses umwandelnde Werk tun kann, dann habe ich keinerlei Mühe, zu glauben, dass er diesen meinen Körper nehmen und ihn durch Seine grosse Kraft wieder aus dem Grab herausholen kann, oder falls ich noch lebe, ihn so verwandeln kann, dass er seinem Herrlichkeitsleib ähnlich ist. Die Gemeinde wiederholt mit Inbrunst die Worte des Paulus:

> «Unser Bürgerrecht aber ist im Himmel, von woher wir auch den Herrn Jesus Christus erwarten als den Retter, der unseren Leib der Niedrigkeit umgestalten wird, sodass er gleichförmig wird seinem Leib der Herrlichkeit, vermöge der Kraft, durch die er sich selbst auch alles unterwerfen kann» (Phil 3,20-21).

Eine Entrückung

«Danach werden wir ... zusammen mit ihnen entrückt werden» (1Thess 4,17). Paulus schreibt: «danach ... wir.» Zuerst werden die Verstorbenen auferstehen. Und danach werden die Gläubigen, die im Augenblick seines Kommens noch leben, mit ihnen zusammen entrückt werden. Paulus lebte damals schon in dieser Erwartung, darum schrieb er «wir». Gleichzeitig jedoch projizierte er die Hoffnung in die Zukunft, und durch die Jahrhunderte hindurch blieb sie aktuell bis in unsere Zeit. Auch wir können mit Begeisterung für dieselbe Hoffnung «wir» sagen. In einem Lied heisst es treffend:

> «Es ist nicht der Tod, auf den ich warte, Herr; das Grab ist nicht mein Ziel. Dein baldiges Kommen, deine zarte Liebe ist's, wonach sich heute meine Seele sehnt.»

Wir ersehnen das Kommen des Herrn. Es wird in einem Moment geschehen, in einem Augenzwinkern, im Bruchteil einer Sekunde, in Lichtgeschwindigkeit oder noch schneller. Dann werden wir in den Wolken Jesus begegnen. Wir werden «entrückt werden» oder «weggeführt werden» mit dem Herrn. Wir werden von ihm abgeholt. Hier wird das griechische Wort *harpazo* gebraucht und bedeutet den Transport von einem Ort zum anderen, das heisst von der Erde in den Himmel. Das Wort weist auf eine «Beseitigung», eine plötzliche Wegnahme hin. Damit wird eine starke Handlung, eine Dringlichkeit, fast eine Gewaltanwendung ausgedrückt. Es wird zum Beispiel in Apostelgeschichte 8,39 gebraucht, als der Geist Philippus aus seiner Umgebung fortnahm, oder als Paulus in 2. Korinther 12,2-4 «bis in den dritten Himmel entrückt wurde». Es kommt auch in Johannes 10,12.28.29 vor, wo der Wolf die Schafe «raubt», aber «niemand kann sie aus der Hand meines Vaters reissen», sagt Jesus.

Warum gibt es eine Entrückung?

Gott ist langmütig und gibt noch Raum zur Rettung (2Petr 3,15). Doch wenn die Vollzahl der Gemeinde erreicht ist, wird sie vor dem kommenden Gericht, das Gott für die gottlose Welt bereithält, entrückt.

Paulus schreibt an die Thessalonicher: «... wie ihr euch von den Götzen zu Gott bekehrt habt, um dem lebendigen und wahren Gott zu dienen, und um seinen Sohn aus dem Himmel zu erwarten, den er aus den Toten auferweckt hat, Jesus, der uns errettet vor dem zukünftigen Zorn» (1Thess 1,9-10).

Sehr aufschlussreich ist auch die Verheissung des Herrn an die Gemeinde in Philadelphia (Offb 3,10): Auch ich werde «dich bewahren vor der Stunde der Versuchung, die über den ganzen Erdkreis kommen wird». Es heisst nicht *in* der Stunde der Versuchung, sondern *vor* der Stunde der Versuchung. Das Kommen des Herrn ist eine Entrückung aus der Welt heraus, bevor die Rachewellen des Zornes Gottes mit all ihrer Gewalt über die gottlose und verdorbene Menschheit zusammenschlagen werden.

Eine Versammlung

So «werden wir bei dem Herrn sein allezeit» (1Thess 4,17). Das ist die Gegenwart des Herrn bei den Seinen, die *parousia*. Im Neuen Testament werden im Wesentlichen vier Ausdrücke gebraucht, um das zweite Kommen Christi zu benennen:

- *Apokalypsis:* «Offenbarung», «den Vorhang zur Seite schieben»; diesen Begriff finden wir in etlichen Schriftstellen (1Kor 1,7; 2Thess 1,7; 1Petr 1,7.13; 4,13).

- *Epiphaneia*: «Erscheinung», «ein heller Schein, der von oben kommt» (2Thess 2,8; 1Tim 6,14; 2Tim 1,10; 4,1.8; Tit 2,13).
- *Phanerosis*: «zu erkennen geben (offenbaren)» (1Kor 12,7; 2Kor 4,2). In keiner dieser beiden Stellen bezieht es sich auf das Kommen des Herrn. Aber *phanerosis* kommt von einem Wortstamm, der im Verb *phaneroo* zu finden ist und eine Verbindung zum zweiten Kommen darstellt (Kol 3,4; 1Petr 5,4; 1Joh 2,28; 3,22; «wenn er offenbar werden wird ...»).
- *Parousia*: Dieser Ausdruck bedeutet «Gegenwart» und wurde vom Herrn in Matthäus 24,3.27.37.39 gebraucht. Er wurde auch häufig von Paulus in Bezug auf das Kommen Christi für die Seinen angewandt (1Kor 15,23; 1Thess 2,19; 3,13; 4,15; 5,23; 2Thess 2,1.8). Jakobus benutzte ihn ebenfalls (Jak 5,7.8) sowie Petrus (2Petr 1,16; 3,4) und Johannes einmalig in seinem ersten Brief (1Joh 2,28). In der Geschichte beschrieb dieser Begriff die angekündigte Ankunft eines Königs oder Kaisers.

Die ersten Christen erwarteten das Kommen Jesu als ein majestätisches Ereignis, in dem die Herrlichkeit des Herrn in ihrer Pracht offenbart werden würde. Damit beschränkt sich sein Kommen nicht allein auf den Akt seines Erscheinens in den Wolken. Es bedeutet vielmehr seine Gegenwart unter den Seinen, denn von da an wird es keine Trennung mehr zwischen dem Herrn und der Gemeinde geben. Wir werden immer bei ihm sein (1Thess 4,17).

Ich erinnere mich an eine Geschichte, die der bekannte Verkündiger Mario Mulki 1965 an einer grossen Konferenz in Buenos

Aires in einer Predigt über das Kommen des Herrn erzählt hatte. Er erzählte mit seinem typischen Akzent:

> «Zu Hause, in der Provinz Santiago del Estero, machte ich eines Nachmittags einen Besuch in der Nähe meiner Wohnung. Ein Ehepaar hatte sich bekehrt, und die sehr betagte Frau fragte mich: ‹Mario, was passiert, wenn man stirbt?› Wir setzten uns an den Tisch und ich antwortete ihr: ‹Sehen Sie, Schwester, die Bibel sagt, und wir glauben das auch, dass, wenn wir sterben, der Körper im Grab bleibt und die Seele in den Himmel geht. Wir sind dann, von unserem Körper getrennt, in der Gegenwart des Herrn.› ‹Ist das wahr?›, fragte sie. ‹Ja, Schwester.› Der Ehemann fragte mich daraufhin: ‹Und was geschieht dann? Wir warten ja auf das Kommen des Herrn, aber was wird eigentlich passieren?› ‹Der Herr wird kommen und sein Volk abholen. Die Toten in Christus werden zuerst auferstehen ... mein Vater, meine Mutter und diejenigen, die schon gestorben sind. Ja, diese zuerst.› ‹Und dann?› ‹Dann wir, die wir leben und noch da sind, wir werden in die Wolken entrückt werden.› ‹Und dann, was wird dann geschehen?› ‹Wir werden für immer bei dem Herrn sein.› ‹Stimmt es, was Sie mir sagen?›»

«Und als ich sie anblickte», sagte Mario, «weinten beide.» «Aber, Sie wissen ja gar nicht, was das für ein Wunder ist, von dem Sie da sprechen! Was ist dann der Tod? Er ist ja nichts weiter als nur ein Schritt.»

Mario beendete diesen einfachen und bewegenden Bericht: «Es war ein Nachmittag in Santiago del Estero – und ich weinte mit ihnen und bat den Herrn um Vergebung.»

Es liegt so viel Schönheit in dieser Schriftstelle, so viel Herrlichkeit Gottes, und weil mir das schon so bekannt ist, empfinde ich nicht mehr das Gewaltige des Entrücktwerdens und was es heisst, für immer bei dem Herrn zu sein. Ewig mit ihm vereint ... Ja, wir werden bei ihm sein und sein Angesicht schauen, und, um es mit Psalm 17,15 zu sagen, wir werden uns an seinem Anblick sättigen, wenn wir erwachen.

Ein schönes, altes Lied drückt dies freudig aus:

«Wenn nach der Erde Leid, Arbeit und Pein
ich in die goldenen Gassen zieh ein,
wird nur das Schaun meines Heilands allein
Grund meiner Freude und Anbetung sein.

Ref.: Das wird allein Herrlichkeit sein,
das wird allein Herrlichkeit sein,
wenn frei von Weh ich sein Angesicht seh!
Wenn frei von Weh ich sein Angesicht seh!

Wenn dann die Gnade, mit der ich geliebt,
dort eine Wohnung im Himmel mir gibt,
wird doch nur Jesus und Jesus allein
Grund meiner Freude und Anbetung sein.

Dort vor dem Throne im himmlischen Land
treff ich die Freunde, die hier ich gekannt;
dennoch wird Jesus und Jesus allein
Grund meiner Freude und Anbetung sein.»

«Wenn nach der Erde Leid, Arbeit und Pein»,
Text: Hedwig von Redern (1905).

Die Gewissheit seines Kommens

Wann wird das Kommen des Herrn stattfinden? Die Bibel sagt: «Die Nacht ist vorgerückt, der Tag aber ist nahe ...» (Röm 13,12).

Unsere Kenntnis um seine Wiederkunft stützt sich nicht auf die Nachrichten der Tageszeitung. Sein Kommen ist völlig unabhängig von den Ereignissen dieser Welt. Unsere Hoffnung gründet sich auf den Glauben an seine Verheissungen, auf sein Wort. Der Herr sagt, dass es *bald* sein wird. Das Kapitel, mit dem die göttliche Offenbarung abschliesst, Offenbarung 22, enthält dreimal diese Verheissung. Zuerst in Vers 7: «Siehe, ich komme bald! Glückselig, wer die Worte der Weissagung dieses Buches bewahrt.»

Das «Siehe» ist ein Ausdruck, der einem «Schau einmal!» entspricht, was als ein Aufruf zur Beachtung gedacht ist, der den Leser auffordert, dem Folgenden grosse Aufmerksamkeit zu schenken. Der Herr fasst die Jahrhunderte zwischen seiner Himmelfahrt und seinem zweiten Kommen – die eingeschobene Zeit der Gemeinde – mit einer schlichten Verheissung zusammen. In ihr liegt seine persönliche Abmachung: Es wird bald sein. Es wird keine Verspätung geben, denn der «Herr zögert nicht die Verheissung hinaus» (2Petr 3,9).

Wenn der göttliche Zeitplan erfüllt ist, wenn das letzte Sandkorn in der «göttlichen Sanduhr» gefallen ist, dann wird er in der Luft kommen und seine Braut abholen. Das wird das erste Ereignis im himmlischen Kalender sein, die Einweihung des Plans der Vollendung aller Dinge.

So lässt der Heilige Geist inmitten der Zeiten, in denen die Gemeinde Jesu immer angefeindet wird, im Wort Gottes dieses Geheimnis des Herrn bezüglich der Seinen schwarz auf weiss gedruckt stehen. Er gibt uns einen Aufruf zur Bereitschaft, voller Trost, Ermutigung und Hoffnung: Der Herr kommt bald! Jeder Gläubige, der diese Worte der Prophetie beachtet und sie mit Freuden befolgt, wird glückselig sein.

Das zweite Mal, wo dieser Ausdruck in Offenbarung 22 vorkommt, ist in Vers 12: «Und siehe, ich komme bald und mein Lohn mit mir, um einem jeden so zu vergelten, wie sein Werk sein wird.» Nochmals stehen diese Worte da, damit wir der Verheissung des Herrn Beachtung schenken. Die Verheissungen, die von einem treuen Gott kommen, von dem, der *gestern und heute und in Ewigkeit derselbe* ist (Hebr 13,8), sind hundertprozentig gewiss. Wir können ihnen absolut vertrauen. Er verspricht, dass er bald kommt, ausserdem kommt er mit Belohnungen. An einem Tag vergab er Gaben infolge seines Sieges auf Golgatha (Eph 4,8). An einem anderen Tag, bald, wird er aufgrund seiner Verheissung und der Vollendung seines Werkes zugunsten seiner Gemeinde wiederkommen und Belohnungen an die verteilen, die treu gewesen sind.

Das nahe Bevorstehen seines Kommens

Das dritte Mal, wo wir von dem Versprechen seiner Rückkehr lesen, ist in Offenbarung 22,20: «Ja, ich komme bald!» Das Verb steht im Präsens: «ich komme», als erfolge die Handlung in derselben Zeit der Gegenwart. Ganz gewiss, der Herr kommt «bald». In diesen Worten, die sein Versprechen schon mehrere Male in diesem Buch wiederholen, liegt ein Hinweis auf sein unmittelbares Bevorstehen (Offb 1,1; 3,11; 22,7.12).

Wenn man an dieses herrliche Ereignis denkt, zieht man in Betracht, dass es jeden Moment geschehen könnte. Von Anfang an und all die Jahrhunderte hindurch wartete der Überrest, die treue Gemeinde, gespannt darauf. Die ersten Christen grüssten sich auf Aramäisch mit «Maranatha!» (1Kor 16,22), «der Herr kommt». Es war für sie so etwas wie ein christliches Kennwort, das sie nicht nur an die Verheissung der Wiederkunft Jesu erinnerte, sondern es war auch eine Ermutigung für ihr Leben, ihr Zeugnis und ihren Dienst. Möglicherweise erheben sich in Ihrer Umgebung Stimmen, die ungläubig oder in einem spöttischen Ton sagen: «Wo ist die Verheissung seiner Wiederkunft?» (2Petr 3,4). Aber sie kennen Gottes Pläne nicht, die er in seinem Wort offenbart hat. Und denjenigen, die ihm angehören, sagt der Apostel, von Gott inspiriert:

> «Dieses eine aber sollt ihr nicht übersehen, Geliebte, dass *ein* Tag bei dem Herrn ist wie tausend Jahre, und tausend Jahre wie *ein* Tag. Der Herr zögert nicht die Verheissung hinaus, wie etliche es für ein Hinauszögern halten, sondern er ist langmütig gegen uns, weil er nicht will, dass jemand verlorengehe, sondern dass jedermann Raum zur Busse habe» (2Petr 3,8-9).

Der Herr kommt bald, und es gibt nichts, worauf wir vorher noch warten müssten; darum hat die Wiederkunft des Herrn immer einen unmittelbaren Charakter. Es sind auch keine «Zeichen» nötig, damit wir wissen, dass sein Kommen nahe ist. Wenn wir im Matthäusevangelium 24,3 die Frage lesen, die die Jünger dem Herrn stellten: «Sage uns, wann wird dies geschehen, und was wird das Zeichen deiner Wiederkunft und des Endes der Weltzeit sein?», dann müssen wir bedenken, dass uns der Kontext dieser Stelle auf das Ereignis des Kommens Christi in Herrlichkeit zur Errichtung seines Reiches hinweist. Somit handelt es sich dabei nicht um ein Zeichen in Bezug auf die Entrückung seiner Gemeinde. Die Zeichen sind für Israel und die Heidenvölker, nicht für die Gemeinde. Die Gemeinde muss auf ihren Herrn warten, nicht unter der Berücksichtigung gewisser Zeichen, sondern im Vertrauen auf seine unwandelbaren Verheissungen.

Die gesamte Antwort, die der Herr in dem besonderen Kapitel 24 des Matthäusevangeliums gibt, bezieht sich auf die Grosse Trübsal, den Zeitabschnitt, der dem Kommen Christi auf diese Erde, um von Jerusalem aus zu regieren, vorangeht. Folglich muss die Gemeinde diese Zeichen nicht miterleben, sondern nur Israel und die heidnischen Völker.

Aber wir können nicht leugnen, dass vor der Zeit, die der Herr selbst als den «Anfang der Wehen» bezeichnet, bereits in unseren Tagen in der Welt einzigartige Dinge geschehen, wie es sie vorher noch nie gegeben hat. Sie sind nicht als Zeichen des Kommens Christi zu verstehen, sondern als ein Beweis der Endzeit. Einige dieser Phänomene nehmen schon Gestalt an – schwach im Verhältnis zu denen, die in Zukunft geschehen werden, aber immer intensiver –, was uns bewusst macht, dass sein Kommen wirklich vor der Tür steht.

Wenn sie schon Zeichen eines zukünftigen Ereignisses sind, wie viel mehr sind sie im Voraus ein Beweis dafür, dass die Entrückung eine Realität sein wird. Ein amerikanischer Verkündiger schreibt:

> «Lasst uns bedenken, dass die *Entrückung* jederzeit geschehen könnte. Tatsächlich hatte die Gemeinde in der Vergangenheit das stets vor Augen und wartete leidenschaftlich darauf, bei diesem so herrlichen Ereignis in den Himmel entrückt zu werden. Und auch heute noch wacht und wartet die treue Gemeinde mit grossem Verlangen auf dieses Geschehen. Es gibt keine spezifischen Zeichen, die darauf hinweisen, dass die Entrückung im nächsten Augen-

blick geschehen wird. Die ‹Endzeitzeichen› sind nicht für die Gemeinde, sondern für das ungläubige Israel. Sie sind keine Zeichen der Entrückung, sondern des Zweiten Kommens. Nichts schiebt sich zwischen die Gemeinde und jene ‹glückselige Hoffnung› (Tit 2,13), um entrückt zu werden und dem Bräutigam in der Luft zu begegnen.
Die Ereignisse, die Christus prophezeite, als man ihn nach den Zeichen seines Kommens fragte, haben die Aufgabe, Israel vor dem Auftreten des Antichrists zu warnen und ihnen anzuzeigen, dass, nachdem er ihnen den Frieden garantiert hat, er sie vernichten will. Diese besonderen Zeichen kündigen auch das Kommen des Messias Israels an, der sie vor den Heeren des Antichrists retten wird. Dieses Ereignis bezeichnen die Christen als das zweite Kommen Christi in Macht und Herrlichkeit. Und da die Entrückung zuerst geschieht, werfen die Zeichen, die die Nähe des zweiten Kommens anzeigen, genug Schatten voraus, damit die Gemeinde merkt, dass die Entrückung sehr bald geschehen muss. Auf jeden Fall, und abgesehen von den Zeichen, müssen wir das Kommen Jesu in den Wolken jeden Moment erwarten und mit freudigem Verlangen danach leben (Matthäus 24,44; Lukas 12,35-36; Philipper 3,20; 1. Thessalonicher 1,9-10; Titus 2,13; Hebräer 9,28; 1. Johannes 3,2-3; Offenbarung 22,17.20).»

Quelle unbekannt

Klare Beweise seines Kommens

Israel. Israel ist die «Uhr Gottes». Jesus Christus sagt: «Von dem Feigenbaum aber lernt das Gleichnis: Wenn sein Zweig schon saftig wird und Blätter treibt, so erkennt ihr, dass der Sommer nahe ist» (Mt 24,32; Lk 21,30). Es ist bereits viel mehr als ein halbes Jahrhundert vergangen, seitdem Israel am 15. Mai 1948 ein unabhängiger Staat wurde. Der Feigenbaum hat ausgeschlagen und kündigt den nahen Sommer an. Es ist ein göttliches Wunder, dass dieses Volk trotz aller Versuche des Feindes, es vom Erdboden auszulöschen, überlebt hat. Seine Entwicklung, Leistungsfähigkeit, Stärke und Vorherrschaft unter den Nachbarstaaten sind so beachtlich, dass man daraus nur den Schluss ziehen kann, dass Gott hinter allem steht und Israel dazu vorbereitet, wieder der Mittelpunkt der Welt zu werden.

Zweifellos erfüllt sich Gottes Verheissung für dieses Volk: «Ich werde euch aus allen Völkern sammeln ...» Über die Jahrhunderte bewahrten die Juden ihre Identität als Volk, das wie der Dornbusch in der Wüste brannte und sich doch nicht verzehrte. Von den Schrecken des Zweiten Weltkrieges und einem geheimnisvollen Ruf angetrieben, wieder zu seinen Wurzeln zurückzukehren, wird das Volk Israel wie von einer unsichtbaren Hand gesteuert, aus allen Nationen herausgeführt und wieder in das verheissene Land gebracht, wo eines Tages das Reich Jesu Christi aufgerichtet wird.

Falsche Christusse. «Es werden falsche Christusse und falsche Propheten auftreten und werden grosse Zeichen und Wunder tun, um, wenn möglich, auch die Auserwählten zu verführen» (Mt 24,24). Das wird in den Jahren der Grossen Trübsal geschehen, aber hat dieser Prozess nicht schon begonnen? Zu allen Zeiten, und besonders im letzten und im jetzigen Jahrhundert, wurden die «falschen Propheten» mit Botschaften des Friedens, des Wohlstandes, der Befreiung usw. immer mehr.

Die New-Age-Bewegung, orientalische Religionen und emotionale, pseudochristliche Bewegungen der «Wohlstands-Theologie», die schon Tausende von Gemeinden der ganzen Welt irregeleitet und Hunderttausende von Christen verführt haben, sind einige der Mittel, mit denen der Feind ins Gefecht zieht und die «das Ende aller Dinge» beschleunigen (1Petr 4,7).

Zur Ökumene, dem religiösen Synkretismus, gehören mittlerweile nicht nur «christliche» Religionen, sondern auch der Islam, orientalische Religionen und selbst der afrikanische Animismus. Ein wahres Babel. Den einzigen Glauben, den sie erstreben wollen, ist nichts Geringeres als der grosse Abfall, der schon Gestalt annimmt und eines Tages seine definitive Form beim Auftreten des Antichrists und seines falschen Propheten erreichen wird. Er wird die ganze Welt beherrschen, nicht nur auf politischer, sondern auch auf religiöser Ebene. Jemand merkte dazu an: «Wenn das *Christentum* die offizielle Religion der Welt sein wird (was auch notgedrungen so geschehen wird, sobald der Antichrist sich als der wiedergekommene Christus ausgibt), dann muss es sehr umfassend sein, um alle Glaubensbekenntnisse der Welt miteinzubeziehen.»

Kriege und Revolutionen. «Denn ein Heidenvolk wird sich gegen das andere erheben und ein Königreich gegen das andere ...» (Mt 24,7; Mk 13,8). Das Phantom des Terrorismus erfüllt die Nationen mit Angst und Unsicherheit. Es ist beinahe unglaublich, dass eine Handvoll anscheinend mässig bewaffneter und schlecht ernährter Männer mächtige Staaten in Schach halten und sie durch Terror lähmen kann. Besonders der Nahe Osten sitzt auf einem Pulverfass. Die Völkermassen sind in Bewegung, wie es Jesaja ausdrückt:

> «Aber die Gottlosen sind wie das aufgewühlte Meer, das nicht ruhig sein kann, dessen Wasser Schlamm und Kot aufwühlen» (Jes 57,20).

Vor dem Kommen Christi in Herrlichkeit zur Errichtung seines Reiches werden Zeiten vorausgesagt, in denen es «auf Erden Angst der Heidenvölker vor Ratlosigkeit» geben wird «bei dem Tosen des Meeres und der Wogen, da die Menschen in Ohnmacht sinken werden vor Furcht und Erwartung dessen, was über den Erdkreis kommen soll; denn die Kräfte des Himmels werden erschüttert werden» (Lk 21,25-26).

Hungersnöte. Laut Statistiken leiden heute über 800 Millionen Menschen Hunger (www.welthungerhilfe.de). Das ist etwa ein Zehntel der Weltbevölkerung.

Während viele Milliarden an Geldern zur Produktion und zum Kauf von Waffen und Kriegsrüstung ausgegeben werden, sterben vor den gleichgültigen Augen der übrigen Gesellschaft Not leidende Kinder, Erwachsene und ältere Menschen in extremer Armut, gezeichnet von Unterernährung, Analphabetismus, Krankheit, hoher Kindersterblichkeit, geringer Lebenserwartung und absolut menschenunwürdigen Umständen.

Das lässt uns erahnen, was noch auf diese Welt zukommen wird. Eine Zeit von grösster Not, einer virulenten Inflation und von nie dagewesenen Hungersnöten, die die ganze Welt geisseln werden (Offb 6,6-8).

Epidemien (Pestilenzen). Krankheiten wie Tuberkulose, Malaria, Cholera und Gelbfieber, die man im Griff zu haben meinte, sind wieder ausgebrochen. Zu diesen bereits bekannten Krankheiten sind völlig neue Infektionskrankheiten hinzugekommen.

Das Aidsvirus verbreitet sich wie nie zuvor und infiziert Millionen von Menschen. Es hinterlässt eine dementsprechende Todesziffer.

Unbekannte Allergien, fremdartige Viren, verschiedene Arten von Grippe, Hepatitis, Krebs, kardiovaskuläre Krankheiten und psychische Probleme wie Depressionen zerstören die Menschen. Die Plagen jedoch, die in der Offenbarung beschrieben werden und noch auf sie zukommen werden, sind um ein Vielfaches schlimmer (Offb 11,6; 15,1; 16,2; 18,4).

Naturkatastrophen. Die Häufigkeit, Intensität und die Zahl der Opfer von Naturkatastrophen sind in den letzten Jahrzehnten beinahe exponentiell angestiegen. (Zeit online, 1. September 2021, 12:49).

Das grosse Seebeben, der Tsunami von Ende 2004, hat dreizehn Länder betroffen, von denen einige weit voneinander entfernt sind. Es gab ca. 230 000 Tote und mehr als 1,7 Millionen Menschen an den Küsten des Indischen Ozeans wurden obdachlos.

Dem können wir die grossen Erdbeben in Asien und Europa wie auch die schrecklichen Folgen der Orkane hinzufügen, die über die USA, Zentralamerika und teilweise wider Erwarten über Südamerika hinwegfegten. Sie sind nur ein schwaches, vorweggenommenes Abbild der Phänomene in der Zeit der Grossen Trübsal (Offb 6,12; 8,5; 11,13).

Moralische Dekadenz. Jemand sagte, dass die Sünden unserer Zeit diejenigen von Sodom und Gomorra übertroffen haben. Der Herr selbst verglich die letzten Tage mit der Zeit Noahs, in der die Menschen «assen und tranken, heirateten und verheirateten» (Mt 24,38). Es sind Tage der Verunreinigung und moralischen Schwäche, des Materialismus, Sensualismus und der Gottlosigkeit, das heisst, dass man Gott vergessen hat und keine Gottesfurcht mehr vorhanden ist.

Sexuelle Unmoral, Ehebruch, Kindesmisshandlung, Vergewaltigung, Abtreibung, Drogen, Gewalt, Bestechung und Ungerechtigkeit in jeder Form erfüllen die menschliche Gesellschaft mit Korruption, und bald wird die Sünde wie in den Tagen Noahs ihren Höhepunkt erreicht haben. Die Stunde des Verderbens wird dann für die von Bosheit verseuchte Menschheit kommen.

Der Verfall der Familie, der Ehe, Trennungen und Scheidungen sind nicht nur unter den Ungläubigen vorzufinden, sondern sie schreiten auch in den Reihen der Christen alarmierend voran.

Das alles lässt uns an den Ruf des Psalmisten denken: «Hilf, Herr, denn ... die Treuen sind verschwunden ... Es laufen überall Gottlose herum, wenn die Niederträchtigkeit sich der Menschenkinder bemächtigt» (Ps 12,2.9).

Gibt es einen Zweifel daran, dass der Herr nahe ist und vor der Tür steht?

Sollten wir uns als Volk Gottes diese offensichtlichen Tatsachen nicht bewusst machen und auf seine herrliche Erscheinung warten?

Das Verlangen nach seiner Wiederkunft

Es stimmt, dass die Tatsachenbeweise dieser letzten Etappe des «Endes der Zeiten» uns klar wissen lassen, dass der Herr bald kommt. Aber noch wichtiger sind die Verheissungen des Herrn selbst, die mit dem Wort aus dem Hohelied seiner Gemeinde sagen: «Da ist die Stimme meines Geliebten! Siehe, er kommt!» (Hld 2,8).

Die Hoffnung des Gläubigen auf das Kommen des Herrn ist, wie in Hebräer 6,19 steht, wie *ein sicherer und fester Anker der Seele*, in der Gewissheit, dass es «noch eine kleine, ganz kleine Weile» ist, «dann wird der kommen, der kommen soll, und wird nicht auf sich warten lassen». Im Originaltext heisst es an dieser letzten Stelle von Hebräer 10,37: «der dabei ist anzukommen, wird kommen und nicht verziehen.»

W. E. Vine sagt in seinem Kommentar, dass die wörtliche Übersetzung des Ausdrucks «noch eine kleine Weile» so lautet: «noch eine kleine Weile, wie wenig, wie wenig!»

Was bewirkt sein unmittelbares Kommen in uns, oder was sollte es bewirken?

Das Erfordernis eines heiligen Lebens. «Geliebte, wir sind jetzt Kinder Gottes, und noch ist nicht offenbar geworden, was wir sein werden; wir wissen aber, dass wir ihm gleichgestaltet sein werden, wenn er offenbar werden wird; denn wir werden ihn sehen, wie er ist. Und jeder, der diese Hoffnung auf ihn hat, reinigt sich, gleichwie auch Er rein ist» (1Joh 3,2-3).

«... damit er eure Herzen stärke und sie untadelig seien in Heiligkeit vor unserem Gott und Vater bei der Wiederkunft unseres Herrn Jesus Christus mit allen seinen Heiligen. ... und euer ganzes [Wesen], der Geist, die Seele und der Leib, möge untadelig bewahrt werden bei der Wiederkunft unseres Herrn Jesus Christus! Treu ist er, der euch beruft; er wird es auch tun» (1Thess 3,13; 5,23-24).

Das Kommen des Herrn ist ein Ansporn, ein standhaftes und treues Leben zu führen, ein untadeliges Leben in authentischer Heiligung.

Der Herr Jesus sagt den Seinen ganz klar:

«Glückselig seid ihr, wenn euch die Menschen hassen, und wenn sie euch ausschliessen und schmähen und euren

Namen als einen lasterhaften verwerfen um des Menschensohnes willen. Freut euch an jenem Tag und hüpft! Denn siehe, euer Lohn ist gross im Himmel. Denn ebenso haben es ihre Väter mit den Propheten gemacht ... Wehe euch, wenn alle Leute gut von euch reden! Denn ebenso haben es ihre Väter mit den falschen Propheten gemacht» (Lk 6,22-23.26).

Zweifellos bringt das Zeugnis des Evangeliums, das fromme Leben, Konflikte mit sich, Unannehmlichkeiten, Spott, Verachtung und gelegentlich noch grössere Probleme. Der Herr sagte es uns im Voraus: «In der Welt habt ihr Bedrängnis» (Joh 16,33). Paulus lehrt: «Und alle, die gottesfürchtig leben wollen in Christus Jesus, werden Verfolgung erleiden» (2Tim 3,12). Aber für alle, die um ihres Glaubens willen in ihrer Familie, unter Studien- und Arbeitskollegen oder in irgendeinem Umfeld oder einer Situation leiden, ist es gut, im Herrn zu ruhen und zu wissen, dass nach der Prüfung der *Lohn gross ist im Himmel* (Mt 5,12).

Geduld in der Prüfung. «So werft nun eure Zuversicht nicht weg, die eine grosse Belohnung hat! Denn standhaftes Ausharren tut euch not, damit ihr, nachdem ihr den Willen Gottes getan habt, die Verheissung erlangt. Denn noch eine kleine, ganz kleine Weile, dann wird der kommen, der kommen soll, und wird nicht auf sich warten lassen» (Hebr 10,35-37).

Befinden wir uns gerade in einer Prüfung? Lasst uns nicht unser Vertrauen auf den Herrn verlieren. Hören wir auf Petrus:

«Dann werdet ihr euch jubelnd freuen, die ihr jetzt eine kurze Zeit, wenn es sein muss, traurig seid in mancherlei Anfechtungen, damit die Bewährung eures Glaubens (der viel kostbarer ist als das vergängliche Gold, das doch durchs Feuer erprobt wird) Lob, Ehre und Herrlichkeit zur Folge habe bei der Offenbarung Jesu Christi» (1Petr 1,6-7).

Hören wir auf Paulus:

«Danach werden wir ... *zusammen mit ihnen* – die auferstanden sind – entrückt werden in Wolken, zur Begegnung mit dem Herrn, in die Luft, und so werden wir bei dem Herrn sein allezeit. So tröstet nun einander mit diesen Worten!» (1Thess 4,17-18).

Treue zur Lehre. «... dass du das Gebot unbefleckt und untadelig bewahrst bis zur Erscheinung unseres Herrn Jesus Christus» (1Tim 6,14).

Ein gläubiger Freund schrieb mir: «Wir betreten das, was sich Web2 oder www.II nennt und danach das Web3. Die Welt, Pornografie, Gewalt und Schmutz werden durch alle Ecken hereinkommen ... sei es per Telefon, interaktives Fernsehen, IPTV, TriplePlay usw. Wir kommen nach Hause und alles ... sogar die Wände werden zu uns sprechen. Es gibt bereits zu viel Müll. Leider benützt auch die sogenannte ‹christliche› Welt die Technologie. Sie ist an sich gut, weil wir durch sie den Zugang zu vielen guten Dingen haben. Aber es steckt auch so viel Irrlehre in den Mitteilungen, und der Teufel bedient sich der Leichtfertigkeit einer Art von ‹Christentum›, das nur ein Blabla ist, weil es von einem Leben mit Christus im Zentrum weit entfernt ist. Das ist fast gefährlicher als das vorherige, weil hinter einer scheinbar harmlosen Botschaft oder Andacht viel Schädliches steckt.»

Der Herr Jesus Christus sagt selbst in Offenbarung 3,11: «Siehe, ich komme bald; halte fest, was du hast, damit dir niemand deine Krone nehme!»

Verbindlichkeit eines gottgeweihten Lebens. «... wie ihr euch von den Götzen zu Gott bekehrt habt, um dem lebendigen und wahren Gott zu dienen, und um seinen Sohn aus dem Himmel zu erwarten ...» (1Thess 1,9-10). Es gilt, ihm in der Ausübung der uns geschenkten Gaben zu dienen, im Zeugnis und in der Weitergabe der Botschaft des Evangeliums an diejenigen, die ihn nicht kennen.

Der Herr sagte seinen Jüngern:

> «Habt acht, wacht und betet! Denn ihr wisst nicht, wann die Zeit da ist. Es ist wie bei einem Menschen, der ausser Landes reiste, sein Haus verliess und seinen Knechten Vollmacht gab und jedem sein Werk, und dem Türhüter befahl, dass er wachen solle. So wacht nun! Denn ihr wisst nicht, wann der Herr des Hauses kommt, am Abend oder zur Mitternacht oder um den Hahnenschrei oder am Morgen; damit er nicht, wenn er unversehens kommt, euch schlafend findet. Was ich aber euch sage, das sage ich allen: Wacht!» (Mk 13,33-37).

Und seine Verheissung ist fest: «Und siehe, ich komme bald und mein Lohn mit mir, um einem jeden so zu vergelten, wie sein Werk sein wird» (Offb 22,12).

Jemand sagte: «Lebe so, als komme er heute wieder.» Dass doch auch unsere Seelen beim Warten auf sein herrliches Erscheinen mit dem Propheten Jesaja sagen könnten: «Ach, dass du die Himmel zerrissest und herabführest» (Jes 64,1). Oder mit den Worten des Johannes in der Offenbarung: «Amen. – Ja, komm, Herr Jesus!» (Offb 22,20).

KAPITEL 2

Das Preisgericht Jesu Christi

Der Richterstuhl Christi

Im vorigen Kapitel betrachteten wir das erste Geschehen, das uns die biblische Eschatologie bezüglich der ersten Phase des zweiten Kommens des Herrn aufzeigt. Es ist die *parousia* Christi, oder seine Gegenwart unter den Seinen: die Auferstehung der Gläubigen und die Entrückung der Gemeinde in die Wolken.

In diesem Kapitel werden wir uns die Geschehnisse anschauen, die diesen beiden grossen, gleichzeitigen Ereignissen folgen.

Das Kommen des Herrn öffnet ein neues Kapitel in seiner Beziehung zur Gemeinde. Wenn der Herr bei seinem Kommen für die Seinen zurückkehrt, dann werden die Gläubigen auferweckt (1Thess 4,13-16), entrückt (1Thess 4,17), am Richterstuhl Christi gerichtet (Röm 14,10; 2Kor 5,10) und bei der Hochzeit des Lammes mit dem Herrn als seine Braut vereint werden (Offb 19,7-9), und schliesslich werden wir mit ihm zusammen an seinem Reich und seiner Herrlichkeit Anteil haben.

Währenddessen beginnt in der Welt die Zeit eines schrecklichen Durcheinanders. Stellen wir uns vor, was passieren wird, wenn Millionen von Menschen von der Erde buchstäblich verschwinden.

Es wird ein echtes soziales, politisches und wirtschaftliches Chaos geben, Flugzeugunglücke und Verkehrsunfälle, Börsencrashs, Finanzkrisen, eine religiöse Bestürzung und eine nie dagewesene politische Ratlosigkeit.

Presse, Rundfunk und Fernsehen, das Internet und andere aktuelle Medien werden in grossem Umfang über den «Tsunami» berichten, den das Kommen des Herrn hervorrufen wird. Es werden angstvolle Tage sein, und man wird nach dem schreien, was die Spitzenpolitiker der Welt schon lange ankündigen: eine starke, weltweite Regierung, die wieder Ordnung in das unheilvolle Chaos bringt, in das die Menschheit versinkt.

Weitab von all dem Weltgeschehen wird die Gemeinde des Herrn in den Himmel aufgenommen werden. Dort werden wir zusammen mit den Gläubigen seit Pfingsten, die dann auferstanden, entrückt und, wie wir alle, mit Herrlichkeitsleibern verwandelt worden sind, in der Gegenwart des Herrn sein.

Wie wird unser Körper sein?

Geistlich, wie der Auferstehungsleib des Herrn: «Es wird gesät ein natürlicher Leib – aus Fleisch und Blut –, und es wird auferweckt ein geistlicher Leib» (1Kor 15,44). «Und wie wir das

Bild des Irdischen getragen haben, so werden wir auch das Bild des Himmlischen tragen» (1Kor 15,49). «Noch ist nicht offenbar geworden, was wir sein werden; wir wissen aber, dass wir ihm gleichgestaltet sein werden, wenn er offenbar werden wird; denn wir werden ihn sehen, wie er ist» (1Joh 3,2).

Unverweslich, das heisst, nicht von Zeit und Umständen beeinträchtigt: «Es wird gesät in Verweslichkeit und auferweckt in Unverweslichkeit» (1Kor 15,42).

Herrlich, voller Kraft, angepasst an eine neue, ewige Dimension:

> «Es wird gesät in Unehre und wird auferweckt in Herrlichkeit; es wird gesät in Schwachheit und wird auferweckt in Kraft ... Denn wir wissen: Wenn unsere irdische Zeltwohnung abgebrochen wird, haben wir im Himmel einen Bau von Gott, ein Haus, nicht mit Händen gemacht, das ewig ist. Denn in diesem [Zelt] seufzen wir vor Sehnsucht danach, mit unserer Behausung, die vom Himmel ist, überkleidet zu werden» (1Kor 15,43; 2Kor 5,1-2).

«Jetzt sind wir arme, zerbrochene und verdrehte Gefässe, aber welche Herrlichkeit erwartet uns bei der Verwandlung und Verherrlichung dieser elenden Körper!», sagt R. T. Ketcham.

> «Unser Bürgerrecht aber ist im Himmel, woher wir auch den Herrn Jesus Christus erwarten als den Retter, der unseren Leib der Niedrigkeit umgestalten wird, sodass er gleichförmig wird seinem Leib der Herrlichkeit, vermöge der Kraft, durch die er sich selbst auch alles unterwerfen kann» (Phil 3,20-21).

Wenn wir Christen zum Herrn gehen werden, während der *parousia* des Herrn, dann werden im Himmel zwei Ereignisse stattfinden: das Preisgericht Jesu Christi und die Hochzeit des Lammes. Betrachten wir nun das erste von ihnen.

Die endzeitlichen Gerichte

Das Preisgericht Christi wird tatsächlich das erste der endzeitlichen Gerichte sein, denn «die Zeit ist da, dass das Gericht beginnt beim Haus Gottes» (1Petr 4,17), der Gemeinde. In Hebräer 10,30 steht: «Der Herr wird sein Volk richten.»

Die Bibel zeigt die endzeitlichen Gerichte auf, die über alle Lebewesen ergehen. Menschen und Engel, und zwar die gefallenen, müssen vom Herrn Jesus Christus gerichtet werden, dem der Vater alles Gericht übergeben hat. Johannes 5,22.27: «Denn der Vater richtet niemand, sondern alles Gericht hat er dem Sohn übergeben ... Und er hat ihm Vollmacht gegeben, auch Gericht zu halten, weil er der Sohn des Menschen ist.» Wie es in Psalm 96,13 steht: «Er kommt, um die Erde zu richten! Er wird den Erdkreis richten mit Gerechtigkeit und die Völker in seiner Treue.» Paulus sagt es in der Apostelgeschichte 17,31 folgendermassen: «... weil er einen Tag festgesetzt hat, an dem er den Erdkreis in Gerechtigkeit richten wird durch einen Mann, den er dazu bestimmt hat und den er für alle beglaubigte, indem er ihn aus den Toten auferweckt hat.» Petrus schreibt es so in seinem ersten Brief: «Sie werden aber dem Rechenschaft geben müssen, der bereit ist, die Lebendigen und die Toten zu richten» (1Petr 4,5).

Wenn wir von «endzeitlichen Gerichten» sprechen, beziehen wir uns natürlich auf diejenigen, die nach dem Kommen – *parousia* – des Herrn Jesus Christus stattfinden. Sie gehören nicht zu dem

- Gericht am Kreuz von Golgatha über unseren Herrn (Joh 5,24; Röm 5,9; 2Kor 5,21; Gal 3,13; Hebr 9,26-28; 10,10.14-17);
- Gericht oder der Züchtigung des Gläubigen in seinem Leben (1Kor 11,31-32; Hebr 12,5-11).

Folgende endzeitliche Gerichte finden, wie bereits erwähnt, nach der *parousia* Jesu Christi statt:

- Das Preisgericht Christi, um die an Jesus Gläubigen zu beurteilen (Röm 14,10; 1Kor 3,9-15; 4,5; 2Kor 5,10; Offb 2,12).
- Das Gericht über die Nationen oder Heiden (Mt 25,31-45; Jes 34,1-2; Joe 4,11-16).
- Das Gericht über Israel (Hes 20,33-44; Sach 13,8-9).
- Das Gericht vor dem grossen weissen Thron über die Ungläubigen aller Zeiten (Offb 20,11-15).
- Das Gericht über die gefallenen Engel (Jud 6; Mt 25,41; Offb 20,10; Röm 16,20; 1Kor 6,3; 2Petr 2,4).

Wir können jedoch auch noch verschiedene andere Gerichte hinzufügen, wo es zwar keinen Gerichtsprozess geben wird, dennoch sind es göttliche Verurteilungen derer, die sich seinen ewigen Bestimmungen widersetzen:

- Die Grosse Trübsal über Israel und die Heidenvölker (Mt 24,15-26; Mk 13,14-23; Dan 9,24-27; Offb 6–9).
- Babylon (Offb 17,1 bis 19,3).
- Der Antichrist, das Tier (Offb 19,20).
- Der falsche Prophet (Offb 19,20).
- Gog und Magog (Offb 20,7-9).
- Der Tod und der Hades (Offb 20,14).
- Das Gericht am «Tag Gottes» (2Petr 3,10-12; Offb 20,11).

Das Preisgericht Christi

Das Preisgericht wird das Ereignis sein, an dem unser Leben, unser Dienst und unsere Treue zum Herrn gerichtet werden. Wenn die Geschäfte des Vaters hier unten beendet sind, ruft der Herr seine Diener zu sich, damit sie bei ihm sind und über ihre Amtsverwaltung Rechenschaft abgeben.

Im Neuen Testament gibt es verschiedene Stellen, die darüber sprechen. Eine der prägnantesten ist 2. Korinther 5,10: «Denn wir alle müssen vor dem Richterstuhl des Christus offenbar werden, damit jeder das empfängt (oder erntet), was er durch den Leib gewirkt hat, es sei gut oder böse.»

In diesem Vers sehen wir, dass das Preisgericht Christi ein Examen sein wird. Es ist:

Notwendig. Dafür gibt es mehrere Gründe:

Erstens, weil alle Menschen durch das Gericht Gottes gehen müssen. Gott hat als Schöpfer und als Erlöser das Recht, die Menschen – und dazu gehören auch die Gläubigen – zu richten. In Römer 2,6-8 steht: «... der jedem vergelten wird nach seinen Werken: denen nämlich, die mit Ausdauer im Wirken des Guten Herrlichkeit, Ehre und Unvergänglichkeit erstreben, ewiges Leben; denen aber, die selbstsüchtig und der Wahrheit ungehorsam sind, dagegen der Ungerechtigkeit gehorchen, Grimm und Zorn!» Aber der Vater wird niemanden richten, sondern Er hat die gesamte Gerichtsvollmacht dem Sohn übergeben, und das ganze Gericht liegt in den Händen des Sohnes, der zweiten Person der Dreieinigkeit (Joh 5,22; Apg 10,42).

Zweitens, weil die Gemeinde bezüglich der vollbrachten Werke während ihrer Pilgerreise durch die Welt zur Perfektion gebracht werden muss. In Epheser 5,25-27 steht, dass «Christus die Gemeinde geliebt hat und sich selbst für sie hingegeben hat, damit er sie heilige, nachdem er sie gereinigt hat durch das Wasserbad im Wort, damit er sie sich selbst darstelle als eine Gemeinde, die herrlich sei, sodass sie weder Flecken noch Runzeln noch etwas Ähnliches habe, sondern dass sie heilig und tadellos sei.»

Wenn Christus die Gemeinde holt, um sich für immer mit ihr als seiner Braut zu vereinen, muss er sie zuvor reinigen, indem er ihre Werke richtet. Lukas 14,14 lässt auf den Zeitpunkt dieses Gerichts schliessen: Es wird «dir vergolten werden bei der Auferstehung der Gerechten». Demzufolge ist der Richterstuhl Christi der Ort, an dem die Belohnungen verteilt werden. Dieses Ereignis erfolgt nach der Entrückung. Wenn der Herr danach bei seinem zweiten Kommen auf diese Erde in Begleitung seiner Braut zurückkehrt, um hier zu regieren, wird sie bereits geprüft, gereinigt und belohnt worden sein.

Offenbarung 19,7-9 handelt von der «Hochzeit des Lammes» und von dem «Hochzeitsmahl des Lammes»; bei diesem Anlass sieht man die Gemeinde als diejenige, der gegeben wurde, «sich in feine Leinwand zu kleiden, rein und glänzend; denn die feine Leinwand ist die Gerechtigkeit der Heiligen». Dieses Festkleid sah Jesaja prophetisch:

> «Ich freue mich sehr in dem Herrn, und meine Seele ist fröhlich in meinem Gott; denn er hat mir Kleider des Heils angezogen, mit dem Mantel der Gerechtigkeit mich bekleidet, wie ein Bräutigam sich den priesterlichen Kopfschmuck anlegt und wie eine Braut sich mit ihrem Geschmeide schmückt» (Jes 61,10).

Das sind die «gerechten Taten der Heiligen», die Werke, die geblieben sind, nachdem sie im Gericht am Richterstuhl Christi standgehalten und Belohnungen verdient haben (1Kor 3,14).

In Offenbarung 21,9-11 lesen wir:

> «Und es kam zu mir einer der sieben Engel, welche die sieben Schalen hatten, die mit den sieben letzten Plagen gefüllt waren, und redete mit mir und sprach: Komm, ich will dir die Frau, die Braut des Lammes, zeigen! Und er brachte mich im Geist auf einen grossen und hohen Berg und zeigte mir die grosse Stadt, das heilige Jerusalem, die von Gott aus dem Himmel herabkam, welche die Herrlichkeit Gottes hat. Und ihr Lichtglanz gleicht dem köstlichsten Edelstein, wie ein kristallheller Jaspis.»

Wenn die Gemeinde vor dem Richterstuhl Christi zur Vollkommenheit gebracht worden ist, wird sie die Herrlichkeit Gottes mit einem hellen Licht widerstrahlen. In 1. Korinther 4,5; 2. Timotheus 4,8 und Offenbarung 22,12 stehen die Belohnungen, die der Herr vergibt, im Zusammenhang mit seinem Kommen für die Seinen, seiner *parousia*. Demzufolge können wir darauf schliessen, dass das Gericht über die Gläubigen unmittelbar nach diesem herrlichen Ereignis stattfinden wird.

Drittens, weil der Herr ein gerechter Richter ist und er jedem seinen Lohn entsprechend seiner Werke und seiner Treue geben wird. Der Richterstuhl Christi ist der Ort in der himmlischen Sphäre, wo alle Gläubigen dem Herrn Rechenschaft abgeben müssen. Das heisst, dass wir einer Prüfung unterzogen werden.

Nahe bevorstehend. Wir lesen in Jakobus 5,8-9: «So wartet auch ihr geduldig; stärkt eure Herzen, denn die Wiederkunft des Herrn ist nahe! Seufzt nicht gegeneinander, Brüder, damit ihr nicht verurteilt werdet; siehe, der Richter steht vor der Tür!» Zwanzig Jahrhunderte nach der Niederschrift dieser Worte nimmt diese Anweisung eine aussergewöhnliche Gültigkeit an. Es besteht kein Zweifel, dass das Kommen des Herrn immer näher rückt. In diesem Text des Jakobusbriefes steht angesichts der Wahrheit, dass das Gericht nahe bevorsteht, eine Empfehlung, die an eine geduldige, tolerante und liebevolle, brüderliche Beziehung zwischen denen appelliert, die Geschwister in Christus sind.

Unentrinnbar. 2. Korinther 5,10 lautet: «Denn wir alle müssen ... offenbar werden ...» Jeder Mensch muss sich einem göttlichen Gericht unterziehen. Einige früher, die anderen später. Einige, um ein bestimmtes Urteil anzuhören, die anderen ein anderes. Aber *es ist notwendig*, dass jeder Mensch von Gott, in der Person seines Sohnes Jesus Christus, gerichtet wird.

Natürlich handelt es sich in diesem Vers um die Gläubigen, da hier «wir» gesagt wird. Die Briefe an die Römer und an die Korinther wurden an Christen und nicht an Ungläubige geschrieben. Deshalb gilt «wir» zweifellos denen, die wiedergeboren sind, zur Gemeinde Jesu Christi gehören und aus diesem Grund am Tag der *parousia* des Herrn entrückt werden und vor *seinem Richterstuhl* stehen werden.

Einige Mitglieder der Gemeinde in Korinth hatten ein Gericht Gottes verdient. In 1. Korinther 11 schreibt der Apostel, dass aufgrund der Verfehlungen und Sünden im Leben einiger von ihnen Gott ihr Leben gerichtet hat, sodass es unter ihnen «viele Kranke und Schwache» gab und, wie er sagt, «eine beträchtliche Zahl ... entschlafen» ist. Aber das war nicht das letzte Gericht für sie. Jeder Gläubige, «wir alle» müssen vor dem Preisgericht Christi erscheinen. Wenn Jesus Christus kommt, um seine Gemeinde zu holen, werden wir vor seinem Richterstuhl stehen.

Erhaben. «Vor dem Richterstuhl des Christus.» Im Neuen Testament gibt es im Griechischen drei Ausdrücke, die mit *Gerichtsplatz* oder einfach *Gericht* übersetzt werden:

Thronos: Übersetzt, oder besser gesagt, umschrieben als «Thron». Dieser Ausdruck kommt mehrere Male in Offenbarung 4 und 5 vor, wo er sich auf den Thron Gottes und des Lammes bezieht, der von den lebendigen Wesen und der Menge der Engel umgeben ist. Derselbe Ausdruck wird auch auf die vierundzwanzig Throne der Ältesten angewandt, die rings um den erhöhten Thron Gottes stehen.

Aber es ist auch der Stuhl des Richters. So tritt er unter anderem auch in Matthäus 25,31 als der Thron seiner Herrlichkeit auf, den der Herr einnehmen wird, um die Nationen oder die Heiden zu richten. Das wird nach seinem zweiten Kommen auf die Erde vor dem Beginn seines Tausendjährigen Reiches geschehen, das heisst in der Offenbarung Christi in Herrlichkeit. Diesem Gericht liegt der wohlwollende Umgang mit Israel während der Grossen Trübsal zugrunde. In Offenbarung 20,11-12 lesen wir vom grossen weissen Thron, wo der Herr selbst die ungläubigen Toten richten wird, was am Ende des Tausendjährigen Reiches und des «Tages des Herrn» geschehen wird; dieses wird ein verurteilendes Gericht bezüglich der Rettung sein.

Es wäre schwer erklärbar, dass wir Gläubigen die innige Gemeinschaft mit dem Herrn in der Herrlichkeit verlassen und inmitten derjenigen erscheinen sollen, die vor dem grossen weissen Thron gerichtet werden, zumal der Herr Jesus für seine Gemeinde kommen wird, damit sie für immer bei ihm sei, wie er es in Johannes 14,3 versprochen hat: «... so komme ich wieder und werde euch zu mir nehmen, damit auch ihr seid, wo ich bin.» Das wird auch vom Apostel Paulus in 1. Thessalonicher 4,13-17 bestätigt. Demzufolge darf man das Preisgericht Jesu Christi nicht mit diesen beiden eschatologischen Gerichten verwechseln, und wir können auch nicht mit biblischer Begründung behaupten, dass es nur ein universales Gericht für die Gläubigen und die Ungläubigen geben wird.

Die Majestät der göttlichen Gerichte

Der Apostel Paulus spricht von der Majestät der göttlichen Gerichte in einer ganz feierlichen Redeweise. 2. Timotheus 4,1: «Daher bezeuge ich dir ernstlich vor dem Angesicht Gottes und des Herrn Jesus Christus, der Lebendige und Tote richten wird, um seiner Erscheinung und seines Reiches willen ...» Eines der Gerichte, die bei seiner Offenbarung stattfinden werden, ist das Preisgericht Christi.

Kriterion: Dieser Ausdruck erscheint dreimal im Neuen Testament (1Kor 6,2.4; Jak 2,6), und keine dieser Stellen bezieht sich auf das Preisgericht Christi. In diesen Fällen scheint er sich auf die Norm oder das Kriterium zu beziehen, wonach das Gericht vorgeht, auf den Gerichtsprozess und auch auf den Ort, an dem gerichtet wird.

Bema: Zwölfmal finden wir diesen Ausdruck im Neuen Testament; an zwei Stellen bezieht er sich auf den Richterstuhl des Christus (Röm 14,10 und 2Kor 5,10). In diesem Fall bedeutete das Wort im Urtext eine Stufe oder Plattform, eine Erhöhung, auf die man den Thron des Herrschers oder das Podium eines Richters stellte (vgl. Apg 18,12). Dadurch kennzeichnete man den Platz, an dem der Richter der griechischen Spiele den Verlauf des Wettbewerbs der Athleten beobachtete, und von dort aus belohnte er die Gewinner.

Er war also *erhöht*, was diesem Sitz Würde, Autorität und Ehre vonseiten des Richters verlieh. Es ist ein Ort der Preisverteilung, was bedeutet, dass dort nicht gerichtet wird, um zu verurteilen oder zu strafen, sondern um Prämien zu überreichen, wie es F. Lacueva sagt: «Es ist kein Strafgericht, um jemanden zu verurteilen, sondern ein Gericht über die Handlungen, bei dem es um die Belohnung geht.» Trotzdem wird es ein Ort von grosser Feierlichkeit sein, denn bevor es die ganze Menschheit tun wird, wird sich dort für das Volk Gottes das «Kniebeugen» vor dem Herrn erfüllen, in einer Haltung von absoluter Unterwerfung vor der Majestät dessen, der allein würdig ist, allen *Ruhm und die Ehre und die Macht zu empfangen* (Offb 4,11), und der ausserdem der einzig Würdige ist, die Menschen zu richten, das Opferlamm, das am Kreuz gesiegt hat (Jes 45,23; Röm 14,11; Phil 2,10; Offb 5,9).

Ein Ort der Belohnungen

Dort wird nicht unsere Schuldfrage behandelt werden. Diese Sache wurde bereits am Kreuz gerichtet, und Jesus, unser Mittler, nahm an ihm unseren Platz ein, als er für unsere Sünden starb, indem er unsere Schuld auf sich lud und die Strafe auf sich nahm, die wir als Sünder verdienten. Am Kreuz wurde die Frage unserer Errettung bereits gelöst; der Herr «hat unsere Sünden selbst an seinem Leib getragen auf dem Holz» (1Petr 2,24); die Gnade Gottes hat die Verurteilung, die unsere Schuld verdiente, aufgehoben und weggenommen, sodass wir voller Vertrauen sagen können: «So gibt es jetzt keine Verdammnis mehr für die, welche in Christus Jesus sind» (Röm 8,1; Joh 3,18; Hebr 10,14.17).

Mit Nachdruck sagt Jesus im Johannesevangelium 5,24 die Worte:

> «Wahrlich, wahrlich, ich sage euch: Wer mein Wort hört und dem glaubt, der mich gesandt hat, der hat ewiges Leben und kommt nicht ins Gericht, sondern er ist vom Tod zum Leben hindurchgedrungen.»

Das Preisgericht Christi ist kein Gericht zur Verurteilung oder zur Freisprechung, sondern ein Ort für Belohnungen. Folglich wird hier nicht über unsere Sünden Gericht gehalten, um über unsere Verdammnis oder Errettung zu entscheiden, denn alle, die wir dort sein werden, sind bereits für immer gerettet.

Ein Theologe sagte: «Der Richterstuhl Christi wird nicht über das Recht der Gläubigen entscheiden, an der Erlösung teilzuhaben, wodurch sie ja schon berechtigt wurden, in die *parousia* einzugehen, sondern sie befinden sich dort als Konsequenz der Tatsache, dass sie Kinder Gottes durch ihren Glauben an Jesus Christus geworden sind. Es ist der Glaube, der ihnen die Erlösung durch das Blut Christi zuteilwerden liess, indem sie die Vergebung ihrer Sünden erhielten.»

Calvin schreibt in seinem Kommentar zum zweiten Brief an die Korinther: «Nachdem er uns auf diese Weise durch seine Gunst angenommen hat, nimmt er auch in seiner Barmherzigkeit unsere Werke an, und gerade von dieser unverdienten Annahme hängt die Belohnung ab.»

In dem Buch «Die zukünftigen Ereignisse» zitiert Dwight Pentecost Arthur Pridham, der es so treffend zum Ausdruck bringt:

> «Ein Heiliger geht niemals wieder wegen seiner natürlichen oder geerbten Sündhaftigkeit vor Gericht, denn er ist ja bereits zusammen mit Christus gerichtlich für tot erklärt worden, und von daher kann er nicht mehr wegen seiner natürlichen Verantwortung belangt werden. Als Mensch

> wurde er in der Waagschale gewogen und als zu leicht erfunden. Er wurde auf dem Weg zur ewigen Verdammnis geboren, mit einem natürlichen Erbe des Zorns. In seinem Fleisch wurde nichts Gutes gefunden. Aber seine Schuld wurde durch das Blut seines Erlösers gelöscht, und wegen seines Retters wurde ihm frei und rechtmässig vergeben. Weil Christus von den Toten auferstanden ist, ist er nicht mehr in seinen Sünden. Er ist durch den Glauben gerechtfertigt und im Namen und durch das Verdienst des Gerechten vor Gott gestellt. Dieser neue und ewig selige Titel der Adoption hat das Siegel und lebendige Zeugnis des Heiligen Geistes. Folglich kann er nicht vor Gericht belangt werden.»

Es ist absolut selbstverständlich und nötig, dass wir über unsere Haushalterschaft Rechenschaft ablegen müssen. Aber, wie es Trenchard in seiner Auslegung zum Römerbrief sagt, ist es unfasslich, zu meinen, dass «die Heiligen, die untrennbar mit Christus in den himmlischen Örtern vereint sind und an seinem Leben teilhaben, sich unter den Feiglingen, Ungläubigen, Gräulichen, Mördern, Unzüchtigen, Zauberern, Götzendienern und Lügnern befinden sollen (Offb 21,8), um noch einmal zu erfahren, was schon vorher beschlossen worden ist, nämlich, dass ihre Namen im Buch des Lebens geschrieben stehen ...»

Beim grossen weissen Thron geht es um eine Untersuchung auf «gerichtliche Anweisung», wo diejenigen gerichtet werden, die nicht von Neuem geboren sind, das heisst die Ungerechten. Ihr Urteil wird die ewige Verdammnis sein.

Der Richterstuhl Christi ist ein «Verwaltungsgericht». Wir Gläubigen werden dort sein. Das rechtmässige Urteil ist für uns schon vollstreckt worden, denn Christus «hat unsere Sünden selbst an seinem Leib getragen auf dem Holz» (1Petr 2,24), folglich «gibt es jetzt keine Verdammnis mehr für die, welche in (vereint mit) Christus Jesus sind» (Röm 8,1).

Die Gnade hat die ganze Verurteilung der Sündenschuld annulliert. Sie wurde schon von Christus gesühnt und Gott wird ihrer nie wieder gedenken (Hebr 10,17). Aber einerseits bleibt während unseres Lebens als Gläubige die alte Natur noch in unserem Körper und Geist bestehen, sodass wir gerichtet werden müssen, denn jedes Werk, das wir in unserem Leib getan haben, muss vor Gericht kommen. Andererseits, wie schon gesagt, müssen wir über unsere Haushalterschaft Rechenschaft ablegen.

Es geht also nicht darum, zu erfahren, ob diejenigen, die dort sind, in den Himmel kommen werden oder ob sie im Himmel bleiben werden. Sie sind schon für ewig gerettet.

Der Richterstuhl Christi ist auch kein Gericht moralischer Art. In 1. Korinther 11,30 sagt der Apostel, dass in dieser Gemeinde einige schwach und andere krank waren; und etliche sind entschlafen, weil sie ein Leben führten, das nicht den Anforderungen der Heiligkeit Gottes entsprach. Diese Gerichte wendet der Herr für einzelne Gläubige an, wenn Sünde in ihrem Leben herrscht. Aber das hat nichts mit dem Gericht am Richterstuhl Christi zu tun. Die Sünde beeinträchtigt unser Leben in der Heiligung und im Dienst. Aber dort wird nicht die Sünde in Augenschein genommen, und sie bekommt da auch keine Verurteilung. Wer vor dem Richterstuhl Christi stehen wird, dem ist diese Tatsache Grund genug, zu wissen, dass er gläubig und ewig gerettet ist.

Ein Disziplinarprozess

Dort wird es zwar keine Verurteilung geben, aber es wird dennoch ein Disziplinarprozess sein, in dem der Weizen von der Spreu der Werke jedes Gläubigen getrennt wird.

Das Ergebnis wird in der Gemeinde zu sehen sein, die dann weder Flecken noch Runzeln noch etwas Ähnliches haben wird, sondern heilig und tadellos sein wird (Eph 5,27), in feine Leinwand gekleidet, rein und glänzend; denn die feine Leinwand sind die gerechten Taten der Heiligen (Offb 19,8). Hier ist nicht von der Gerechtigkeit die Rede, die von Christus dem Leben der Gläubigen angerechnet wird, wodurch sie gerettet und durch den Glauben gerechtfertigt werden (Röm 5,1) und somit frei von der Verdammnis sind (Joh 5,24; Röm 8,1), sondern es ist die Gerechtigkeit, die sich auf ihre gerechten Werke bezieht.

So sind nun die «gerechten Taten der Heiligen» nicht Gegenstand der Rechtfertigung, sondern die gerechten Werke sind ein Beweis des Glaubens. Diese Werke werden nicht vollbracht, um die Erlösung zu erwerben, sondern um sie zu bekunden (Eph 2,10), und sie werden bestehen bleiben, wenn sie durch das reinigende Feuer des Gerichts Christi gehen.

In 2. Korinther 5,10 steht «Richterstuhl des Christus». In Römer 14,10 lesen wir: «Wir werden ja alle vor dem Richterstuhl des Christus erscheinen.» Also ist der Richter der Herr. Petrus sagt in Apostelgeschichte 2,36, dass «Gott ihn sowohl zum Herrn als auch zum Christus gemacht hat, eben diesen Jesus, den ihr gekreuzigt habt!» Er ist der Einzige, der im Himmel und auf der Erde gefunden wurde, um die Menschen zu richten (Offb 5,12). Er ist derjenige, vor dem sich *jedes Knie beugen und jede Zunge bekennen* wird, wie es Römer 14,11 und auch Philipper 2,10-11 aus Jesaja 45,23 zitieren. Von daher gibt es ein Gesetz für alle

Menschen, ein Prinzip der Verantwortung: Eines Tages wird *der Richter der Lebendigen und der Toten* (2Tim 4,1), *der gerechte Richter* (2Tim 4,8), die Menschen richten und darunter auch uns, die Seinen. In 1. Korinther 4,5 heisst es:

> «Darum richtet nichts vor der Zeit, bis der Herr kommt, der auch das im Finstern Verborgene ans Licht bringen und die Absichten der Herzen offenbar machen wird; und dann wird jedem das Lob von Gott zuteil werden.»

Der Herr Jesus Christus ist also derjenige, der richtet, und das Lob, d. h. die Belohnung, wird von Gott, dem Vater, empfangen werden. Er wird sich auf seinen Richterstuhl setzen und seine Diener um Rechenschaft bitten, und er wird auch die Preise übergeben: «... so werde ich dir die Krone des Lebens geben» (Offb 2,10).

> «Von nun an liegt für mich die Krone der Gerechtigkeit bereit, die mir der Herr, der gerechte Richter, an jenem Tag zuerkennen wird, nicht aber mir allein, sondern auch allen, die seine Erscheinung liebgewonnen haben» (2Tim 4,8).

Aber, wie wir es bereits gesehen haben, ist das Preisgericht Christi nicht nur notwendig, unmittelbar bevorstehend, unausweichlich und erhaben, sondern es ist auch:

Persönlich: «jeder». Es besteht kein Zweifel, dass das Gericht nicht kollektiv, sondern persönlich, individuell, ausgeführt wird. Das erfüllt die Schrift: «So wird also jeder von uns für sich selbst Gott Rechenschaft geben» (Röm 14,12). Der deutsche Ausdruck «Rechenschaft geben» stammt aus der Buchhaltung und bedeutet das, was ein Rechnungsprüfer am Ende eines Geschäftsjahres erstellt: eine Bilanz. Demnach wird der Richterstuhl Christi der Ort sein, wo der Herr eine Bilanz vom Leben jedes Einzelnen von uns erstellen wird. Die Bilanzen können Verlust oder Gewinn aufweisen und auch ein Guthaben, oder was von unseren Werken am Ende dieses Zeitabschnittes übriggeblieben ist, sei es positiv oder negativ. Wie wird deine und meine Bilanz an jenem Tag ausfallen?

Der Begriff «erscheinen» kann auch mit «offenbar werden» übersetzt werden. Das Wort, das in Römer 14,10 gebraucht wird (griech. *parastesometha*), bedeutet annähernd «vor dem Richterstuhl stehen», wie es bei Paulus in Apostelgeschichte 27,24 der Fall war, wo dasselbe Wort in Verbindung mit Paulus' Erscheinen vor dem Kaiser gebraucht wird. Das Wort, das in 2. Korinther 5,10 angewandt wird (griech. *phanerothenai*), bedeutet «etwas, das ans Licht kommt, das offenbar wird» (abgeleitet von *phaneroo*: erscheinen, sich zeigen, ans Licht treten – von daher der Begriff «Fanal», ein Leuchtfeuer). In einem exzellenten Kommentar zum ersten und zweiten Korintherbrief schreibt John Heading:

> «Das Wort ‹erscheinen› bedeutet mehr, als nur vor dem Stuhl des Richters zu stehen. Der Ausdruck bezeichnet ein ‹Offenbar-Werden›. Das *bema* des Christus heisst, er wird offenbaren, beweisen, öffentlich enthüllen, und zwar den Charakter und die eigentliche Motivation des Individuums.»

Im Lukasevangelium weist der Herr die Seinen auf diese Offenbarung hin, indem er sagt:

> «Es ist aber nichts verdeckt, das nicht aufgedeckt werden wird, und nichts verborgen, das nicht bekannt werden wird. Alles, was ihr im Finstern redet, wird man darum im Licht

hören, und was ihr in den Kammern ins Ohr gesprochen habt, wird auf den Dächern verkündigt werden» (Lk 12,2-3).

Wir Gläubigen werden alle dort stehen, und wir werden offenbar werden. Das heisst wörtlich, dass man uns «umkrempeln» wird; man wird uns zeigen, wie wir innerlich sind. Nicht von aussen, sondern von innen. Dann wird man nicht sehen, was wir zeigen, sondern was wir in Wirklichkeit *sind*.

Augen wie Feuerflammen

Eines Tages werden uns Augen «wie eine Feuerflamme» (Offb 1,14) durchdringen und der, der «ein verzehrendes Feuer» ist (Hebr 12,29) und spricht: «Ich kenne deine Werke» (Offb 2,2), wird Licht auf unsere veränderte Seele werfen. Wie sie auf dem ausweichenden Blick von Petrus ruhten und ihm bis in die Seele hineinschnitten, bis er aus sich herauskam und in ein bitterliches Weinen ausbrach, so werden diese Augen uns nicht nur enthüllen, was wir getan haben, sondern auch, wie wir es taten. Nicht nur die Tat, sondern auch die Motivation, die sie angetrieben hat. Das Gericht Christi wird offenbaren und öffentlich den Charakter und die grundlegende Motivation jedes Gläubigen enthüllen.

Das Wort des lebendigen Gottes, das wie ein zweischneidiges Schwert ist, wird unterscheiden können. Es wird wie ein Skalpell das Innere unserer Seele öffnen und die Absichten des Herzens zu erkennen geben. Hebräer 4,13: «Und kein Geschöpf ist vor ihm verborgen, sondern alles ist enthüllt und aufgedeckt vor den Augen dessen, dem wir Rechenschaft zu geben haben.»

Es ist auch anzunehmen, dass das Wort «erscheinen» nahelegt, dass es sich nicht um ein geheimes Gericht für jede Person handelt, sondern dass es nach 1. Korinther 4,5 in der Gegenwart aller anderen geschehen wird, denn dort heisst es, dass «der Herr ... das im Finstern Verborgene ans Licht bringen und die Absichten der Herzen offenbar machen wird».

Eine Enthüllung: «was er durch den Leib gewirkt hat, es sei gut oder böse». Das Preisgericht Christi ist ein Gericht, in dem der Herr seine Gemeinde bezüglich seiner Aufgaben als Kinder Gottes richten wird. Und selbst wenn wir Gläubigen bereits auf dieser Erde gerichtet werden sollten, dann werden doch noch unser Leben, unsere Taten und unsere Verantwortungen vor dem erhabenen Richterstuhl des Herrn Jesus durchgesehen und beurteilt werden.

Am Ende wird der Herr «den Weizen von der Spreu» in unserem Leben trennen. Den Ausdruck «gut oder böse» könnte man besser mit «exzellente, nützliche, annehmbare Werke» und mit «Werke von geringer Qualität, untauglich» wiedergeben. Über die Definition hinaus, ob etwas als ethisch gut oder böse gilt – griech. *kakos* oder *poneros* – muss «böse», griech. *phaulos*, hier als «untauglich», «gering», «unwürdig», «verderbt», «wertlos» übersetzt werden. Wenn man bedenkt, dass Gott unseren Dienst, den wir «im Namen des Herrn Jesus» (Kol 3,17) tun, so annimmt, als täte er es selber, und «als für den Herrn» (Kol 3,23), als ob er selbst es empfange, dann hat alles, was nicht diese Eigenschaften besitzt, keinen wahren Wert für Gott, denn es ist in der Kraft und in der Gesinnung des Fleisches geschehen, «und die im Fleisch sind, können Gott nicht gefallen» (Röm 8,8).

Somit wird man nicht sehen, was wir zeigen, das, was die anderen ansprechen oder beeindrucken kann, sondern das, was wir in Wirklichkeit in den Augen des Herrn sind. Der Herr verurteilte die Pharisäer wegen ihrer Heuchelei und nannte sie «getünchten Gräbern gleich, die äusserlich zwar schön scheinen, inwendig aber voller Totengebeine und aller Unreinigkeit sind» (Mt 23,27). An jenem Tag wird es in der heiligen Gegenwart des Herrn keinen Platz für Scheinheiligkeit geben. Wir alle werden so zu sehen sein, wie wir wirklich sind.

In 1. Samuel 2,3 lesen wir: «Redet nicht viel von hohen Dingen (Stolz, Hochmut); Vermessenes gehe nicht aus eurem Mund! Denn der Herr ist ein Gott, der alles weiss, und von ihm werden die Taten gewogen (gerichtet).» Und in 1. Samuel 16,7 wird hinzugefügt: «Denn [der Herr] sieht nicht auf das, worauf der Mensch sieht; denn der Mensch sieht auf das, was vor Augen ist, der Herr aber sieht das Herz an!»

All das, was verborgen und in der Finsternis eines trügerischen Herzens versteckt ist, wird ans Licht kommen und sich in seiner ganzen Wahrheit zeigen, ohne Schein, ohne Heuchelei und ohne Schauspielereien. So, wie es ist. So, wie Gott es sieht, der nicht getäuscht werden kann.

> Erich Sauer schreibt in «Der Triumph des Gekreuzigten»: «Der Massstab ist die Treue, das Ganze unseres Lebens, das Ergebnis unseres Gewordenseins. Nicht nur unsere Taten, sondern auch unsere Möglichkeiten; nicht nur, was wir waren, sondern auch, was wir hätten sein können, nicht nur unsere Handlungen, sondern auch unsere Unterlassungen; nicht die Arbeit, sondern der Arbeiter; nicht die Menge, sondern das Gewicht unserer Taten; nicht nur, was wir erreichten, sondern auch, was wir erstrebten ...»

All das wird vom Herrn geprüft und beurteilt werden.

Eine Belohnung: «damit jeder ... empfängt». Im Preisgericht Jesu Christi warten Belohnungen auf uns. Der Herr sagt in Offenbarung 22,12: «Und siehe, ich komme bald und mein Lohn mit mir, um einem jeden so zu vergelten, wie sein Werk sein wird.» In 1. Korinther 3,14 heisst es: «Wenn jemandes Werk, das er darauf gebaut hat, bleibt, so wird er Lohn empfangen.»

Das Wort «Lohn» ist sehr interessant. Es ist ein Begriff (*misthos*), der in Johannes 4,36, sowie auch in 1. Timotheus 5,18 erwähnt wird. Es ist ein Verdienst gemeint und kein Geschenk. Es heisst ja z. B. auch «Ein Arbeiter ist seines Lohnes wert.» Die Belohnung, der Preis, den der Apostel Paulus hier erwähnt, ist also etwas, das der Herr uns geben wird, weil wir es während unseres Glaubenslebens verdient haben.

Kolosser 3,24 lautet: «... da ihr wisst, dass ihr von dem Herrn zum Lohn das Erbe empfangen werdet; denn ihr dient Christus, dem Herrn!»

1. Petrus 1,7: «... damit die Bewährung eures Glaubens (der viel kostbarer ist als das vergängliche Gold, das doch durchs Feuer erprobt wird) Lob, Ehre und Herrlichkeit zur Folge habe bei der Offenbarung Jesu Christi.» Der Glaube des Gläubigen, der in Taten umgesetzt wird, wird der Anlass für das Lob, die Herrlichkeit und die Ehre des Herrn sein (Offb 4,9-11), aber auch für die des Gläubigen, denn Gott wird den treuen Diener für seine Treue in seiner Haushalterschaft loben (1Kor 4,5; vgl. Röm 2,7.10).

Der Theologe Vine sagt uns nochmals etwas sehr Interessantes:

> «Das weitreichende Prinzip, das dem gesamten Umgang Gottes mit den Menschen zugrunde liegt, ist, dass die Erlösung immer durch die Gnade geschieht, und dass das Gericht immer gemäss den Werken erfolgt. Für diese Regel gibt es keine Ausnahme. Niemand wurde noch wird jemals

gerettet, weil er die Erlösung verdient hätte. Niemand wird je ohne Grund verdammt werden, sondern weil es die Art seines Lebens erfordert, dass er bestraft wird. Niemand wird jemals belohnt werden, als nur der, der durch seinen Lebenswandel und seine Taten die Belohnung verdient hat. Das sind die rechten Wege Gottes; seine Gerechtigkeit ist unanfechtbar.»

So ist nun unsere Errettung, die nicht durch Werke geschieht, ein für alle Mal durch das Gericht am Kreuz von Golgatha entschieden worden. Aber unsere Werke, die Gott im Voraus bereitet hat, damit wir sie in die Praxis umsetzen (Eph 2,10), werden im Preisgericht Christi beurteilt werden. Der Herr wird sein Volk in Bezug auf seine Verantwortungen als Kinder Gottes richten. Unser Leben, unsere Taten, werden durchgesehen und beurteilt werden.

Taugliche und untaugliche Werke

Das Feuer der herrlichen Gegenwart des Sohnes Gottes wird die Werke prüfen, und das wird über zweierlei entscheiden: Belohnung oder Verlust.

«Gut oder böse», besser gesagt «nützlich oder vergeblich» – nützliche, exzellente Werke und untaugliche Werke von geringer Qualität. In Offenbarung 22,11 steht: «Wer Unrecht tut, der tue weiter Unrecht, und wer unrein ist, der verunreinige sich weiter, und der Gerechte übe weiter Gerechtigkeit, und der Heilige heilige sich weiter.» Und dann heisst es gleich in Vers 12: «Und siehe, ich komme bald und mein Lohn mit mir, um einem jeden so zu vergelten, wie sein Werk sein wird.»

Zweifellos wird der Herr kommen und jedem Menschen geben, was er verdient. Darum wird für die Ungerechten und Unreinen, für die, die böse sind und die weiter Böses tun, für die Schändlichen – die Verdorbenen, die sittlich Schmutzigen –, die sich immer tiefer in ihre Verkommenheit hineinbegeben, der Lohn sein: «Geht hinweg von mir, ihr Verfluchten, in das ewige Feuer, das dem Teufel und seinen Engeln bereitet ist!» (Mt 25,41). Der Herr sagte es bereits in Matthäus 7,21-23:

> «Nicht jeder, der zu mir sagt: Herr, Herr! wird in das Reich der Himmel eingehen, sondern wer den Willen meines Vaters im Himmel tut. Viele werden an jenem Tag zu mir sagen: Herr, Herr, haben wir nicht in deinem Namen geweissagt und in deinem Namen Dämonen ausgetrieben und in deinem Namen viele Wundertaten vollbracht? Und dann werde ich ihnen bezeugen: Ich habe euch nie gekannt; weicht von mir, ihr Gesetzlosen!»

Aber für die, die gerecht sind und die Gerechtigkeit ausüben, selbst dann, wenn sie inmitten der Ungerechtigkeit, der Unmoral und der «Befleckungen der Welt» (2Petr 2,20) leben, und die auch heilig sind und sich für Gott heiligen, wird der Preis sein: «Kommt her, ihr Gesegneten meines Vaters ... Recht so, du guter und treuer Knecht!» (Mt 25,34.23).

Es ist wichtig, sich darüber im Klaren zu sein, wie es F. Lacueva sagt, dass «man den Charakter des Christen in diesem Leben schmiedet und er nach dem Tod für alle Ewigkeit fest ist». Ein ernster Gedanke!

Gerecht. Es wird ein gerechtes Gericht sein, weil derjenige, der richtet, «der Herr, der gerechte Richter» ist (2Tim 4,8). Es wird dort keine Ungerechtigkeit und kein Ansehen der Person geben. Es wird keine Unterschiede und keine Vorrechte geben und auch keine Titel, die man vorzeigen könnte. In Kolosser 3,23-25 lesen wir:

> «Und alles, was ihr tut, das tut von Herzen, als für den Herrn und nicht für Menschen, da ihr wisst, dass ihr von dem Herrn zum Lohn das Erbe empfangen werdet; denn ihr dient Christus, dem Herrn. Wer aber Unrecht tut, der wird empfangen, was er Unrechtes getan hat; und es gilt kein Ansehen der Person.»

Ein einziges Prinzip herrscht in dieser ernsten Prüfung: «Denn was der Mensch sät, das wird er auch ernten» (Gal 6,7). Das Kommen Christi wird die Zeit der Ernte sein. Und das Wort Gottes sagt: «Denn wer auf sein Fleisch sät, der wird vom Fleisch Verderben ernten; wer aber auf den Geist sät, der wird vom Geist ewiges Leben ernten» (Gal 6,8).

F. Lacueva stellt richtigerweise fest, dass Saat und Ernte auf drei biologischen Gesetzen beruhen:

- Das Gesetz der Saat. Weil das Samenkorn Leben enthält, ist es unvermeidlich, dass etwas keimen wird.
- Das Gesetz der Gleichförmigkeit. Was geerntet wird, wird dem Gesäten gleichen.
- Das Gesetz der Vermehrung. Wenn sich die Saat in Ernte verwandelt, wird das Gesäte vielfach geerntet.

Lasst uns darauf achten, was wir säen, «denn zu seiner Zeit werden wir auch ernten» (Gal 6,9). Lasst uns gut säen, denn in Epheser 6,8 steht: «Was ein jeder Gutes tun wird, das wird er von dem Herrn empfangen ...» «Lasst uns aber im Gutestun nicht müde werden; denn zu seiner Zeit werden wir auch ernten, wenn wir nicht ermatten» (Gal 6,9). «Seht euch vor, dass wir nicht verlieren, was wir erarbeitet haben, sondern vollen Lohn empfangen!» (2Joh 8). Wie es jemand so treffend ausdrückte: «Die Zeit ist das Prüfungsfeld der Ewigkeit.»

Ich las einst ein schönes Zeugnis: Ein Gläubiger namens Henry Morrison kam einmal im Hafen von New York an. Henry war vierzig Jahre lang ein treuer Missionar in Afrika gewesen und war nun auf der Rückfahrt nach Hause. Auf dem Schiff, auf dem er zurückkehrte, befand sich auch der Präsident der Vereinigten Staaten, Theodore Roosevelt. Als sie in den Hafen einliefen und Morrison den pompösen Empfang für Präsident Roosevelt sah, kam in ihm ein Gefühl der Niedergeschlagenheit auf. Er dachte: «Nach meinen vierzig Jahren, in denen ich Gott in Afrika gedient habe, müsste ich doch gewiss eine Anerkennung bekommen.» In diesem Moment vernahm er eine leise Stimme, die ihm zuflüsterte: «Henry, du bist noch nicht zu Hause!»

Wir dienen hier unten dem Herrn während unseres Lebens. Die Anerkennung wird kommen, wenn wir «zu Hause», im Haus des Vaters, ankommen.

KAPITEL 3

Die Grundlage des Gerichts

Was wird im Preisgericht Christi gerichtet werden? Wir können nicht in das Geheimnis dessen hineinblicken, der alle Dinge unter seiner Autorität und Oberherrschaft hat. Der Herr allein weiss, was er richten und wie er sein Volk richten wird. Aber als seine Haushalter oder Verwalter muss es uns klar sein, dass der Herr mit Sicherheit unsere Treue beurteilen wird, worauf uns der Apostel Paulus in 1. Korinther 4,2 hinweist: «Im Übrigen wird von einem Haushalter nur verlangt, dass er treu erfunden wird.»

Treue

Die Treue ist eine Gnade oder eine Tugend, ein Teil der Frucht des Heiligen Geistes nach Galater 5,22-23: «Die Frucht des Geistes aber ist Liebe, Freude, Friede, Langmut, Freundlichkeit, Güte, Treue, Sanftmut, Selbstbeherrschung.» Das Wort «Treue» wird in anderen Übersetzungen mit «Glaube» (griech. *pistis*) wiedergegeben. Es ist nicht der subjektive Glaube, sondern er hat die Bedeutung von Loyalität und Treue, d. h. die Voraussetzung, die eine Person, in diesem Fall den Gläubigen, vertrauenswürdig und glaubwürdig macht, denn sie beweist durch ihre Taten die Aufrichtigkeit ihres Herzens und die Zuverlässigkeit ihrer Versprechen und Verpflichtungen.

Die Treue ist das Werk des Heiligen Geistes, seine Spur, der Abdruck eines Gottes, der treu und unwandelbar ist (Klgl 3,22-23; Ps 36,6; 89,1-2; 92,1-3) und der sie im praktischen Christenleben wieder erzeugt.

Jemand machte einmal den weisen Ausspruch, dass die Treue im Gläubigen nicht in Tagen oder Monaten zu messen sei, sondern in «Jahrzehnten». Die Treue ist das Ergebnis eines ganzen Lebens, das in der Gegenwart Gottes gelebt wurde. Sie war das Kennzeichen vieler Menschen der Bibel und aller, die mit Gott wandelten. Dazu gehört auch Kaleb. Von ihm gibt es drei Zeugnisse über seine Treue: Sein eigenes in Josua 14,8: «Ich aber folgte dem Herrn, meinem Gott, ganz nach»; das Zeugnis von anderen, in diesem Fall von Mose in Josua 14,9: «Du bist dem Herrn, meinem Gott, ganz nachgefolgt»; und das wichtigste Zeugnis ist das von Gott selbst, denn das Wort Gottes sagt in Vers 14: «Daher wurde Hebron das Erbteil Kalebs, des Sohnes Jephunnes, des Kenisiters, bis zu diesem Tag, weil er dem Herrn, dem Gott Israels, gänzlich nachgefolgt war.»

Hausverwalter des Herrn

Wir sind Verwalter der Güter des Herrn. Der Haushalter verwaltet die Besitztümer seines Herrn und muss am Ende darüber Rechenschaft geben. Eines Tages werden wir dem Hausherrn das Ergebnis unserer Arbeit vorlegen müssen.

In der Heiligen Schrift gibt es mehrere Gleichnisse Jesu, die uns dieses Konzept veranschaulichen: Matthäus 18,23-35; 20,1-16; 24,45-51; 25,14-30; Lukas 12,42-48; 16,1-13.

In diesen Gleichnissen geht es jedes Mal um dasselbe:

- einen Herrn und seine Diener;
- eine Aufgabe oder aufgetragene Verantwortung;
- einen Rechenschaftsbericht;
- eine Belohnung oder einen Verlust.

Zweifellos verpflichtet uns der Kontext dieser Stellen, daran zu denken, dass der Herr sich gezielt an diejenigen des Volkes Israel wendet, die erneut in der letzten Zeit, gerade während der Grossen Trübsal und vor der Errichtung des Tausendjährigen Reiches, den Auftrag bekommen, Diener Gottes zu sein, die die Geschäfte dieses kommenden Reiches unter den Nationen verwalten sollen.

Die Auslegung dieser Schriftstellen betrifft nicht die Gemeinde des Herrn. Wie wären sonst Matthäus 24,51 oder 25,30 zu erklären? Wie könnte man der Meinung sein, dass ein Gläubiger, der dazu noch untreu und «untauglich» ist, in «die äusserste Finsternis» hinausgeworfen werden kann, wo «Heulen und Zähneknirschen» sein wird? Diese Ausdrücke stehen in Verbindung mit der ewigen Verdammnis (Mt 8,12; 13,42; 22,13), und wir haben bereits ganz klar gesehen, dass vor dem Richterstuhl Christi nicht über unsere Sünden zur ewigen Verdammnis Gericht gehalten wird, sondern über unsere Werke und unsere Treue zum Herrn. Eine gesunde, wortgetreue Schriftauslegung leitet uns dahin, diese Gleichnisse als an Israel gerichtet zu betrachten, als Bestandteile des Gerichts über diejenigen, die in die «Bundesverpflichtungen» eingeführt oder von ihnen ausgeschlossen werden (Hes 20,37-38; Mal 3,5), gemäss dem Gericht Gottes, das er über sein irdisches Volk vor dem Tausendjährigen Reich halten wird. Dort wird der Herr bestimmen, wer zum wahren Israel, dem «Israel Gottes», gehören wird (Röm 9,6; 11,26; Gal 6,16).

Aber die *geistliche Anwendung*, die die ganze Schrift angeht (2Tim 3,16), gilt zweifellos auch für uns, die wir an Jesus Christus glauben und zur Gemeinde des Herrn gehören. Darum wollen wir nun anhand dieser Gleichnisse des Meisters einige Prinzipien der christlichen Haushalterschaft betrachten.

Der Herr sucht treue Verwalter

Er beruft sie und ernennt sie zu seinen Dienern und Verwaltern seiner Güter. Was ist ein Verwalter? Ein Verwalter ist derjenige, der über die Güter seines Herrn wacht und für sie verantwortlich ist. Er kümmert sich um die Geschäfte eines anderen. In biblischen Zeiten war es der oberste Knecht, der für die Verwaltung oder die Wirtschaftsleitung eines Hauses oder eines landwirtschaftlichen Gutes verantwortlich war.

Im Altertum war es eine bekannte Persönlichkeit, wie es zum Beispiel bei Joseph der Fall war, der zum Verwalter der Güter Potifars, eines hohen Beamten des ägyptischen Reiches, ernannt worden war, weil er «Gnade in seinen Augen» gefunden hatte, d. h., er hatte sein Vertrauen gewonnen (1Mo 39,4-6). Es gab auch Männer wie Schelemja, den Priester, Sadok, den Schreiber, und Pedaja, einen der Leviten, die von Nehemia in dieses Amt eingesetzt wurden, denn «sie wurden für treu erachtet» (Neh 13,13).

Jede wohlhabende Familie hatte normalerweise einen Hausverwalter, der die Angelegenheiten ihres Hauses, ihrer Ländereien, ihrer Finanzen und ihrer Sklaven verwaltete und sogar für die Versorgung und Erziehung der kleinen Kinder verantwortlich war.

Im Neuen Testament finden wir so etwas auch in Apostelgeschichte 6,1-7, wo die Apostel die Gemeinde dazu auffordern, sieben Männer zu ernennen, die für den «Dienst an den Tischen» verantwortlich sein sollten. Das bedeutete, die gemeinsamen Gelder zu verwalten, die als freiwillige Gaben eingingen und für den Unterhalt der Christen der Urgemeinde eingesetzt wurden. Diesen Dienst bezeichnet man als Diakonie (*diakonia*). Die Verwalter sind Diakone (*diakonos*), und es können sogar Knechte bzw. Sklaven (*doulos*) sein.

Im Griechischen wird für einen Hausverwalter der Begriff *oikonomos* gebraucht, der sich aus den beiden Wörtern *oikos*, Haus, und *nemo*, verteilen, zuteilen (wovon *nomos*, Gesetz, abgeleitet ist), zusammensetzt. Dieses Wort wurde auch in unsere Sprache übernommen, im Gebrauch von Ökonomie (Lehre von der Wirtschaft), Ökonom (Wirtschaftswissenschaftler), ökonomisch (wirtschaftlich, sparsam) usw. Ein anderes Wort, das für einen Verwalter gebraucht wird und die gleiche Bedeutung hat, ist *epitropos* (Lk 8,3: Verwaltungsbeamter; Mt 20,8: Wirtschaftsverwalter).

Der Herr überträgt ihnen ein Amt

In Markus 13,34-36 heisst es:

> «Es ist wie bei einem Menschen, der ausser Landes reiste, sein Haus verliess und seinen Knechten Vollmacht gab und

> jedem sein Werk, und dem Türhüter befahl, dass er wachen sollte. So wacht nun! Denn ihr wisst nicht, wann der Herr des Hauses kommt ..., damit er nicht, wenn er unversehens kommt, euch schlafend findet.»

Hier ist festzustellen, dass Gott seinen Dienern Autorität verleiht, d. h., er gibt ihnen die Befähigung, die aufgetragene Arbeit auszuführen. Dieser Auftrag ist persönlich und nicht auf andere übertragbar: «jedem sein Werk».

Gott gab jedem von uns einen Verantwortungsbereich, um den wir uns zu kümmern haben und für dessen Gedeihen und Erreichen des von Gott geplanten Ziels wir verantwortlich sind. Es ist wunderbar, zu wissen, dass Gott uns seine grossen Schätze anvertraut hat. Aber genau so ist es. In 2. Korinther 4,7 steht: «Wir haben aber diesen Schatz in irdenen Gefässen, damit die überragende Kraft von Gott sei und nicht von uns.» In diesem Fall handelt es sich um die Erkenntnis Gottes durch das Evangelium Jesu Christi, und mit ihm empfangen wir alle Segnungen Gottes durch Gnade. Wir sind irdene, zerbrechliche Gefässe. Nichts ist von uns; alles ist von ihm. Und das Wunderbare ist, dass der Herr die Botschaft des Evangeliums und den ganzen Dienst für Gott nicht den Engeln anvertraut hat, die uns an Heiligkeit, Gehorsam, Intelligenz und Kraft überlegen sind, sondern uns schwachen Menschen, die durch seine Gnade und Barmherzigkeit gerettet wurden.

Betrachten wir einige besonders wichtige Tatsachen im Text von Lukas 12,42-48:

> «Der Herr aber sprach: Wer ist wohl der treue und kluge Haushalter, den der Herr über seine Dienerschaft setzen wird, damit er ihnen zur rechten Zeit die verordnete Speise

gibt? Glückselig ist jener Knecht, den sein Herr, wenn er kommt, bei solchem Tun finden wird! Wahrlich, ich sage euch: Er wird ihn über alle seine Güter setzen. Wenn aber jener Knecht in seinem Herzen spricht: Mein Herr säumt zu kommen! und anfängt, die Knechte und Mägde zu schlagen, auch zu essen und zu trinken und sich zu berauschen, so wird der Herr jenes Knechtes an einem Tag kommen, da er es nicht erwartet, und zu einer Stunde, die er nicht kennt, und wird ihn entzweihauen und ihm sein Teil mit den Ungläubigen geben. Der Knecht aber, der den Willen seines Herrn kannte und sich nicht bereithielt und auch nicht nach seinem Willen tat, wird viele Schläge erleiden müssen; wer ihn aber nicht kannte und doch tat, was Schläge verdient, der wird wenig Schläge erleiden müssen. Denn wem viel gegeben ist, bei dem wird man viel suchen; und wem viel anvertraut ist, von dem wird man desto mehr fordern.»

Der Herr sucht Verwalter – Vers 42a: «Wer ist wohl der ... Haushalter ...?» Die Frage, die der Herr am Anfang der Geschichte stellt, lässt uns vermuten, dass es nicht viele solcher Knechte gibt. Paulus sagte den Philippern: «Sie suchen alle das Ihre, nicht das, was Christi Jesu ist» (Phil 2,21). Und wenn das im ersten Jahrhundert so geschah, was können wir dann im jetzigen, in dem wir leben, erwarten?

Dennoch berichtet die Heilige Schrift seit Anbeginn der biblischen Offenbarung von Männern und Frauen, die Gott erwählte, damit sie spezielle Aufträge im Programm seiner ewigen Ziele erfüllen sollten. In jedem Abschnitt dieser Offenbarung des Willens Gottes, die spezifisch und graduell zunahm (1Kor 4,1;

Eph 3,2; Kol 1,25), was wir «Heilszeit» (griech. *oikonomia*, Verwaltung) nennen, hat Gott seine Diener berufen, sie befähigt und ihnen eine besondere Mission aufgetragen. So war es mit Adam, Noah, Abraham, Mose, David usw. Beim Auftritt der Gemeinde des Herrn auf der Bühne der Menschheitsgeschichte hat Gott seine Diener gesucht, sie berufen, ausgerüstet und sie gebraucht – und das tut er auch heute noch. Er hat es durch die Jahrhunderte biblischer Zeiten und die Zeit der christlichen Gemeinde hindurch getan. Und das wird er auch weiterhin tun, bis er kommt. Paulus schrieb in seinem zweiten Brief an Timotheus: «Und was du von mir gehört hast vor vielen Zeugen, das vertraue treuen Menschen an, die fähig sein werden, auch andere zu lehren» (2Tim 2,2). Wie bei einem Staffellauf gibt jede Generation das Zeugnis an die nächste weiter: Paulus ... Timotheus ... treue Menschen ... andere. Unter diesen Verwaltern, die der Herr der Ernte sucht, sind wir, Sie und ich.

Die Eigenschaften des Verwalters – Vers 42b: «treu und klug». Das bedeutet zuverlässig, vertrauenswürdig und vernünftig, aufmerksam und verantwortungsvoll. Es ist ein hoher Auftrag und erfordert ein reines Leben, Weihe und die ganze Hingabe, um ihn ausführen zu können. Einige sehen ihre Verantwortung darin, dem Herrn vollzeitig zu dienen. Andere widmen ihm ihre beste freie Zeit, nachdem sie ihren säkularen Verpflichtungen nachgegangen sind, die absolut statthaft und notwendig sind. Einige tun es draussen, auf dem Missionsfeld, und folgen so dem Ruf, hinaus an die Arbeit zu gehen. Andere gehorchen ebenfalls dem Herrn der Arbeit innerhalb der lokalen Gemeinde. Wie es jemand so treffend sagte: «Gott ruft immer seine Diener – zum Hinausgehen oder zum Bleiben.»

Die Verantwortung – Vers 42c: «über seine Dienerschaft», sein Haus. Das Haus Gottes ist, wie es in 1. Timotheus 3,15 steht, «die Gemeinde des lebendigen Gottes ..., der Pfeiler und die Grundfeste der Wahrheit». Der Autor des Briefes an die Hebräer schreibt in Kapitel 3,2, dass Mose «in seinem ganzen Haus» Gott treu war. Und so war es auch Jesus, auf den zutraf, was seine Jünger bei der Tempelreinigung über ihn dachten: «Der Eifer um dein Haus hat mich verzehrt» (Joh 2,17). Die bereits zitierte Stelle, Hebräer 3,2, weist darauf hin, dass er «dem treu ist, der ihn eingesetzt hat». Über das Haus eingesetzt zu sein, bedeutet, dass man die spezielle Verantwortung übertragen bekommen hat, sich um die anderen Diener zu kümmern. In jeder lokalen Gemeinde hat der Herr seine Diener, die für die anderen Verantwortung haben. Es sind die Ältesten (Tit 1,5-9), Lehrer, die Leiter usw. Alle sind gemäss ihrer Verantwortung «Haushalter der mannigfachen Gnade Gottes» (1Petr 4,10). Sie üben Autorität aus, aber diese Autorität ist nicht ihre eigene, sondern sie wurde ihnen von Gott erteilt.

Der Auftrag ist ganz konkret: «damit er ihnen zur rechten Zeit die verordnete Speise gibt». Die Herde zu ernähren und den Kindern und Jugendlichen Speise zu geben, sind Aufgaben von sehr grosser Verantwortung. Darum muss jeder Diener, den der Herr zu diesem gesegneten Auftrag beruft, wissen, dass für dieses Amt besondere Qualitäten und Bedingungen des Lebenswandels nötig sind und deshalb einen hohen Preis fordern. «Das Leben», so sagte es jemand einmal, «muss dem Amt gemäss geführt werden, sonst wird bald das Amt dem Leben gemäss ausgeübt werden.» Es müssen also treue Männer und Frauen sein, die Gott und seinem Auftrag ganz hingegeben sind. Sie sind der Wahrheit verpflichtet, der Heiligung und dem gottgeweihten Dienst. Der Dienst des Höchsten erfordert die grösste Hingabe.

Die Abrechnung – Vers 43: «wenn er – sein Herr – kommt». Wir wissen nicht, wann die Ewigkeit in die Zeit einbrechen wird. Wir wissen nicht, wann der Herr zurückkommt. Aber wichtig ist, dass er uns bei seiner Wiederkunft so vorfindet, wie der Herr des Gleichnisses seinen Knecht: «bei solchem Tun», beim Erfüllen seiner Pflicht, indem er tut, was der Herr will und wie es der Herr will. Darum wird der Knecht «glückselig» genannt, d. h. überaus froh und zufrieden.

In den vorhergehenden Versen dieses Gleichnisses (V. 35-40) fordert der Herr seine Jünger und Diener dringend dazu auf, stets mit der aufgetragenen Arbeit beschäftigt zu sein. Das sagt er mit den Worten (Lk 12,35-36): «Eure Lenden sollen umgürtet sein und eure Lichter brennend; und seid Menschen gleich, die ihren Herrn erwarten, wenn er von der Hochzeit aufbrechen wird, damit, wenn er kommt und anklopft, sie ihm sogleich auftun.» Wie bei dem Herrn in Vers 43, so ist auch diese Rückkehr gewiss, aber doch überraschend.

In Vers 38 wird es so ausgedrückt: «Und wenn er in der zweiten Nachtwache kommt oder in der dritten Nachtwache kommt und sie so findet, glückselig sind jene Knechte!» Die zweite Nachtwache bezieht sich auf die Zeit zwischen neun und zwölf Uhr in der Nacht. Die dritte ist zwischen zwölf und drei Uhr morgens. In welchem Moment auch immer die Rückkehr geschieht, die fleissigen Knechte werden stets so gekleidet sein, dass weder ihre Tätigkeit noch ihre Bereitschaft, den Herrn zu empfangen, behindert werden. Damals war es üblich, dass man lange, weite Kleider trug. Aber bei der Arbeit mussten die Knechte sie zusammenbinden («die Lenden umgürten», Lk 17,8; Joh 21,18; vgl.

1Petr 1,13), d. h., sie mussten das Gewand mit einem Gürtel festmachen, damit es sie bei der Arbeit nicht störte.

Die brennende Lampe hat ebenfalls mit der Bereitschaft zu tun. Im Orient war es ein Docht aus Baumwolle, der in einem mit Öl gefüllten Behälter schwamm. Dieser Docht musste sauber und beschnitten und das Gefäss mit Öl gefüllt sein, damit ein gutes und konstantes Licht gewährleistet war. Die gleiche Lektion sehen wir bei den klugen Jungfrauen in Matthäus 25,1-13.

Die Belohnung – Vers 44: «Er wird ihn über alle seine Güter setzen.» So eine herrliche Belohnung erwartet den guten und fleissigen Knecht. Sein Treuebeweis hat zur Folge, dass er eine noch grössere Verantwortung bekommt. Eine begrenzte Verantwortung wird mit einer grösseren Verantwortung belohnt, sodass wir sogar sagen könnten, wenn man das Wort «alle» beachtet, sie sei unerwartet «unbegrenzt». Niemand von uns kann das Ausmass des Segens ermessen, den der treue Diener erwartet, wie auch Joseph nie vermuten konnte, dass seine Treue in der verlassenen Dunkelheit des Gefängnisses ihn eines Tages an die Stufen des Thrones bringen würde und er über alle Schätze Ägyptens gesetzt werden sollte. Lasst uns die Verheissung des Herrn nicht vergessen: «Wer mich ehrt, den will ich wieder ehren» (1Sam 2,30).

Es gibt ein Gesetz der Belohnung, das in Matthäus 25,29 so formuliert ist: «Denn wer hat, dem wird gegeben werden, damit er Überfluss hat; von dem aber, der nicht hat, wird auch das genommen werden, was er hat.» Gott befördert denjenigen, der treu ist, denn «wer im Geringsten treu ist, der ist auch im Grossen treu» (Lk 16,10; vgl. Dan 12,3).

In den vorhergehenden Versen des 12. Kapitels vom Lukasevangelium gibt es im Zusammenhang mit dem Gleichnis vom «wachsamen Knecht» einen erstaunlichen Ausgang, denn als Belohnung für die Treue derer, die in der Wartezeit auf die Rückkehr des Herrn fleissig arbeiten, wird der Herr selbst kommen, um ihnen zu dienen. Lukas 12,37:

> «Glückselig sind jene Knechte, welche der Herr, wenn er kommt, wachend finden wird! Wahrlich, ich sage euch: Er wird sich schürzen und sie zu Tisch führen und hinzutreten und sie bedienen.»

Es ist nicht normal, dass ein Herr seinen Knechten dient, wie es in Lukas 17,7-10 auch klar steht. Aber der Herr selbst, der gekommen ist, nicht «um sich dienen zu lassen, sondern um zu dienen und sein Leben zu geben als Lösegeld für viele» (Mk 10,45), der gesagt hat: «Ich aber bin mitten unter euch wie der Dienende» (Lk 22,27), dieser wunderbare Herr, dieser erhabene Meister zögerte nicht, seinen Jüngern die Füsse zu waschen (sogar dem Judas!). Ohne seine Stellung als Herr und Meister aufzugeben (Joh 13,13-14) und ohne auch nur den geringsten Abstrich von seiner Majestät und Herrlichkeit zu machen, wird er *kommen, um ihnen zu dienen*. Kann es noch eine grössere Belohnung geben?

Die Warnung – Verse 45-48a: «Wenn aber jener Knecht ...» Teilnahmslosigkeit, Faulenzerei, sich schonen, Unverantwortlichkeit, ein bequemes Leben und schlechte Laune sind Merkmale eines treulosen Knechtes, der seinen Auftrag und die Gnade nicht erkannt hat, die sein Herr ihm erwies, indem er ihm das Vorrecht gab, seine Güter zu verwalten. Wie häufig gibt es so etwas im Werk des Herrn!

Der Verlust der Belohnung wird ein Gefühl der Beschämung auslösen (1Joh 2,28) und einen Verlust der grossen Vorrechte, die auf die warten, die «treu bis in den Tod» geblieben sind (Offb 2,10).

Die Norm – Vers 48b: «Denn wem viel gegeben ist, bei dem wird man viel suchen; und wem viel anvertraut ist, von dem wird man desto mehr fordern.» Letzten Endes werden diejenigen, die mehr und grössere Gaben bekommen haben, mehr und grössere Rechenschaft ablegen müssen als die, denen weniger gegeben wurde. Das Gleichnis von den anvertrauten Talenten ist in dieser Hinsicht ganz klar (Mt 25,14-30). Es ist gut, nach geistlichen Gaben zu trachten (1Kor 14,12) und auch die grösseren Gnadengaben zu erstreben (1Kor 12,31), aber wir müssen bedenken, dass von dem, dem man viel gibt, auch viel gefordert wird.

Deshalb gehen die Verwalter Gottes davon aus, dass der Herr der Eigentümer der Güter ist. Er vertraut seinen Dienern die Verwaltung dieser Güter an. Es bedarf der Treue und Verantwortlichkeit, um diesen Auftrag zu erfüllen, über den Rechenschaft abgelegt werden muss. Und am Ende wird die gute Arbeit belohnt; die schlechte wird verworfen.

Es gibt noch andere Gleichnisse über dasselbe Thema, wonach die Knechte ihre Arbeit vor ihrem Herrn verantworten müssen.

Das Gleichnis von den anvertrauten Talenten

In Matthäus 25,14-30 haben wir eine wunderbare Lektion über die Verantwortung der Verwalter:

> «Denn es ist wie bei einem Menschen, der ausser Landes reisen wollte, seine Knechte rief und ihnen seine Güter übergab. Dem einen gab er fünf Talente, dem anderen zwei, dem dritten eins, jedem nach seiner Kraft, und er reiste sogleich ab. Da ging der hin, welcher die fünf Talente emp-

fangen hatte, handelte mit ihnen und gewann fünf weitere Talente. Und ebenso der, welcher die zwei Talente [empfangen hatte], auch er gewann zwei weitere. Aber der, welcher das eine empfangen hatte, ging hin, grub die Erde auf und verbarg das Geld seines Herrn. Nach langer Zeit aber kommt der Herr dieser Knechte und hält Abrechnung mit ihnen. Und es trat der hinzu, der die fünf Talente empfangen hatte, brachte noch fünf weitere Talente herzu und sprach: Herr, du hast mir fünf Talente übergeben; siehe, ich habe mit ihnen fünf weitere Talente gewonnen. Da sagte sein Herr zu ihm: Recht so, du guter und treuer Knecht! Du bist über wenigem treu gewesen, ich will dich über vieles setzen; geh ein zur Freude deines Herrn! Und es trat auch der hinzu, der die zwei Talente empfangen hatte, und sprach: Herr, du hast mir zwei Talente übergeben; siehe, ich habe mit ihnen zwei andere Talente gewonnen. Sein Herr sagte zu ihm: Recht so, du guter und treuer Knecht! Du bist über wenigem treu gewesen, ich will dich über vieles setzen; geh ein zur Freude deines Herrn! Da trat auch der hinzu, der das eine Talent empfangen hatte, und sprach: Herr, ich kannte dich, dass du ein harter Mann bist. Du erntest, wo du nicht gesät, und sammelst, wo du nicht ausgestreut hast; und ich fürchtete mich, ging hin und verbarg dein Talent in der Erde. Siehe, da hast du das Deine! Aber sein Herr antwortete und sprach zu ihm: Du böser und fauler Knecht! Wusstest du, dass ich ernte, wo ich nicht gesät, und sammle, wo ich nicht ausgestreut habe? Dann hättest du mein Geld den Wechslern bringen sollen, so hätte ich bei meinem Kommen das Meine mit Zinsen zurückerhalten. Darum nehmt ihm das Talent weg und gebt es dem, der die zehn Talente

> hat! Denn wer hat, dem wird gegeben werden, damit er Überfluss hat; von dem aber, der nicht hat, wird auch das genommen werden, was er hat. Und den unnützen Knecht werft hinaus in die äusserste Finsternis! Dort wird das Heulen und Zähneknirschen sein.»

Der Mann, Eigentümer eines Vermögens, ruft die Knechte vor seiner Reise zusammen und übergibt ihnen seine Güter, um mit ihnen Handel zu treiben. Jedem teilt er sie ihrer Fähigkeit gemäss zu. Die ersten beiden, die fünf und zwei Talente bekommen, arbeiten damit und erzielen einen hundertprozentigen Gewinn. Der mit den fünf Talenten gewinnt weitere fünf und der mit den zwei Talenten zwei mehr. Aber derjenige, der nur eines erhalten hatte, versteckte das Geld und unternahm nichts, um den Besitz seines Herrn zu vermehren.

Als der Herr jener Knechte zurückkehrt und mit ihnen abrechnet, kommen die ersten beiden mit ihren gewonnenen Talenten. Hier spielt nicht die Menge eine Rolle, sondern die Effektivität; und in beiden Fällen war der Ertrag gleich: hundert Prozent. Somit erhielten beide den gleichen Lohn: «Recht so, du guter und treuer Knecht! Du bis über wenigem treu gewesen, ich will dich über vieles setzen; geh ein zur Freude deines Herrn!» Für sie gab es Anerkennung, eine Beförderung und die Befähigung, in die unmittelbare Nähe ihres Herrn zu treten. Zusammen mit der Anerkennung bekamen sie die Zusage einer grösseren Verantwortung und durften am Glück des Gutsbesitzers teilhaben.

Aber als derjenige an die Reihe kam, der das Talent versteckt hatte (vgl. Mt 25,18), weil er glaubte, dass es dort sicher sei, da erhielt sein Herr von ihm nur Ausreden. Hinter der angeblichen Angst versteckte sich eine totale Unzufriedenheit, Verantwortungslosigkeit und Faulheit. Deshalb lautete die Antwort: «Du böser und fauler Knecht!» Ihm wurde sein Talent weggenommen und dem gegeben, der zehn Talente hatte. «Denn wer hat, dem wird gegeben werden, damit er Überfluss hat; von dem aber, der nicht hat (von dem untauglichen Knecht) wird auch das genommen werden, was er hat.»

Dieses Gleichnis hat wiederum eine Auslegung, die auf das Volk Israel in der Zeit der Grossen Trübsal hindeutet. Es geht dabei um seine Verantwortung, durch verschiedene Dienste die Herrschaft des Messias bekannt zu machen, ehe er bei seinem zweiten Kommen sein Reich auf dieser Erde aufrichten wird. Aber in seiner geistlichen Anwendung – wie alle Schrift, 2. Timotheus 3,16 – ist es eine Lektion über den Dienst der Gemeinde, wobei der Herr der Knechte natürlich der Herr Jesus Christus ist. Er ist es, der «ausser Landes reiste» und vorher jedem sein Werk übergeben hatte, denn «Er ist emporgestiegen zur Höhe, hat Gefangene weggeführt und den Menschen Gaben gegeben» (Eph 4,8). Allen drei Knechten gab er Talente. Aber jedem gab «das Mass des Glaubens» (Röm 12,3.6; Eph 4,7) die Fähigkeit, seinen Auftrag auszuführen. Dabei ist unter «Talent» nicht die persönliche, menschliche Begabung zu verstehen, sondern die Fähigkeit, die der Herr seinen Dienern verleiht. Es ist auch zu beachten, dass in Vers 14 steht, dass er ihnen «seine Güter übergab». Sie gehören ihm, sie sind sein Eigentum. H. Lockyer sagt:

> «Es ist nicht unsere Handelsware. Unsere ‹Güter› sind nur wenig wert und verdienen es kaum, investiert zu werden. Der geistliche Reichtum, der auf Kosten von Golgatha erworben wurde, ist das, was Gott uns anbietet, um damit die Welt reich zu machen. Er vertraut uns diesen unvergleichlichen Reichtum an, damit wir ihn investieren. Die ‹Güter›

> sind also nicht unsere Besitztümer oder unser Eigentum, sondern die unermesslichen Reichtümer der Gnade Gottes, die für eine äusserst arme Menschheit bereitgestellt wurden. [...] Die griechische Form *talanta* ist ein Substantiv der Menge und nicht der Eigenschaft. Das Wort ‹Talent›, wie es Jesus gebraucht hat, bedeutet nicht etwas, das wir besitzen, sondern etwas, das Christus besitzt und es seinen Dienern ausleiht.»

Für den Herrn der Arbeit gibt es keine unbrauchbaren Diener (1Kor 1,27-28). Aber man darf nicht vergessen, dass von dem, dem mehr anvertraut worden ist, auch mehr gefordert werden wird.

Zwei von den drei Knechten führten ihren Auftrag verantwortungsvoll aus. Sie handelten gut mit ihren Talenten, sie arbeiteten also pflichtbewusst und mit Fleiss. Sie waren nicht faul, sondern aktiv und gewissenhaft. Und mit grossem Enthusiasmus präsentieren sie das Ergebnis ihrer Arbeit: *Hier hast du ...!* (Mt 25,25).

Das Ergebnis unserer Arbeit wird eines Tages vor dem Richterstuhl Christi präsentiert werden, und dort wird die «Waage des Heiligtums» unsere Werke wiegen. Mit Recht sagen wir, dass sie «gewogen» werden, denn mehr noch als die Quantität wird dort die Qualität bewertet werden, das Gewicht der getanen Arbeit in der Kraft Gottes und zur Ehre Gottes.

Es wird jedoch auch so manchen Diener wie im Gleichnis geben, der sein Talent vergrub und kein positives Ergebnis erzielte. Das ist ein offenkundiger Beweis der Gleichgültigkeit, des Ungehorsams, der Nachlässigkeit und des Müssiggangs. Es fällt auf, dass er «dein Talent» sagt (V. 25). Es stimmt, dass es «seine Güter» sind (V. 14), aber es ist auch «dein Talent». Es wurde uns ausgeliehen. Es ist ganz persönlich und unübertragbar. Obwohl die Gabe, die Gott uns zum Verwalten gegeben hat, nicht uns, sondern ihm gehört, wurde sie uns zugeteilt, um sie zu gebrauchen und zu vermehren. Wir können damit nicht machen, was wir wollen, sondern wir haben den Willen dessen zu erfüllen, der uns die Gabe aus Gnade gegeben hat. Was werden wir ihm an jenem Tag antworten, wenn er von dem, was er uns anvertraut hat, Rechenschaft fordern wird? Mit welcher Ausrede werden wir dann vorstellig werden? Wie wir es zu singen pflegen:

«Muss ich gehn mit leeren Händen,
so vor meinem Herrn zu stehn?
Kann ich keine Seel' ihm bringen,
keine einz'ge Garbe sehn?
Muss ich gehn mit leeren Händen?
Muss ich so vor Jesus stehn?
[...] kehrten die verlor'nen Jahre
nur noch einmal mir zurück.
Für den Heiland froh zu wirken,
wäre dann mein ganzes Glück.»

Protestantisches Kirchenlied von C. A. Daniel.

So hat nun der Haushalter oder Verwalter – um es zeitgemässer auszudrücken – einen Auftrag, der ihm zugeteilt wurde, um Gott zu dienen. Er hat aber ausserdem die unerbittliche Pflicht, eines Tages von dem, was ihm anvertraut wurde, Rechenschaft abzulegen. Wie es der Herr sagt, muss jeder Einzelne von uns auch wie der «Türhüter» von Markus 13,34 sein, der aufzupassen hat und mit aller Sorgfalt wachen soll bis zu dem Moment, wenn der

Herr des Hauses zurückkommt. Dies ist zweifellos der Tag der Wiederkunft des Herrn. Es ist der Tag der Abrechnung.

Fassen wir es noch einmal zusammen: Der Haushalter oder Verwalter hatte immer das Interesse seines Herrn vor Augen, er gehorchte seinen Anweisungen und musste als treu erfunden werden, und eines Tages hatte er das Ergebnis seiner Arbeit vorzulegen.

Der Herr spricht seinen Knechten eine sehr herzliche Anerkennung aus. Das «Recht so, du guter und treuer Knecht» (Mt 25,21.23) ist gleichbedeutend mit dem Ausruf: «Gut gemacht! Du hast deine Mission treu erfüllt!» Dafür gibt es eine doppelte Belohnung:

Erstens, eine grössere Verantwortung. Die Bibel offenbart uns nicht, welche Aufgaben wir in der Ewigkeit haben werden, doch sie sagt uns in Offenbarung 22,3: «Seine Knechte werden ihm dienen.» Somit ist die Ewigkeit kein Aufenthaltsort von steif dastehenden, sondern von dynamischen Personen. Dort gibt es nicht eine blosse Betrachtung, sondern auch Tätigkeiten. Aus einer «geringen» Verantwortung hier wird dort eine grössere «über vieles» werden. Auch dort werden wir Verwalter des unermesslichen «Reichtums in der Herrlichkeit» unseres himmlischen Vaters sein.

Zweitens, das Eintreten in die «Freude deines Herrn». Das Eintreten an sich ist schon ein Segen, denn die Unnützen werden «draussen» bleiben. In der Bibel gibt es kein traurigeres Wort als dieses. Draussen – ausserhalb vom Garten Eden – mussten Adam und Eva bleiben, als sie gesündigt hatten. Draussen – ausserhalb der Arche – blieben die Gottlosen, die zur Zeit Noahs nicht rechtzeitig hineingehen wollten. Draussen – ausserhalb des verheissenen Landes – blieben diejenigen, die nicht den

Verheissungen Gottes geglaubt hatten. Draussen werden auch die bleiben, die eines Tages sagen werden:

> «Herr, Herr, haben wir nicht in deinem Namen geweissagt und in deinem Namen Dämonen ausgetrieben und in deinem Namen viele Wundertaten vollbracht?» Sie werden dann das göttliche Urteil zu hören bekommen: «Ich habe euch nie gekannt; weicht von mir, ihr Gesetzlosen!» (Mt 7,22-23).

Aber es ist nicht nur das Eintreten, sondern das Eintreten zur Freude des Herrn, zur übergrossen Freude, die der Gläubige haben wird, wenn er für immer bei ihm sein wird, um ihm aus Liebe zu dienen, ihn in Vollkommenheit anzubeten und sich seiner Gegenwart in aller Ewigkeit zu erfreuen. Das Wort des Psalmisten wird sich erfüllen: «Vor deinem Angesicht sind Freuden in Fülle, liebliches Wesen zu deiner Rechten ewiglich!» (Ps 16,11).

So, wie es gute und treue Knechte gibt, gibt es auch schlechte und nachlässige (Mt 25,24-30). Sie empfangen, geben aber nichts. Sie sind befähigt, wenden es jedoch nicht an. Sie verbergen ihr Talent, arbeiten nicht damit und nehmen ihre Verantwortung nicht ernst. Am Ende werden sie mit leeren Händen dastehen. Das Schlimmste, was dem untreuen Haushalter angelastet wird, ist nicht, dass er nicht arbeitet, sondern dass er seinen Herrn nicht liebt, denn sonst hätte er keine Angst vor ihm (1Joh 4,18). Die Liebe zum Herrn ist die «erste Liebe» und der Beweggrund zu jedem Dienst (2Kor 5,14; Offb 2,4). Wenn ich nicht liebe, tauge ich nichts, und obwohl ich diene, nützt es mir nichts (1Kor 13,3).

Es geht nicht darum, dem Herrn «zu geben, was ihm gehört», sondern den Zweck zu erfüllen, zu dem er es uns anvertraut hat: die «Zinsen», die durch einen treuen Dienst gewonnen werden. Deshalb ist das Ergebnis so erschütternd: vom Amt enthoben zu werden und – als geistliche Anwendung für den an Christus Glaubenden – der traurigen Tatsache ins Auge zu schauen, beim Preisgericht Schaden zu erleiden.

Das Gleichnis von den anvertrauten Pfunden

In Lukas 19,12-27 finden wir ein weiteres Gleichnis, das in die gleiche Richtung geht. Einige haben dieses Gleichnis mit dem oben genannten, von den anvertrauten Talenten, verwechselt. Aber beide weisen erhebliche Unterschiede auf, weshalb wir nicht daran zweifeln, dass es hier um eine erneute Illustration des Meisters geht, um noch einmal die Bedeutung der Verantwortung für die Verwaltung der Güter des Herrn hervorzuheben. Es fällt sehr auf, dass Jesus dieses Konzept wiederholt behandelte, sodass wir unweigerlich zu dem Schluss kommen müssen, dass er diesem Thema grosse Bedeutung beimass. Zweifellos befinden wir uns in dieser Welt, um seine ewigen Pläne zu erfüllen, und er hilft uns, sie zu verwirklichen. Er befähigt und bevollmächtigt uns, und eines Tages wird er Rechenschaft von uns fordern, bevor er die fleissige und verantwortungsvolle Arbeit derer belohnt, die ihn lieben, auf ihn warten und für ihn leben.

> «Ein Edelmann zog in ein fernes Land, um sich die Königswürde zu holen und dann wiederzukommen. Und er rief zehn seiner Knechte, gab ihnen zehn Pfunde und sprach zu ihnen: Handelt damit, bis ich wiederkomme! Seine Bürger aber hassten ihn und schickten ihm eine Gesandtschaft

nach und liessen sagen: Wir wollen nicht, dass dieser über uns herrsche! Und es geschah, als er wiederkam, nachdem er die Königswürde empfangen hatte, da liess er die Knechte, denen er das Geld gegeben hatte, vor sich rufen, um zu erfahren, was jeder erhandelt habe. Da kam der erste und sprach: Herr, dein Pfund hat zehn Pfund dazugewonnen! Und er sprach zu ihm: Recht so, du guter Knecht! Weil du im Geringsten treu gewesen bist, sollst du Vollmacht über zehn Städte haben! Und der zweite kam und sprach: Herr, dein Pfund hat fünf Pfund erworben! Er aber sprach auch zu diesem: So sollst auch du über fünf Städte gesetzt sein! Und ein anderer kam und sprach: Herr, siehe, hier ist dein Pfund, das ich im Schweisstuch aufbewahrt habe! Denn ich fürchtete dich, weil du ein strenger Mann bist; du nimmst, was du nicht eingelegt, und erntest, was du nicht gesät hast. Da sprach er zu ihm: Nach [dem Wort] deines Mundes will ich dich richten, du böser Knecht! Wusstest du, dass ich ein strenger Mann bin, dass ich nehme, was ich nicht eingelegt, und ernte, was ich nicht gesät habe? Warum hast du dann mein Geld nicht auf der Bank angelegt, sodass ich es bei meiner Ankunft mit Zinsen hätte einziehen können? Und zu den Umstehenden sprach er: Nehmt ihm das Pfund weg und gebt es dem, der die zehn Pfunde hat! Da sagten sie zu ihm: Herr, er hat schon zehn Pfunde! Denn ich sage euch: Wer hat, dem wird gegeben werden; von dem aber, der nicht hat, von ihm wird auch das genommen werden, was er hat. Doch jene meine Feinde, die nicht wollten, dass ich König über sie werde – bringt sie her und erschlagt sie vor mir!» (Lk 19,12-27).

Es besteht kein Zweifel darüber, wer dieser *Edelmann* ist, von dem seine Mitbürger so verächtlich sagten: «Wir wollen nicht, dass dieser über uns herrsche», und auch nicht über die geistliche Anwendung bezüglich seiner Knechte. Ein Pfund entsprach hundert Drachmen oder Denaren. Das bedeutete hundert Tage, etwas mehr als drei Monate, Arbeit eines Tagelöhners. Somit war es ein Betrag von grossem Wert.

Hier fällt auf, dass im Gegensatz zum Gleichnis von den Talenten, in dem die drei Knechte unterschiedliche Geldsummen erhielten, in diesem Gleichnis die zehn Knechte denselben Betrag bekamen. Der Unterschied besteht darin, dass es bei den Talenten um die Fähigkeit geht, die jedem Knecht für den Dienst verliehen wurde, während in diesem Gleichnis die *Pfunde*, die allen gleich gegeben wurden, die Dinge repräsentieren, die wir Gläubigen alle gemeinsam haben. Laut William MacDonald gehört das Vorrecht, das Evangelium zu verkündigen und Botschafter Christi in dieser Welt zu sein, und das Privileg des Gebets, allen Gläubigen gleich. Und wir könnten auch noch die Opfergaben hinzufügen, jene Aufgaben, die wir als Priester Gottes ausüben, und die «guten Werke», zu denen wir alle geschaffen und für die wir ausgerüstet wurden (Eph 2,10; 2Tim 3,16-17).

Charles Ryrie erklärt in dieser Hinsicht: «Die Pfunde stellen die gleichen Gelegenheiten im Leben dar; die Talente die verschiedenen Gnadengaben, die Gott jedem Einzelnen gibt.» Es stimmt, dass jedem von uns ein verschiedenes «Mass des Glaubens» gegeben worden ist. Aber alle bekommen die gleiche Gelegenheit. Obwohl wir alle verschieden sind und auch unsere geistlichen Fähigkeiten, die uns durch den Heiligen Geist gegeben wurden, unterschiedlich sind (1Kor 12,7), sieht Gott jeden Einzelnen gleich an, mit gleichen Möglichkeiten des Dienens und mit der gleichen Verantwortung, den Auftrag auszuführen. Alle Glieder des Körpers, die ja verschiedene Funktionen haben, sind von gleicher Wichtigkeit: Alle sind notwendig; alle sind nützlich.

> «Und das Auge kann nicht zur Hand sagen: Ich brauche dich nicht! oder das Haupt zu den Füssen: Ich brauche euch nicht! Vielmehr sind gerade die scheinbar schwächeren Glieder des Leibes notwendig ...» (1Kor 12,21-22).

Die Zeit der Abrechnung kommt, und die Diener treten vor den Herrn, um ihm die Frucht ihrer Arbeit zu übergeben. Einer überreichte das Zehnfache von dem, was er empfangen hatte. Ein anderer das Fünffache. Für beide entsprach die Belohnung dem Ergebnis. Die zehn und die fünf Städte müssen nicht buchstäblich verstanden werden, wie es einige auslegen. Sie deuten vielmehr auf die enorme Verantwortung hin, die der Herr, vielleicht in der Regierung des Reiches, denen überträgt, die «im Geringsten» treu sind.

Aber zuletzt kommt noch der nachlässige Knecht an die Reihe, der das Geld in einem Schweisstuch aufbewahrt hat. Weit davon entfernt, Gewinne erzielt zu haben, präsentiert er das Pfund so, wie es ihm gegeben wurde. Die Angst ist die Folge der fehlenden Liebe zu dem Herrn der Güter, denn «Furcht ist nicht in der Liebe, sondern die vollkommene Liebe treibt die Furcht aus» (1Joh 4,18). Wenn wir den Herrn lieben, werden wir treu für ihn arbeiten, denn es gibt keine grössere Freude, als ihm zu dienen, wie es früher beim Sklaven der Fall war, dessen Ohr mit einem Pfriem gegen den Türpfosten durchbohrt wurde, als Zeichen für seinen freiwilligen Dienst aus Liebe (2Mo 21).

So ist nun die Antwort des Herrn hart für den Törichten, jedoch freundlich für die Klugen: «Nehmt ihm das Pfund weg und gebt es dem, der die zehn Pfunde hat!» Es wirkt übertrieben, nicht nur weil das Pfund dem weggenommen wird, der nur eines hat, sondern weil es dem gegeben wird, der viel hat. Das führt dazu, dass die Knechte dem Herrn der Güter in einem fast vorwurfsvollen Ton antworten: «Herr, er hat schon zehn Pfunde!» Es kommt aber nicht auf die Sichtweise der Knechte an, die immer beschränkt sein wird, sondern auf die des Herrn der Güter, der in seiner Souveränität sagt: «Wer hat, dem wird gegeben werden; von dem aber, der nicht hat, von ihm wird auch das genommen werden, was er hat.»

Bemerkenswert ist dieser Satz in der Parallelstelle von Lukas 8,17-18, wo er in seinem Kontext, unmittelbar nach Vers 16, nahelegt, dass wir Gläubigen – die das Wort Gottes das «Licht der Welt» nennt (Mt 5,14-16), «Lichter in der Welt» (Phil 2,15), «Kinder des Lichts» (Eph 5,8; 1Thess 5,5; usw.) – unser Licht vor denen leuchten lassen müssen, die in der Finsternis sind: «Denn nichts ist verborgen, das nicht offenbar werden wird, und nichts ist geheim, das nicht bekannt werden und an den Tag kommen wird» (Lk 8,17). Ein verborgenes Licht ist wie ein im Schweisstuch verstecktes Pfund oder wie ein vergrabenes Talent. Das ist sinnlos. Dann fügt der Herr mit einem klaren Aufruf zur Aufmerksamkeit hinzu: «So habt nun acht, wie ihr hört! Denn wer hat, dem wird gegeben; und wer nicht hat, von dem wird auch das genommen werden, was er zu haben meint.»

«Was er zu haben meint» bedeutet nichts anderes, als dass er sich in falscher Sicherheit wiegt. Der nachlässige Knecht meint zu haben, was er in Wirklichkeit nicht hat. Was er hat, ist nur Schein, inhaltslos. In Wirklichkeit betrügt er sich selbst. Aber zum Schluss werden alle Dinge am Tag der Abrechnung richtiggestellt, und der, der nicht mit den Gütern seines Herrn gewirtschaftet hat, «wird Schaden leiden». Sein Pfund wird einem anderen gegeben werden, und zwar dem, der das Empfangene wertgeschätzt und damit fleissig gearbeitet hat. Trägheit hat keine Belohnung zu erwarten. Gott hat uns nicht zum Müssiggang berufen, sondern um mit seinen Gaben zu handeln, denn der gute Umgang mit ihnen, der erwirtschaftete «Zinsgewinn», wird an *jenem Tag* der Anlass zur Belohnung sein.

Das Gleichnis vom klugen Knecht

In Matthäus 24,45-51 finden wir noch ein anderes Gleichnis, in dem die Hauptperson wieder ein Diener, ein Haushalter oder Verwalter ist.

> «Wer ist nun der treue und kluge Knecht, den sein Herr über seine Dienerschaft gesetzt hat, damit er ihnen die Speise gibt zur rechten Zeit? Glückselig ist jener Knecht, den sein Herr, wenn er kommt, bei solchem Tun finden wird. Wahrlich, ich sage euch: Er wird ihn über alle seine Güter setzen. Wenn aber jener böse Knecht in seinem Herzen spricht: Mein Herr säumt zu kommen! und anfängt, die Mitknechte zu schlagen und mit den Schlemmern zu essen und zu trinken, so wird der Herr jenes Knechtes an einem Tag kommen, da er es nicht erwartet, und zu einer Stunde, die er nicht kennt, und wird ihn entzweihauen und ihm seinen Teil mit den Heuchlern geben. Da wird das Heulen und Zähneknirschen sein» (Mt 24,45-51).

In diesem Fall ist es der Herr, der bemüht ist, einen verantwortungsvollen Mann zu finden, der *treu und klug* ist und den er über seine Dienerschaft setzen kann, «damit er ihnen die Speise gibt zur rechten Zeit». Der Kontext führt uns wieder zum Ereignis des Kommens des Herrn, das, wie Jesus es voraussagt, völlig unerwartet sein wird. Wenn sich dieses Gleichnis auch wie alle anderen, die wir bereits betrachtet haben, auf das zweite Kommen Christi auf diese Erde zur Aufrichtung seines Reiches bezieht und es deshalb um Israel geht, so enthält es doch ebenfalls eine geistliche Anwendung von grosser Bedeutung für die Christen.

In diesem Gleichnis wird der Knecht glückselig genannt, der bei der Ankunft des Herrn dem Willen seines Herrn gemäss bei seiner Arbeit anzutreffen ist. Wie wir es auch bereits in anderen Gleichnissen gesehen haben, hat dieser Beweis der Treue eine grössere Verantwortung zur Folge. Mit den Worten Jesu Christi: «Wahrlich, ich sage euch: Er wird ihn über alle seine Güter setzen.» Eine herrliche Belohnung erwartet den guten und fleissigen Knecht.

Das erinnert uns an ein altes Schild, das an der Wand einer Kirche angebracht war, worauf stand: «Kommen Sie, um für den Herrn zu arbeiten! Die Arbeit ist hart, die Arbeitszeit lang und der Lohn nicht sehr hoch. Und die Begünstigungen der Pension liegen ausserhalb dieser Welt!»

Im Gegensatz dazu steht der Knecht, der als böse bezeichnet wird, weil er seine Arbeit nicht getan hat. Er ist träge, weil er denkt: «Mein Herr säumt zu kommen!», und ausserdem handelt er unverantwortlich, denn er misshandelt seine Mitknechte und gibt sich einem zügellosen Leben hin. Wenn sein Herr zu einer unerwarteten Stunde kommt, wird er «ihn entzweihauen und ihm seinen Teil mit den Heuchlern geben».

Wenn man vorgibt, ein Diener Gottes zu sein, aber nicht als solcher handelt, ist man ein Heuchler. Man zeigt sich anders, als man in Wirklichkeit ist. Das verdient Strafe.

Geistlich angewandt auf Christen bedeutet das einen grossen Verlust – mit unserem Gleichnis gesprochen einen Verlust der Belohnung – und eine geringere Befähigung, Ehre dem Herrn Jesus Christus zu erbringen, der allein würdig ist, sie von Ewigkeit zu Ewigkeit zu empfangen.

Wir sind Haushalter, Verwalter Gottes, und müssen eines Tages vor dem Richterstuhl Christi Rechenschaft ablegen. «Im Übrigen wird von einem Haushalter nur verlangt, dass er treu erfunden wird» (1Kor 4,2).

KAPITEL 4

Was wird gerichtet? Die Verwaltung von Leben und Familie

Welche *Güter* hat der Herr in die Obhut seiner Knechte gegeben, über die sie Verwalter sein sollen? Im Folgenden wollen wir einige davon erwähnen:

Die Verwaltung des Lebens

Jonathan Swift, der bekannte Autor von «Gullivers Reisen», gedachte nicht gern des Tages seiner Geburt. An seinen Geburtstagen zog er deshalb Trauerkleidung an und fastete. Für ihn war es ein wahres Unglück, geboren zu sein. So war es auch mit Hiob, jenem aussergewöhnlichen Mann der Bibel, der nach Gottes Willen so viele Prüfungen erlitt, die ihn dazu brachten, den Tag seiner Geburt zu verfluchen und zu sagen:

> «O wäre doch der Tag ausgelöscht, da ich geboren wurde, und die Nacht, die sprach: Ein Knabe ist gezeugt! ... Warum starb ich nicht gleich bei der Geburt, kam nicht um, sobald ich aus dem Mutterschoss hervorging?» (Hi 3,3.11).

In der Regel haben wir jedoch keine Bedenken, zu sagen, dass es etwas Gutes und Wunderbares ist, geboren zu sein.

Jedes Mal, wenn ein Kind das Licht der Welt erblickt, stellt man fest, dass das Leben das erstaunlichste Wunder der Schöpfung Gottes ist. Entgegengesetzte Gefühle können auf schlechten Erfahrungen beruhen, aber das Leben ist mit Sicherheit ein Geschenk Gottes, des Herrn und Gebers des Lebens.

Wir sind Erben *der Gnade des Lebens* (1Petr 3,7). Der Ausdruck «Gnade des Lebens» oder «die angenehme Gabe des Lebens» ist für die Gläubigen nicht nur das Leben an sich, sondern auch das ewige Leben, das wir schon jetzt geniessen und das uns durch Gnade gegeben wurde. Eine Übersetzung lautet: «die Gnade Gottes, die euch das Leben gibt». Das ewige Leben ist nicht nur ewig wegen seines «Ausmasses», sondern auch wegen seiner Qualität. Das Leben von Gott ist ein erfülltes Leben. Jesus sagte: «Ich bin gekommen, damit sie das Leben haben und es im Überfluss haben», in Fülle (Joh 10,10). Jesus Christus gefunden zu haben – oder besser gesagt, von ihm gefunden worden zu sein –, heisst, das Leben gefunden zu haben (Spr 8,35).

Im Altgriechischen gibt es mindestens drei Wörter für Leben: *bios*, *psyche* und *zoe*. Es ist bemerkenswert, dass in 1. Mose 2,7 zu lesen ist: «Da bildete Gott der Herr den Menschen, Staub von der Erde, und blies den Odem des Lebens in seine Nase, und so wurde der Mensch eine lebendige Seele.» Dieser warmherzige, persönliche Akt, dieser Hauch, den Gott seinem aus Erde geformten Geschöpf gab, diese erste göttliche Übergabe, die immer mehr durch seine göttliche Vorsehung wachsen würde (Apg 17,24-29), bis sie in der Hingabe seines eigenen Sohnes Jesus Christus ihren Höhepunkt fand, verlieh dem Menschen nicht nur das körperliche Leben (*bios*) und den Sitz seiner Persönlichkeit (*psyche*), sondern auch das geistliche Leben (*zoe*), sein Gepräge, seine Merkmale, sein Bild und seine Ähnlichkeit. Dieses Leben, das die Sünde zerstört, denn *der Lohn der Sünde ist der Tod*, d. h. die Trennung vom Leben Gottes (Jes 59,2; Eph 2,5; 4,18), wird wiederhergestellt durch die Auferweckung, die Gott im Gläubigen durch den Heiligen Geist bewirkt (Eph 2,6; Kol 3,1; Joh 7,37-38). Der Gläubige kann ein erfülltes Leben leben, das Leben, das von Gott kommt, das ewige Leben, und zwar von dem Augenblick an, in dem der Herr kommt, um das geistgewirkte Leben in uns lebendig zu machen (Kol 3,3).

Das Buch des Predigers ist, obwohl es die Realität der menschlichen *Eitelkeit*, das «Haschen nach Wind», präsentiert (Pred 1,14), während der Mensch fern von Gott lebt, ein wahrer Lobpreis des Lebens. Für viele Skeptiker, Agnostiker und Gottlose – wie Voltaire und viele andere – ist dieses Buch ein Gedicht über den Skeptizismus. Aber das zeigt ganz einfach ihre Unkenntnis von Gott, von seinem ewigen Ratschluss, seiner Liebe und seiner Gnade den Menschen gegenüber. Der *Prediger* kommt tatsächlich zu der Schlussfolgerung, dass das Leben angenehm ist, dass Essen und Trinken und Fröhlichsein als Folge der Arbeit wertgeschätzte Güter für den Menschen sind und dass sie aus der Hand Gottes kommen (Pred 2,24). Der Pessimismus wird abgelegt, und die heilige Freude am Leben herrscht dann vor, denn Gott «hat alles vortrefflich gemacht zu seiner Zeit, auch die Ewigkeit hat er ihnen ins Herz gelegt ...» Und dann heisst es weiter: «Ich habe erkannt, dass es nichts Besseres unter ihnen gibt, als sich zu freuen und Gutes zu geniessen in seinem Leben; doch wenn irgend ein Mensch isst und trinkt und Gutes geniesst bei all seiner Mühe, so ist das auch eine Gabe Gottes.» Und wenn es Irrtümer, Enttäuschungen und Verluste gibt, dann kann man sagen: «Gott sucht das Vergangene wieder hervor» (Pred 3,11-13.15; 5,17-19; 8,15).

Es ist herrlich, im Buch des Predigers (Pred 5,17-19) von fünf Dingen zu lesen, die Gott dem Menschen gibt. Man beachte hierbei die Wiederholung des Verbs «geben»:

- das Leben (V. 17),
- Güter (V. 18a),
- Gesundheit («ihm gestattet, davon zu geniessen», V. 18b),
- Arbeit (V. 18c),
- die Freude seines Herzens (V. 19).

Was für einen gütigen, grosszügigen und barmherzigen Gott haben wir! Wie oft nimmt uns das Klagen in Beschlag, statt Gott für seine Barmherzigkeit und Treue zu danken, die jeden Morgen neu sind (Klgl 3,23). Wir gleichen dann denen, über die 1. Korinther 10,5 spricht: «Aber an der Mehrzahl von ihnen hatte Gott kein Wohlgefallen; sie wurden nämlich in der Wüste niedergestreckt.» Zu Recht sagt Paulus: «Alle diese Dinge aber, die jenen widerfuhren, sind Vorbilder, und sie wurden zur Warnung für uns aufgeschrieben, auf die das Ende der Weltzeiten gekommen ist» (1Kor 10,11).

Die Schlussfolgerung dieser ermutigenden Tatsachen steht in Prediger 9,7-9:

> «So geh nun hin; iss mit Freuden dein Brot und trinke deinen Wein mit fröhlichem Herzen, denn Gott hat dein Tun längst gebilligt! Lass deine Kleider allezeit weiss sein, und lass das Öl – Parfüm – nicht fehlen auf deinem Haupt! Geniesse das Leben mit der Frau, die du liebst, alle Tage deines nichtigen Lebens – deines rasch dahinfliegenden Daseins – ... denn das ist dein Anteil in [diesem] Leben ...»

Damit das auch möglich ist, muss die Mahnung des Predigers in Kapitel 12,1.13-14 befolgt werden:

> «Und gedenke an deinen Schöpfer in den Tagen deiner Jugend ... Lasst uns die Summe aller Lehre hören: Fürchte Gott und halte seine Gebote; denn das macht den ganzen Menschen aus. Denn Gott wird jedes Werk vor ein Gericht bringen, samt allem Verborgenen, es sei gut oder böse.»

Angesichts dieser Zukunftsperspektive, der wir nicht entrinnen können, werden wir Rechenschaft über unsere Lebensführung ablegen müssen. Das Leben, dieses höchste Gut, das uns Gott gegeben hat, muss gut zu seiner Ehre und zur Erfüllung seines Plans, zu dem er es uns gegeben hat, verwaltet werden. Jemand sagte es einmal so treffend, dass «wir nicht auf dieser Welt sind, damit Gott unsere Pläne in Erfüllung bringt, sondern damit wir die Pläne Gottes erfüllen».

Weil wir seine Geschöpfe sind und ausserdem seine Erlösten, müssen wir uns bewusst sein, dass wir uns nicht mehr selbst gehören. Wir sind teuer erkauft worden und sind nicht mehr unser Eigentum. Somit ist es unsere Verantwortung, in unserem Leib und in unserem Geist, «die Gott gehören», den Herrn zu verherrlichen (1Kor 6,20). Als Verwalter haben wir so zu leben, dass wir Gott gefallen.

Der Herr Jesus, der unser Vorbild für ein Leben nach dem Willen Gottes ist, sagt: «Ich bin aus dem Himmel herabgekommen, nicht damit ich meinen Willen tue, sondern den Willen dessen, der mich gesandt hat» (Joh 6,38). «Ich suche nicht meinen Willen, sondern den Willen des Vaters, der mich gesandt hat» (Joh 5,30). «Meine Speise ist die, dass ich den Willen dessen tue, der mich gesandt hat, und sein Werk vollbringe» (Joh 4,34). Daher konnte er in Bezug auf den Vater sagen: «Ich tue allezeit, was ihm wohlgefällt» (Joh 8,29), und der Vater sagte von ihm: «Dies ist mein geliebter Sohn, an dem ich Wohlgefallen habe» (Mt 3,17).

Es gibt nur eine einzige Gelegenheit, diese Art von Leben zu führen, und das ist hier und heute. Die Verwaltung unseres Lebens üben wir auf dieser Welt aus; trotzdem wird sie ewige Konsequenzen haben. William C. Morris, der bekannte argentinische Pädagoge und Christ, sagte:

> «Ich werde nur einmal diese Welt durchlaufen. Wenn es ein gütiges Wort gibt, das ich aussprechen, eine edle Tat, die ich ausführen kann, dann will ich jetzt dieses Wort sagen und diese Tat tun, denn ich werde nicht mehr an dieser Stelle hier vorbeikommen.»

Die Verwaltung unseres Wesens

Unser Wesen besteht aus Leib, Seele und Geist (1Thess 5,23). Es ist irrelevant, ob wir das Konzept der «Dichotomie» oder der «Trichotomie» vertreten, d. h., ob wir meinen, unser Wesen bestehe aus zwei oder drei Teilen. Sicher ist, dass wir ausser der

Materie, dem Körper, den nicht materiellen Teil haben, die Seele und den Geist; diese sind vielleicht nicht teilbar, aber doch unterscheidbar.

Unser Körper

Unser Körper ist das Instrument, durch das sich das Leben äussert. Dieser Körper ist ein Bestandteil unseres Wesens und wurde zusammen mit der Seele und dem Geist auch Gegenstand der Erlösung Gottes in Christus. Er ist ebenfalls in den Prozess der erfahrbaren oder praktischen Heiligung miteinbezogen, in dem sich der Gläubige seit seiner Bekehrung befindet. Wir nennen sie die «positionelle Heiligkeit» bis zur Verherrlichung des Gläubigen zur vollkommenen Heiligkeit. In 1. Thessalonicher 5,23 steht:

> «Er selbst aber, der Gott des Friedens, heilige euch durch und durch, und euer ganzes [Wesen], der Geist, die Seele und der Leib, möge untadelig bewahrt werden bei der Wiederkunft unseres Herrn Jesus Christus.»

In der Antike lehrte eine Philosophenschule in Griechenland, deren Gründer Sokrates war, dass die menschliche Seele, die zur geistlichen Welt gehört, in ihrem Wesen gut sei, während der Körper, der zur materiellen Welt gehört, im Gegensatz dazu dem Wesen nach schlecht sei. Ein Ausspruch Platos, Schüler von Sokrates, fasste es so zusammen: «Der Körper ist das Gefängnis der Seele.» Jahrhunderte später behauptete der Gnostizismus, eine Philosophie, die sich in den beiden ersten Jahrhunderten unseres christlichen Zeitalters entwickelte und die die Apostel, besonders Johannes, ganz entschieden zurückwiesen, dass die Materie, und damit auch der Körper, schlecht sei. Folglich sei der Körper, wie sie argumentierten, schlecht, verachtenswert und etwas, dessen man sich zu schämen habe. Die Bibel korrigiert diese Vorstellung.

Gott schuf nicht nur den Leib und verlieh ihm seine Ehre, sondern Gott benutzte auch einen menschlichen Körper, um das erstaunliche Werk der Menschwerdung auszuführen und dadurch die Erlösung des Menschen. Die Fleischwerdung Christi ist ein klarer Beweis dafür. Paulus sagt in Galater 4,4: «Als aber die Zeit erfüllt war, sandte Gott seinen Sohn, geboren von einer Frau ...» In Johannes 1,14 steht: «Und das Wort wurde Fleisch und wohnte unter uns; und wir sahen seine Herrlichkeit, eine Herrlichkeit als des Eingeborenen vom Vater, voller Gnade und Wahrheit.»

Der Ausdruck «wurde Fleisch» bedeutet einfach: «Er nahm eine menschliche Gestalt an.» Er wurde wie jeder andere Mensch geboren, er lebte und starb wie ein perfekter Mensch, wie es in Philipper 2,6.7 steht: «Als er in der Gestalt Gottes war, ... entäusserte sich selbst, nahm die Gestalt eines Knechtes an und wurde wie die Menschen.» Den Grund dafür sehen wir in Hebräer 2,17, denn um sich des «Samens Abrahams» anzunehmen, «musste er in jeder Hinsicht den Brüdern ähnlich werden, damit er ein barmherziger und treuer Hohepriester würde in dem, was Gott betrifft, um die Sünden des Volkes zu sühnen». Hebräer 10,5 fügt hinzu, indem Psalm 40, ein messianischer Psalm, paraphrasiert zitiert wird: «Darum spricht er bei seinem Eintritt in die Welt: ‹Opfer und Gaben hast du nicht gewollt; einen Leib aber hast du mir bereitet ...›»

Gott bereitete tatsächlich einen Körper, damit der Retter, der Sohn Gottes, in diese Welt hineingeboren würde. Einen Körper, wie der unsrige aus Fleisch und Blut, der die gleichen Bedürfnisse hatte wie unser Leib, der die gleiche Müdigkeit verspürte, den gleichen Durst und Hunger litt. Er hatte zu leiden, er wurde verwundet und gelangte sogar bis zum Tod, aber ohne Sünde. Der einzige Vorgänger dieses perfekten Körpers war Adam vor dem Sündenfall.

So ist nun der Körper trotz seiner Begrenzungen und der Belastung des «alten Menschen», unserer alten Natur, *dieser Leib des Todes*, d. h. sterblich (Röm 7,22-24), der sich nie bekehrt und ständig seine sündhaften Wünsche und Neigungen äussert, der Ort, den der Herr als seine Wohnung auserwählt hat: «Wenn jemand mich liebt, so wird er mein Wort befolgen, und mein Vater wird ihn lieben, und wir werden zu ihm kommen und Wohnung bei ihm machen» (Joh 14,23). Ja, mein Körper und ihr Körper sind eine Wohnung Gottes im Heiligen Geist!

Durch Schöpfung und durch Erlösung

In 1. Korinther 6 finden wir einige interessante Tatsachen über unseren Körper: Er gehört Gott (V. 20); er ist ein Glied Christi (V. 15); er ist ein Tempel des Heiligen Geistes (V. 19). Beachten wir den erhabenen Anteil der göttlichen Dreieinigkeit an unseren *sterblichen Leibern* (Röm 8,11), die durch die Schöpfung und durch die Erlösung Gott gehören. Gott hat uns erschaffen. David beschreibt es uns so schön in Psalm 139,13.15-17:

> «Denn du hast meine Nieren gebildet; du hast mich gewoben im Schoss meiner Mutter. ... Mein Gebein war nicht verhüllt vor dir, als ich im Verborgenen gemacht wurde, kunstvoll gewirkt tief unten auf Erden. Deine Augen sahen mich schon als ungeformten Keim, und in deinem Buch waren geschrieben alle Tage, die noch werden sollten, als

noch keiner von ihnen war. Und wie kostbar sind mir deine Gedanken, o Gott!»

Aber wir sind auch von Gott erkauft worden. In 1. Korinther 6,20 steht: «Denn ihr seid teuer erkauft; darum verherrlicht Gott in eurem Leib und in eurem Geist, die Gott gehören!» Der Gedanke der Erlösung wurde hier einem Bild des Altertums entnommen. Es bedeutet, dass wir wie Sklaven gekauft wurden, die auf der Agora, dem Markt, angeboten wurden. Für uns wurde ein Preis bezahlt, und dann wurden wir freigelassen (Gal 5,1). Wenn nun jemand den Kaufpreis für uns bezahlt hat, dann gehören wir nicht mehr uns selbst. Wir gehören ihm. Jetzt sind wir aus Liebe seine Diener, wie der Sklave in 2. Mose 21,5-6. Folglich gehört der Körper, mit dem der Plan für mein Leben ausgeführt werden kann, nicht mir. Ich habe ihn zum Niessbrauch – ein lebenslanges Recht auf eine Wohnung. Der Körper, er wurde mir geliehen, und sein Gebrauch wie auch die anderen Gebiete meines Lebens erfordern eine verantwortliche Verwaltung, denn ich werde über die Art und Weise, in der er gepflegt und gebraucht wurde, zur Rechenschaft gezogen werden.
Wenn nun der Körper die Wohnstätte des dreieinigen Gottes ist, dann ist er ein Tempel, in dem er durch den Heiligen Geist wohnt. Und Gott wohnt in der Heiligkeit (Ps 93,5; Jes 57). Darum ist der Körper nicht zum Missbrauch, für Hurerei und Unreinheit da. Der Leib ist «für den Herrn, und der Herr für den Leib» (1Kor 6,12-13). Er ist, wie es F. Expósito sagt, «ein Instrument für seinen Gebrauch und sollte ihm geweiht sein», denn der Herr ist ja der Eigentümer unseres Leibes, und weil er der Herr aller Herren ist, sollten wir uns den Gesetzen seiner Gerechtigkeit und

Heiligkeit unterstellen, nicht den «Leidenschaften und Lüsten» (Gal 5,24).

So ist nun der Leib ein Teil, das der christliche Haushalter zu verwalten hat. Die Frage ist, wie wir ihn gebrauchen, wie wir ihn pflegen und wie wir ihn heiligen. Oft meinen wir, dass die Heiligung nur mit der sexuellen Reinheit in Verbindung steht. Zweifellos gibt es dafür auch spezifische Gebote. Paulus sagt in 1. Thessalonicher 4,3-5:

> «Denn das ist der Wille Gottes, eure Heiligung, dass ihr euch der Unzucht enthaltet; dass es jeder von euch versteht, seine eigene Ehefrau in Heiligung und Ehrbarkeit in Besitz zu nehmen, nicht mit leidenschaftlicher Begierde wie die Heiden, die Gott nicht kennen.»

Das Wort «Ehefrau» ist eine Übersetzung des an dieser Stelle gebrauchten Ausdrucks *skeyos*, was wörtlich «Gefäss», «Trinkglas», «Behälter», «Werkzeug» bedeutet. Es ist nun nicht leicht zu sagen, ob sich dieses Wort auf die Ehefrau oder auf den eigenen Körper bezieht. Manche Bibelübersetzungen geben es mit «Körper» wieder. Auf jeden Fall müssen beide, sei es der Körper oder die Ehefrau, in Heiligkeit bewahrt werden und von Unzucht, d. h. von aller sexuellen Unreinheit, ferngehalten werden. Der Ausdruck «Unzucht» bezieht sich nicht ausschliesslich auf sexuelle Beziehungen ausserhalb der Ehe. Er schliesst jede Art von Sünde ein, die mit Sexualität zu tun hat. Und vor diesen Sünden, die mit aller *leidenschaftlicher Begierde,* d. h. mit zügellosem Drang aus dem Fleisch heraus, von denen begangen werden, die Gott nicht kennen, müssen wir Gläubigen fliehen.

Wenn es ein ausführlich dargelegtes Gebot im Wort Gottes gibt, dann ist es das über die sexuelle Reinheit. Paulus schreibt in 1. Korinther 6,18-20:

> «Flieht die Unzucht! Jede Sünde, die ein Mensch [sonst] begeht, ist ausserhalb des Leibes; wer aber Unzucht verübt, sündigt an seinem eigenen Leib. Oder wisst ihr nicht, dass euer Leib ein Tempel des in euch wohnenden Heiligen Geistes ist, den ihr von Gott empfangen habt, und dass ihr nicht euch selbst gehört? Denn ihr seid teuer erkauft; darum verherrlicht Gott in eurem Leib und in eurem Geist, die Gott gehören!»

Wenn der Körper in Sünden der sexuellen Unmoral verwickelt ist, dann wird der Tempel Gottes befleckt und verunehrt.

Häufig führen die Vernachlässigung der Heiligkeit und nicht bekannte Sünde nicht nur zu einem geistlichen, sondern auch zu einem körperlichen Verfall. Der Psalmist sagte:

> «Als ich es verschwieg, da verfielen meine Gebeine durch mein Gestöhn den ganzen Tag. Denn deine Hand lag schwer auf mir Tag und Nacht, sodass mein Saft vertrocknete, wie es im Sommer dürr wird» (Ps 32,3-4).

Dieser Zustand kann über den Gläubigen Krankheiten als Konsequenz der göttlichen Disziplin bringen (Jak 5,14-16; 1Kor 11,29-30).

Es gibt Sünden, die körperliche und geistige Schäden hervorbringen. In Sprüche 14,30 steht geschrieben: «Ein gelassenes Herz ist das Leben des Leibes, aber Eifersucht ist Frass – Krebs – in den Gebeinen.» In Sprüche 17,22 sagt der kluge Schreiber weiter: «Ein fröhliches Herz fördert die Genesung. Aber ein niedergeschlagener Geist dörrt das Gebein aus.»

Den Tempel des Heiligen Geistes pflegen

Der Körper bedarf aber auch einer andersartigen Pflege. Unsere Ernährung, Ruhe und körperliche Bewegung sind der weisen und verantwortlichen Verwaltung, die wir ausüben müssen, nicht enthoben.

Die richtige Ernährung ist für die Gesunderhaltung des Körpers nötig. Es stimmt, dass das Wort Gottes nicht den Verzehr von irgendeinem Nahrungsmittel verbietet, wie es im Alten Bund der Fall war und wie es der Apostel Paulus sagt: «So lasst euch von niemand richten wegen Speise oder Trank ..., die doch nur ein Schatten der Dinge sind, die kommen sollen, wovon aber Christus das Wesen hat» (Kol 2,16-17). Und in 1. Timotheus 4,1-3 erwähnt er, dass als Zeichen der falschen Lehren, die in «späteren Zeiten» auftreten werden, Irrlehrer «verbieten ... Speisen zu geniessen, die doch Gott geschaffen hat, damit sie mit Danksagung gebraucht werden von denen, die gläubig sind und die Wahrheit erkennen». Aber es stimmt auch, dass eine gesunde Ernährung im richtigen Mass eine vernünftige und angebrachte Disziplin für diejenigen ist, die wir mit Weisheit den Körper, den Gott uns gegeben hat, verwalten sollen.

Daniel, der grosse Mann Gottes, ist uns in der Bibel zum hilfreichen Vorbild gegeben. Über die Zusammenhänge mit dem Götzendienst hinaus, die mit dem Verzehr *der Speise des Königs* verbunden waren, heisst es: «Daniel aber nahm sich in seinem Herzen vor, sich nicht mit der feinen Speise des Königs ... zu verunreinigen.» Die Ergebnisse liessen in seinem Körper und in seinem Geist nicht auf sich warten (Dan 1,8-17).

Es geht nicht darum, magersüchtig oder Asketen werden zu müssen. Der Herr Jesus nahm nicht nur am Essen und Trinken und an Festmahlen zu seiner Ehre teil (Lk 7,36-50; Joh 12,1-8), sondern sein erstes Wunder geschah auch an einer Hochzeit, wo er den Mangel an Wein aufhob (Joh 2,1-11). Aber wir zweifeln nicht daran, dass nur fiebernde und heuchlerische Gemüter, wie die der Pharisäer und Schriftgelehrten, den perfekten Menschen des Mangels an Nüchternheit und der Masslosigkeit beim Trinken bezichtigen konnten (Mt 11,19; Lk 7,34). Die Gesundheit des Körpers und die Gesundheit der Seele sind keine Antagonisten, sondern sie sollten miteinander Schritt halten. Darum sagt Johannes seinem Freund und Bruder Gajus: «Mein Lieber, ich wünsche dir in allen Dingen Wohlergehen und Gesundheit, so wie es deiner Seele wohlgeht» (3Joh 2). Mit dem Apostel Paulus können wir abschliessend sagen: «Ob ihr nun esst oder trinkt oder sonst etwas tut – tut alles zur Ehre Gottes!» (1Kor 10,31).

Die Ruhe ist ein weiterer wichtiger Bestandteil der Pflege des Tempels des Heiligen Geistes. Jeder von uns hat zweifellos seinen eigenen Rhythmus und seine eigene Notwendigkeit, seine Kräfte wiederherzustellen, je nach den Anforderungen seiner Arbeit, des Studiums usw. Aber auf jeden Fall haben wir es nötig, uns auszuruhen. Gott dachte daran, als er den Ruhetag einrichtete, um uns Erholung von den Aktivitäten der Woche zu verschaffen. Es stimmt, dass das Werk des Herrn gross ist und die Zeit, die wir dafür einsetzen, gewiss zu seiner Ehre Frucht bringen wird, aber keine Arbeitsüberlastung kann mit dem Segen Gottes rechnen. Manchmal ist es eher Arbeitssucht als Arbeit. Und wahrscheinlich können unsere körperlichen Schwächen, gestörten Beziehungen zu Hause und geistliche Trägheit von einem Übermass an Aktivitäten stammen, von denen viele statt «Werk des Herrn» eher unsere eigenen Werke sind.

Elia floh vor Isebel und fiel erschöpft unter einen Wacholderstrauch; er wollte sterben. Doch der Herr verschaffte ihm durch einen Engel die Nahrung, die er brauchte, und dann den erholsamen Schlaf, damit er anschliessend den weiten Weg auf sich nehmen konnte, der ihm noch bis zum Horeb, dem Berg Gottes, bevorstand (1Kö 19,4-8). Jesus riet seinen Jüngern: «Kommt ... und ruht ein wenig» (Mk 6,31). «Süss ist der Schlaf des Arbeiters», sagt Prediger 5,11.

Die körperliche Betätigung ist noch etwas, das uns hilft, unseren Leib in Ordnung und Harmonie zu halten. Wir leben in einer Gesellschaft mit sitzender Lebensweise, besonders in den Grossstädten. Die Arbeit erfordert häufig viele Stunden körperlicher Untätigkeit, wobei wir nur mit dem Kopf arbeiten. Die Verkehrsmittel verhindern das Laufen; der Gebrauch der Kommunikationsmittel fördert auch nicht die Bewegung und als Konsequenz von alledem treten Krankheiten auf, die von fehlender körperlicher Übung herrühren. Darüber schreibt Paulus an Timotheus in seinem ersten Brief (1Tim 4,8): «Denn die leibliche Übung – wörtlich: ‹die Körpergymnastik› – nützt wenig, die Gottesfurcht aber ist für alles nützlich ...»

Das ist keine Rechtfertigung dafür, dass man keinen gesunden Sport treibt. Paulus sagt nicht, dass die körperliche Übung «nichts nützt», sondern dass sie wenig nützt, oder anders formuliert: dass sie nur für den Leib «von Nutzen ist». G. Hendriksen schreibt in seinem Kommentar dazu: «Paulus verachtet keineswegs den Wert der körperlichen Übung. Er sagt zweierlei: A) dass der Segen der Leibesübungen, wie gross er auch sei, viel geringer ist als die Belohnung für ein gottesfürchtiges Leben. Das Erste verleiht bestenfalls Gesundheit, Kraft und körperliche Schönheit. Das sind wunderbare Dinge, die zu schätzen sind. Aber das Zweite gewährt das ewige Leben. B) Das Gebiet, auf dem die Leibesübung von Nutzen ist, ist viel kleiner als das des gottesfürchtigen Lebens. Das Erste hat mit der Gegenwart und dem Diesseits zu tun, das Zweite mit der Gegenwart, aber es hat zusätzlich eine viel grössere Reichweite.»

Die hedonistische Gesellschaft von heute fordert eine übertriebene Pflege des Körpers, deren Zweck rein fleischlich ist. Sie ist eine von weltlichen Verhaltensmustern geleitete Zurschaustellung. Zu diesem Extrem müssen wir nicht gelangen, sondern zu einer angemessenen, vernünftigen und verantwortungsvollen Pflege unseres Organismus.

Es ist fast nicht nötig, über die schlechten Folgen zu sprechen, die der Konsum von Schadstoffen für die Gesundheit hat. Ohne an Tabak oder Drogen zu denken, ist alles, was dazugekommen ist, uns zu beherrschen und Kontrolle über uns zu haben, schädlich und sogar sündig. Es kann ganz verschiedene und scheinbar harmlose Süchte geben, die unseren Willen unter ihre Kontrolle bringen. In seinem ersten Brief an die Korinther (1Kor 9,27) schreibt Paulus: «Ich bezwinge meinen Leib und beherrsche ihn, damit ich nicht anderen verkündige und selbst verwerflich werde.» *Den Leib bezwingen* bedeutet nicht, sich zu geisseln, wie es die Asketen oder Mönche verstanden, um ihre Leidenschaften zu bändigen. Paulus sah seinen Leib nie als etwas Sündhaftes an, sondern als ein Mittel, Gott durch eine völlige und einsichtige Hingabe zu verherrlichen. Der Grundgedanke ist, seinen Körper mit Disziplin unter Kontrolle zu halten und nicht dem Verlangen des Körpers zu dienen, sondern dass der Körper den Zielen Gottes dient. Das liegt auch den Ausführungen in Kolosser 3,5-7 zugrunde:

> «Tötet daher eure Glieder, die auf Erden sind: Unzucht, Unreinheit, Leidenschaft, böse Lust und die Habsucht, die Götzendienst ist; um dieser Dinge willen kommt der Zorn

> Gottes über die Söhne des Ungehorsams; unter ihnen seid auch ihr einst gewandelt, als ihr in diesen Dingen lebtet.»

Jedes Zuviel ist Sünde und deswegen versklavt sein Einfluss das Leben eines Christen. Diese Prämisse (logische Voraussetzung) steht in Römer 6,11-13:

> «Also auch ihr: Haltet euch selbst dafür, dass ihr für die Sünde tot seid, aber für Gott lebt in Christus Jesus, unserem Herrn! So soll nun die Sünde nicht herrschen in eurem sterblichen Leib, damit ihr [der Sünde] nicht durch die Begierden [des Leibes] gehorcht; gebt auch nicht eure Glieder der Sünde hin als Werkzeuge der Ungerechtigkeit, sondern gebt euch selbst Gott hin als solche, die lebendig geworden sind aus den Toten, und eure Glieder Gott als Werkzeuge der Gerechtigkeit!»

Selbstbeherrschung

Wenn es eine Tugend gibt, die nach Galater 5,22-23 ein Teil der Frucht des Geistes ist und die mit der Kontrolle über meinen Leib zu tun hat, dann ist es die Enthaltsamkeit oder Selbstbeherrschung (griech. *egkrateia*). Einerseits bedeutet es die Macht oder Kraft (griech. *kratos*), sich selbst zu beherrschen, und andererseits die Fähigkeit, auf allen Gebieten unseres Seins und unseres Lebens dem Willen Gottes gemäss zu leben, nicht nach unseren eigenen Wünschen und Impulsen, sondern vielmehr darauf bedacht, dass alle Gedanken dem Gehorsam Christi ergeben und unterstellt werden (2Kor 10,5). Jemand machte einmal die treffende Aussage, dass «der Körper ein guter Diener sein kann, aber auch ein schrecklicher Herr».

Jakobus weist ebenfalls auf die Fähigkeit der Selbstbeherrschung hin, wenn er darüber spricht, die Zunge im Zaum zu halten. Er sagt uns, dass unser Leib von ihr beherrscht wird, was bedeutet, dass ein erneuerter Geist und ein regelmässiges, tägliches Bekennen unserer Sünden und Fehler uns helfen werden, unseren Körper zu kontrollieren:

> «Denn wir alle verfehlen uns vielfach; wenn jemand sich im Wort nicht verfehlt, so ist er ein vollkommener Mann, fähig, auch den ganzen Leib im Zaum zu halten. Siehe, den Pferden legen wir die Zäume ins Maul, damit sie uns gehorchen, und so lenken wir ihren ganzen Leib. Siehe, auch die Schiffe, so gross sie sind und so rau die Winde auch sein mögen, die sie treiben – sie werden von einem ganz kleinen Steuerruder gelenkt, wohin die Absicht des Steuermannes will» (Jak 3,2-4).

Wir zitieren noch einmal 1. Thessalonicher 5,23: «Er selbst aber, der Gott des Friedens, heilige euch durch und durch, und euer ganzes [Wesen], der Geist, die Seele und der Leib, möge untadelig bewahrt werden bei der Wiederkunft unseres Herrn Jesus Christus.» Unser Teil in diesem Prozess der Heiligung beinhaltet einen Akt der Anbetung, indem wir unseren Leib als Ausdruck unseres ganzen Lebens als Weihgabe auf den Altar legen.

> «Ich ermahne euch nun, ihr Brüder, angesichts der Barmherzigkeit Gottes, dass ihr eure Leiber darbringt als ein lebendiges, heiliges, Gott wohlgefälliges Opfer: das sei euer vernünftiger Gottesdienst» (Röm 12,1).

Wenn wir verstehen, dass der Leib Eigentum Gottes ist und wir mit ihm nicht machen können, was unsere gefallene Natur will, dann werden wir begreifen, dass alle Gebiete unseres Lebens in der vernünftigen Hingabe an den gelebt werden müssen, dem wir gehören. Dann wird die absurde Trennung zwischen «heiligen Bereichen» und «weltlichen Bereichen» beendet sein, und wir werden es verstehen, dass wir Gott verherrlichen müssen *in unserem Leib und in unserem Geist, die Gott gehören* (1Kor 6,20).

A. W. Tozer sagt:

> «Wir müssen Gott alle unsere Taten als Opfer darbringen und glauben, dass er sie annimmt. Dann müssen wir diese Entscheidung festmachen und den Gedanken klar beibehalten, dass alle Handlungen unseres Lebens zu seiner Verherrlichung und Ehre sind. In jeder Stunde des Tages, während wir mit der Arbeit für unseren Lebensunterhalt beschäftigt sind, müssen wir noch viele Gedanken wie diesen hinzufügen. Lasst uns die feine Kunst praktizieren, aus jeder Tat unseres Lebens eine priesterliche Handlung zu machen, eine Opfergabe für Gott. Lasst uns glauben, dass Gott sogar bei den geringsten Handlungen unseres Lebens gegenwärtig ist, und lernen, ihn darin zu sehen.»

In 4. Mose 6 gibt es eine wunderbare Lektion über die Nasiräer. Die Bezeichnung «Nasiräer» kommt von einem Verb, das «trennen» oder «sich enthalten» bedeutet. Es war ein Mensch, der sich Gott mit einem Gelübde geweiht und sich verpflichtet hatte, sich sein Leben lang oder für eine bestimmte Zeit völlig dem Dienst des Herrn zu widmen. Es gab gewisse Merkmale, die zu seinem Gelübde gehörten und die ihn äusserlich von anderen unterschieden: Er durfte keinen Wein trinken, sich weder das Haar schneiden, noch sich mit Toten verunreinigen usw. Diese Enthaltungen waren notwendig, um sich rein zu halten, andernfalls verlor er seine Vollmacht. Für die Nasiräer waren Vollmacht und Reinheit nicht voneinander zu trennen. Ihre Heiligkeit war unbedingt nötig, weshalb sie sich stets vor den Dingen hüteten, die sie von ihrer Berufung abbringen und ihre Geistlichkeit mindern konnten. Was für die gewöhnlichen Menschen normal war, war für die Nasiräer nicht erlaubt. C. H. Mackintosh schreibt in seinem hervorragenden Kommentar zum 4. Buch Mose:

> «Ist es der Wunsch unseres Herzens [...] uns für Gott von all den Dingen zu trennen, die, wenn sie auch nicht gerade böse sind, dennoch die völlige Hingabe des Herzens [...] verhindern? Es gibt viele Dinge, die einen zerstreuenden und schwächenden Einfluss auf den Geist des Gläubigen ausüben, die aber, wenn sie nach dem Massstab der gewöhnlichen Sittenlehre gemessen würden, als harmlos bezeichnet werden könnten.» Dann sagt er weiter, «dass die Nasiräer Gottes die Dinge nicht nach einem solchen Massstab messen! Sie betrachten die Dinge von einem göttlichen und himmlischen Standpunkt aus, und deshalb können sie nichts als harmlos hinnehmen, was in irgendeiner Weise ihre Hingabe an Gott beeinträchtigt, nach denen ihre Seele verlangt.»

Lasst uns im Licht von Römer 12,1-2 leben:

> «Ich ermahne euch nun, ihr Brüder, angesichts der Barmherzigkeit Gottes, dass ihr eure Leiber darbringt als ein lebendiges, heiliges, Gott wohlgefälliges Opfer: das sei euer vernünftiger Gottesdienst! Und passt euch nicht diesem Weltlauf an, sondern lasst euch [in eurem Wesen] verwandeln durch die Erneuerung eures Sinnes, damit ihr prüfen

könnt, was der gute und wohlgefällige und vollkommene Wille Gottes ist.»

Der herrliche Tag wird kommen, an dem der Herr «unseren Leib der Nichtigkeit umgestalten wird, sodass er gleichförmig wird seinem Leib der Herrlichkeit, vermöge der Kraft, durch die er sich selbst auch alles unterwerfen kann» (Phil 3,21).

Unser Geist

In ihm fassen wir am Ende unserer Betrachtung alles zusammen, was den immateriellen Bereich unseres Seins ausmacht. Der Geist ist der Sitz der Gefühle, des Willens, der Entscheidungen, der Intelligenz, des Gewissens und der Begierden. Wie Paulus es so gut ausdrückt, erfreut sich dieser Geist, das Abbild unseres «inneren Menschen», an Gott und seinem Gesetz (Ps 42,2-3; Röm 7,22), aber gleichzeitig hat er auch sündhafte Neigungen, weil er einem gefallenen Wesen angehört. Der Geist des natürlichen Menschen wurde durch den Sündenfall in Mitleidenschaft gezogen und damit auch seine Emotionen, der Wille, seine Empfindungen und sein Urteilsvermögen. Die Sünde hat in ihm das hervorgebracht, was Paulus in Epheser 4,17 die *Nichtigkeit des Sinnes* nennt. Das heisst, dass der leere, «gottlose» Geist unbeständig hinsichtlich seiner Gedanken und Prinzipien ist.

Im folgenden Vers (Eph 4,18) erklärt es der Apostel, indem er von den Heiden spricht, «deren Verstand verfinstert ist und die entfremdet sind dem Leben Gottes, wegen der Unwissenheit, die in ihnen ist wegen der Verhärtung ihres Herzens». So waren wir. Aber nun haben wir durch seine Gnade einen anderen Geist, eine andere Fähigkeit. In 1. Korinther 2,16 steht: «Wir aber haben den Sinn des Christus.» Mit anderen Worten gesagt: Wir können wie Christus denken, so wie der Mensch Jesus dachte, als er auf dieser Welt war und in seinem Leben die gleichen Erfahrungen machte wie wir. Francisco Lacueva sagte:

> «Es ist ein grosses Vorrecht, die Gesinnung Christi zu haben, aber es ist auch eine grosse Verantwortung, weil die Sünde, die noch in uns wohnt (auch wenn sie nicht herrscht), sich der Gesinnung Christi widersetzt, die die Gesinnung des Geistes Gottes ist.»

Der Geist des Christen denkt nicht nur an geistliche Sachen. Er denkt auch an säkulare Dinge, die im Leben vergänglich sind, aber von einer christlichen Perspektive her, weil er von geistlichen Prinzipien, vom Heiligen Geist geleitet wird. Seine Art und Weise zu denken steht im Gegensatz zur Denkweise der Welt. Die Welt versteht ihn nicht. Wie es Johannes sagt: «Darum erkennt uns die Welt nicht – sie erkennt uns nicht an –, weil sie Ihn nicht erkannt hat» (1Joh 3,1). Wie es auch Petrus schreibt:

> «Denn es ist für uns genug, dass wir die vergangene Zeit des Lebens nach dem Willen der Heiden zugebracht haben, indem wir uns gehen liessen in Ausschweifungen, Begierden, Trunksucht, Belustigungen, Trinkgelagen – Exzessen jeder Art – und frevelhaftem Götzendienst. Das befremdet sie, dass ihr nicht mitlauft in denselben heillosen Schlamm – grenzenlose Unmoral und Zügellosigkeit –, und darum lästern sie; sie werden aber dem Rechenschaft geben müssen, der bereit ist, die Lebendigen und die Toten zu richten» (1Petr 4,3-5).

John Stott sagt, dass wir Christen in einer wahren «Kontra-Kultur» leben. Wir schwimmen gegen den Strom. Unser Geist ist dem Geist entgegengesetzt, der in der Welt herrscht, dem Geist, der hinter diesem System tätig ist und der den Geist der Menschen regiert. Es ist tatsächlich so, dass «die ganze Welt sich im Bösen befindet» (1Joh 5,19) und in seinem Schoss schlummert.

Zweifellos ist das Wunder des menschlichen Geistes, in dem Millionen von Zellen und Verknüpfungen Informationen mit grösseren Geschwindigkeiten weiterleiten als beim schnellsten Computer, wo Daten gespeichert werden, die unsere ganze Kapazität des Staunens übersteigen, der Schauplatz, auf dem der Kampf unseres Lebens ausgefochten wird. Der Inhalt dieser *goldenen Schale* (Pred 12,6) ist das Ziel der Angriffe unseres Feindes.

Darum will Gott seine Gesetze in unseren Geist legen, auf unsere Herzen schreiben (Jer 31,33; Hebr 10,16). Darum will auch der Heilige Geist unseren Geist erneuern (Eph 4,23). Und deswegen sind wir in Römer 12,2 aufgefordert:

> «Und passt euch nicht diesem Weltlauf an – nehmt nicht seine Form an –, sondern lasst euch [in eurem Wesen] – in eurem Geist – verwandeln durch die Erneuerung eures Sinnes, damit ihr prüfen könnt, was der gute und wohlgefällige und vollkommene Wille Gottes ist.»

Wie kann der Geist erneuert werden? Erstens muss die Bereitschaft dazu vorhanden sein. Petrus sagt in seinem ersten Brief: «Darum umgürtet die Lenden eurer Gesinnung, seid nüchtern ...» (1Petr 1,13). Das Wort, das er hier gebraucht, ist in seiner Bedeutung sehr interessant, obwohl es praktisch nicht übersetzbar ist. In unserer Sprache tritt es in verschiedenen Formen auf.

«Nüchtern sein» ist nicht gleich «nüchtern sein», wie zum Beispiel aufgrund der Enthaltsamkeit von alkoholischen Getränken. Nüchternheit bezieht sich in der Bibel auf die Ernsthaftigkeit des Geistes. Das hat mit unserer Sicht des Lebens zu tun. Ein nüchterner Gläubiger beobachtet die Dinge aus der richtigen Perspektive, den Prinzipien gemäss, die Gott uns in seinem Wort darlegt. Wer nicht nüchtern ist, hat nicht die richtige Sicht, und dann wird er die Welt auch nicht so sehen, wie sie sittlich ist. Er wird sorglos und leichtfertig leben. Wer aber das Leben so betrachtet, wie Gott es sieht, der hat eine ernste, kluge und geistliche Haltung.

Einmal (Mt 16,1-4) kamen einige Pharisäer und Sadduzäer zum Herrn, um ihn zu versuchen, und er antwortete ihnen: «Am Abend sagt ihr: Es wird schön, denn der Himmel ist rot! und am Morgen: Heute kommt ein Ungewitter, denn der Himmel ist rot und trübe! Ihr Heuchler, das Aussehen des Himmels versteht ihr zu beurteilen, die Zeichen der Zeit aber nicht!»

Ein Gläubiger, der einen nüchternen Geist hat, wird die Zeit, in der wir leben, richtig beurteilen können. Es ist eine schwere Zeit für einen Christen. Die «Postmoderne» mit ihrem Relativismus, ihrem Säkularismus und ihrem Materialismus hat zweifellos ihre Auswirkung auf den unachtsamen Gläubigen.

Das Leben wie Jesus sehen

Wie können wir das Leben so sehen, wie Jesus es sieht? In Philipper 2,5 lesen wir: «Denn ihr sollt so gesinnt sein ...» Hier heisst *phroneo* (nüchtern) «gesinnt sein», aber nicht im emotionellen Sinn, sondern als «Haltung», als eine «Wesensart». Wie begegne ich als Christ den herausfordernden Alternativen der Lebensweise, mit denen ich heutzutage konfrontiert werde?

1. Korinther 13,11 sagt: «Als ich ein Unmündiger war, redete ich wie ein Unmündiger, dachte wie ein Unmündiger und urteilte wie ein Unmündiger ...» Als Kind hatten wir ein kindliches Gemüt.

Und die Kinder lassen sich von dem «ich mag das» oder «das mag ich nicht» leiten, nie aber von dem, was angebracht oder nicht angebracht ist. Welche Art zu denken habe ich? Bin ich noch in der Phase von «ich mag das» oder «das mag ich nicht»?

Oder verstehe ich, dass «mir alles erlaubt» ist, «aber es ist nicht alles nützlich» – «es erbaut nicht alles» (1Kor 10,23)? Reife ist, wie es in Hebräer 5,14 ausgedrückt wird, «geschult» sein «zur Unterscheidung des Guten und des Bösen». Aber das kommt «durch Übung», durch die Gewohnheit oder Praxis.

Wir lesen in Kolosser 3,2: «Trachtet nach dem, was droben ist, nicht nach dem, was auf Erden ist.» «Trachtet nach» bedeutet «den Sinn auf etwas richten». Meine Gedanken sind immer auf einen Ort gerichtet. Entweder auf das, «was unten auf der Erde ist», oder auf das, «was droben ist».

Die Frage ist: Worauf sind meine Gedanken gerichtet? Was sind meine Interessen, Sorgen, Absichten, Pläne und Ziele? Welche Prioritäten habe ich in meinem Leben? Und überhaupt, wer steuert meine Gedanken? Wer kontrolliert sie?

Der Ausdruck «seid nüchtern» deutet also auf einen verständigen und klugen Charakter hin, auf einen Geist, der frei von Dingen ist, die ihn verwirren und abstumpfen. Im Gegenteil, es ist ein Geist, der vom Heiligen Geist gesteuert, regiert und kontrolliert wird.

Die Erneuerung des Sinnes ist ausserdem durch die Pflege möglich, die wir ihm geben. Der Geist muss wie der Körper gepflegt werden. Es gibt mehrere Formen, das zu tun:

Geistlich denken. Philipper 4,8:

«Im Übrigen, ihr Brüder, alles, was wahrhaftig – kein Produkt der Fantasie oder der Heuchelei –, was ehrbar – nobel, würdig, achtbar, ehrenhaft –, was gerecht – rechtschaffen, korrekt –, was rein – moralisch makellos –, was liebenswert – angenehm –, was wohllautend – bewundernswert, was einen guten Ruf hat –, was irgendeine Tugend – etwas Exzellentes – oder etwas Lobenswertes ist – was Anerkennung verdient –, darauf seid bedacht!»

Den Geist mit gesunder Lektüre nähren. Es gibt Köpfe, die «Mülleimer» sind. Sie füllen sich mit Wegwerfmaterial an, sind krank und geben einen unangenehmen Geruch ab. Wie jemand sagte, sind wir das, was wir denken; alles, womit wir unseren Geist nähren, wird ihn prägen. Das tägliche Lesen und Studieren des Wortes Gottes, das Nachdenken über seine heiligen Texte und die Lektüre guter, christlicher Bücher werden dazu beitragen, unser Denken zu reinigen, zu heiligen und unseren Geist zur Reife zu führen.

Das grosse Problem der hebräischen Gläubigen, auf das der Apostel im Hebräerbrief Kapitel 5 hinweist und das wir oben bereits zitierten, ist die Unreife als Folge der Unkenntnis, oder noch schlimmer, sie waren gleichgültig und bemühten sich erst gar nicht, die geoffenbarten, grossen und tiefen Wahrheiten der Schrift kennenzulernen. Ständig musste man ihnen das ABC der Lehre wiederholen. Wenn wir uns der Unterweisung des Wortes Gottes entziehen, dann werden sich andere Dinge in unserem Geist breitmachen und, wie es das Gesetz von Saat und Ernte unerbittlich festlegt, wird «wer auf sein Fleisch sät, ... vom Fleisch Verderben ernten; wer aber auf den Geist sät, der wird vom Geist ewiges Leben ernten» (Gal 6,8).

Uns vor Sünde hüten. 2. Korinther 7,1: «Weil wir nun diese Verheissungen haben, Geliebte, so wollen wir uns reinigen von aller Befleckung des Fleisches und des Geistes zur Vollendung der Heiligkeit in Gottesfurcht.» Was bedeuten hier «Fleisch» und «Geist»? Die Befleckung des Fleisches drückt die physische Unreinheit aus, die meinem Körper schadet. Die Unreinheit des Geistes ist das, was mein inneres Leben, meine Gedanken, meine Seele und meinen Geist beeinträchtigt. Das kann durch eine unreine Lehre geschehen, durch schmutzige Gedanken und unlautere Motivationen. Der Kommentar von L. Bonnet und A. Schroeder ist interessant:

> «Die Befleckungen des Fleisches und des Geistes sind gewöhnlich äusserlich und innerlich. Diese Worte verurteilen eine stolze Spiritualität, die die Vorsicht in Bezug auf äusserliche Dinge verachtet, und ebenso den Pharisäismus, der, weil er ständig damit beschäftigt ist, einen guten Eindruck auf andere zu machen, sich wenig um die Sünden seines eigenen Herzens kümmert.»

Was uns heutzutage durch das Fernsehen, Kino, Internet usw. unterbreitet wird, stammt meistens aus der Kultur der Welt, von weltlichen Tendenzen und Prinzipien, die die Gedankenwelt der Menschen regieren. Es ist offensichtlich, dass ...

> «... diejenigen, die gemäss [der Wesensart] des Fleisches sind», nach dem «trachten ..., was dem Fleisch entspricht; diejenigen aber, die gemäss [der Wesensart] des Geistes sind, [trachten] nach dem, was dem Geist entspricht. Denn das Trachten des Fleisches ist Tod, das Trachten des Geistes aber Leben und Frieden, weil nämlich das Trachten des Fleisches – die sündhafte Mentalität – Feindschaft gegen Gott ist; denn es unterwirft sich dem Gesetz Gottes nicht, und kann es auch nicht; und die im Fleisch sind, können Gott nicht gefallen» (Röm 8,5-8).

Es geht nicht darum, dass «alles schlecht» ist oder dass wir von der Welt isoliert leben müssten. Aussprüche wie «Rühre das nicht an, koste jenes nicht, betaste dies nicht!» (Kol 2,21) haben es noch nie zu einem guten Ergebnis gebracht. Es geht vielmehr darum, mit geistlichem Unterscheidungsvermögen die richtige Auswahl zu treffen, indem all das verworfen wird, was für unser geistliches Wachstum nicht von Nutzen ist. Es gilt zu filtrieren, durchzusieben und das zurückzubehalten, was angebracht ist, denn: «Es ist mir alles erlaubt – aber es ist nicht alles nützlich. Es ist mir alles erlaubt – aber es erbaut nicht alles» (1Kor 10,23), und ausserdem sollen wir «durch das Gesetz der Freiheit gerichtet werden» (Jak 2,12).

Wir sind für den Körper und den Geist, die Gott uns gegeben hat, verantwortlich und müssen dem Folge leisten, was Gott von seinem Volk damals verlangte und was seine Gültigkeit bis heute nicht verloren hat und sie auch niemals verlieren wird: «Und du sollst den Herrn, deinen Gott, lieben mit deinem ganzen Herzen und mit deiner ganzen Seele und mit deiner ganzen Kraft» (5Mo 6,5). Mit Jesu Worten: «Du sollst den Herrn, deinen Gott, lieben mit deinem ganzen Herzen und mit deiner ganzen Seele und mit deinem ganzen Denken» (Mt 22,37; vgl. Lk 10,27).

Dem Heiligen Geist gestatten, dass er unser Denken verändert. In Epheser 4,22-23 sagt Paulus: «... dass ihr, was den früheren Wandel betrifft, den alten Menschen abgelegt habt, der sich wegen der betrügerischen Begierden verderbte, dagegen erneuert werdet im Geist eurer Gesinnung». Der Ausdruck «erneuert werden» müsste eigentlich lauten: «ständig dabei sein, erneuert zu werden», was besagt, dass wir nicht von uns selbst aus die Erneuerung zustande bringen, sondern dass es der Heilige Geist in uns ist, den wir wirken lassen müssen (vgl.

Röm 12,2; Eph 5,18); und ausserdem geschieht die Erneuerung nicht plötzlich, nicht in einem Moment, sondern sie ist ein Prozess, der das ganze Leben lang andauert und fortschreitend geschieht. *Im Geist eurer Gesinnung erneuert zu werden* bedeutet, mit anderen Worten gesagt: *Gestattet dem Heiligen Geist, dass er fortlaufend eure Art und Weise zu denken verändert.* Das heisst, zunehmend «verwandelt werden in dasselbe Bild von Herrlichkeit zu Herrlichkeit, nämlich vom Geist des Herrn» (2Kor 3,18), bzw. dass wir immer mehr unserem glorreichen Meister und Herrn ähnlich sind.

Die Verwaltung des Hauses und der Familie

Dies ist wahrscheinlich eines der wichtigsten Gebiete der christlichen Verwaltungsaufgaben. Für diejenigen von uns, denen Gott die Gnade geschenkt hat, ein Heim zu gründen, ist es eine Verantwortung, deren wir nicht nur in diesem Leben belangt werden, sondern die auch gewiss der Prüfung unterliegt, wenn wir in der Gegenwart des Herrn sein werden. Wir stimmen mit denen überein, die der Meinung sind, dass die Sorge für die Ehefrau und die Kinder unsere vorrangige Verantwortung ist; sie steht vor den geschäftlichen Dingen, dem Beruf, den Hobbys und allen anderen Interessen und auch vor der Mitarbeit in der Gemeinde – oder sie teilt höchstens gemeinsam mit der Gemeinde die Priorität. Jedem einzelnen dieser Dinge, wie wichtig sie auch sein mögen, muss der richtige Platz zugeordnet werden, aber die Familie hat den Vorrang.

Die Ehe ist eine göttliche Einrichtung, die Gottes Plan für die Vereinigung der Gemeinde mit seinem Sohn Jesus Christus widerspiegelt. Paulus drückt dies in Epheser 5,25 so aus: «Ihr Männer, liebt eure Frauen, gleichwie auch der Christus die

Gemeinde geliebt hat und sich selbst für sie hingegeben hat.» Die Vereinigung eines Mannes und einer Frau im Bund der Ehe ist nur ein schwaches und unvollkommenes Bild der vollkommenen und ewigen Vereinigung Christi mit seiner Gemeinde.

Einen Mann und eine Frau zu schaffen und sie zu ihrem Glück und zur Fortpflanzung in einer Lebensgemeinschaft zu vereinigen, ist ein wahres Wunder, das uns zum Staunen bringt. Es erfüllt uns mit Bewunderung und Anbetung dieses einzigartigen, erhabenen Geistes, der sich das ausgedacht und so liebevoll mit seinen Händen verwirklicht hat.

Es ist traurig, daran zu denken, dass der erste Angriff Satans der Familie galt. Er konfrontierte den Ehemann mit seiner Ehefrau, schuf Eifersucht zwischen den Geschwistern und zerstörte schliesslich das erste Heim durch einen gewaltsamen Tod. Es ist auch weiterhin und immer mehr sein Interesse, durch verschiedene Mittel diese lebenswichtige Zelle zu zerstören. Nur die christliche Familie, in der der Herr der Mittelpunkt ist und die in der Furcht Gottes lebt und sich nach biblischen Prinzipien richtet, kann dieser Lawine der Gottlosigkeit widerstehen.

Die Familie bildet die Grundlage der menschlichen Gesellschaft. Trotz der Deformierung, die sie erlitten hat und noch erleidet, besonders in unserer heutigen so eigenartigen Zeit der Geschichte, ist die Familie, wie Gott sie geplant hat, das Fundament der Gesellschaft. Es gibt nichts, was sie ersetzen könnte. Der Kern der Familie, in dem Eltern und Kinder zusammenleben, die durch das Band der Liebe, des gegenseitigen Verstehens, des Respekts und der Treue vereint sind, ist die Schule, in der das Leben heranreift.

Psalm 128 ist ein Familienpsalm. Dort erscheinen der Ehemann, die Ehefrau, die Kinder und die Enkel, die alle ein glückliches Heim bilden. Sie nehmen gemeinsam an den Mahlzeiten, an der Gemeinschaft und der Kommunikation teil. Das Heim des 128. Psalms besteht aus

- Ehemann, Verse 1-2: «Wohl jedem, der den Herrn fürchtet, der in seinen Wegen wandelt! Du wirst dich nähren von der Arbeit deiner Hände; wohl dir, du hast es gut»;
- Ehefrau, Vers 3a: «Deine Frau ist wie ein fruchtbarer Weinstock im Innern deines Hauses», was auf Freude, Schatten und Ruhe für die Familienangehörigen hinweist;
- Kindern, Vers 3b: «deine Kinder wie junge Ölbäume rings um deinen Tisch»;
- Enkeln, Vers 6: «und siehst die Kinder deiner Kinder».

Das Ergebnis eines solchen Heims ist aus den Versen 4 und 5 zu ersehen: «Siehe, so wird der Mann gesegnet, der den Herrn fürchtet. Der Herr segne dich aus Zion, dass du das Glück Jerusalems siehst alle Tage deines Lebens.»

Die ethische Grundlage der christlichen Familie

Die christliche Familie, die ihre ethische Grundlage im Wort Gottes hat, ist ausserdem eine Stätte des Zeugnisses für die Welt. Es besteht eine von Gott zugeteilte Verantwortung, über die wir sicher unter verschiedenen Aspekten Rechenschaft ablegen müssen:

Heiligung. Die Verantwortung des Ehemannes liegt in erster Linie bei der Ehrerbietung, die seine Ehefrau verdient. 1. Thessalonicher 4,3-5 sagt:

> «Denn das ist der Wille Gottes, eure Heiligung, dass ihr euch der Unzucht enthaltet; dass es jeder von euch versteht, sein eigenes Gefäss in Heiligung und Ehrbarkeit in

Besitz zu nehmen, nicht mit leidenschaftlicher Begierde wie die Heiden, die Gott nicht kennen.»

Wie viel Vorsicht ist geboten, um sich von den weltlichen Meinungen fernzuhalten, die in die Köpfe der unachtsamen Christen eindringen, indem sie Sitten annehmen, die nicht nach Gottes Willen sind. Das drückt sich dann in Trennungen, Scheidungen, Verwahrlosung, Verlassen der Familie und Kindesaussetzung, Gewalt usw. aus. Ein Sprichwort sagt: «Wo kaputte Nester sind, kann es keine heilen Eier geben.»

Bedingungslose und verständnisvolle Liebe. Kolosser 3,19: «Ihr Männer, liebt eure Frauen und seid nicht bitter gegen sie!» 1. Petrus 3,7: «Ihr Männer sollt gleichermassen einsichtig mit eurer Frau als dem schwächeren Gefäss zusammenleben und ihr Ehre erweisen, weil ihr ja gemeinsam Erben der Gnade des Lebens seid, damit eure Gebete nicht verhindert werden.» Epheser 5,28: «Ebenso sind die Männer verpflichtet, ihre eigenen Frauen zu lieben wie ihre eigenen Leiber; wer seine Frau liebt, der liebt sich selbst.»

Gegenseitiger Respekt. Epheser 5,22-24:

«Ihr Frauen, ordnet euch euren eigenen Männern unter als dem Herrn; denn der Mann ist das Haupt der Frau, wie auch der Christus das Haupt der Gemeinde ist; und er ist der Retter des Leibes. Wie nun die Gemeinde sich dem Christus unterordnet, so auch die Frauen ihren eigenen Männern in allem.»

Versorgung. 1. Timotheus 5,7-8: «Sprich das offen aus, damit sie untadelig sind. Wenn aber jemand für die Seinen, besonders für seine Hausgenossen, nicht sorgt, so hat er den Glauben verleugnet und ist schlimmer als ein Ungläubiger.» Die Eltern haben den Auftrag, ihre Kinder mit dem Notwendigen zu versorgen und, wenn es nötig ist, auch die Grosseltern.

Geistliche Fürsorge. Die Erziehung auf der Grundlage geistlicher Prinzipien, die ethische und geistliche Unterweisung, das Bibellesen und die Fürbitte sind die unumgänglichen Pflichten christlicher Eltern, und im Besonderen des Vaters, der ein wahrhaftiger «Priester» seines Hauses ist, indem er die Seinen in die Gegenwart Gottes bringt, um von ihm Gnade zu erbitten, Unterhalt, Vergebung und Segen. Wunderbare Beispiele von gottesfürchtigen Elternhäusern sind u. a. Hiob, die Eltern Simsons, die Eltern von Johannes dem Täufer, Joseph und Maria, die Mutter und die Grossmutter von Timotheus.

Dienst. Wenn ein Heim ein gutes Fundament hat, seine Familienmitglieder durch das Band der Wertschätzung und Liebe innig miteinander verbunden sind, einen guten Umgang miteinander haben und es vom Heiligen Geist geleitet ist, dann wird es auch ein Heim sein, das den Dienst für Gott als ein Vorrecht ansieht. Die Gemeinschaft mit den Gläubigen der lokalen Gemeinde, die Beteiligung an sozialen Aufgaben, das gute Beispiel und Zeugnis im Ort und in der Gesellschaft sind Kennzeichen einer echten christlichen Familie. Aquila und Priscilla (Röm 16,3-4) und mehrere andere Familien, die in den folgenden Versen in den Grussworten von Paulus erwähnt werden, sind Beispiele von Familien, die sich dem Dienst des Herrn gewidmet hatten.

KAPITEL 5

Was wird gerichtet werden? Die Verwaltung unserer Zeit und unserer Güter

Der Umgang mit der Zeit

Die Zeit ist eines der wertvollsten Güter, die uns der ewige Gott gegeben hat, für den es keine Zeit gibt, weil er in Ewigkeit existiert.

Die Zeit ist von Gott geschaffen. Im Buch 1. Mose lesen wir, dass Gott die Welt in einem Zeitabschnitt von sechs Tagen erschaffen hat und dass er am siebten Tag ruhte. Nachdem Gott am ersten Tag das Licht geschaffen hatte, «schied Gott das Licht von der Finsternis. Und Gott nannte das Licht Tag, und die Finsternis nannte er Nacht» (1Mo 1,3-5). Von da an sind der Schauplatz und die ganze Geschichte der Menschheit von diesem unantastbaren Gut eingerahmt, das wir «Zeit» nennen. Die Zeit ist ausserdem ein Geschenk, das Gott uns allen ohne Ausnahme gibt. Jeder Mensch bekommt täglich vierundzwanzig Stunden zum Leben und zu seiner Pflichterfüllung. Und zweifellos kann Gott, der Geber dieses Gutes, uns am besten sagen, wie wir es verwenden sollen.

Die Zeit ist das Präludium für die Ewigkeit, und in diesem Zeitraum von Jahren, die Gott uns gewährt, bereiten wir uns darauf vor, das Leben zu leben, das kein Ende haben wird, und das ist das göttliche Gepräge in unserem Wesen. «Die Ewigkeit hat er ihnen ins Herz gelegt», sagte der weise Salomo in Prediger 3,11.

Die Zeit ist also ein Geschenk Gottes, und wir sind für ihren Gebrauch verantwortlich, ob wir sie nun verschwenden oder nutzbringend einsetzen. Wir sollten uns fragen, wie wir mit den 86 400 Sekunden, die wir jeden Tag unseres Lebens zur Verfügung haben, umgehen – haben Sie schon einmal an solch eine Summe gedacht? Salomo sagt uns in seinem Buch Prediger 3,1: «Alles hat seine bestimmte Stunde, und jedes Vorhaben unter dem Himmel hat seine Zeit.» Wenn man also seine Zeit weise gebraucht, ist das Leben lang genug, um all das zu tun, was man will oder vielleicht tun sollte. Dazu ist Sorgfalt erforderlich, d. h. ein gründliches Überlegen und eine weise Entscheidung, die Zeit so zu investieren, wie es den Kindern Gottes geziemt.

Die Zeit hat im Neuen Testament zwei inhaltlich verbundene Bedeutungen, die durch zwei verschiedene griechische Ausdrücke wiedergegeben werden. Sie werden gleich übersetzt, beinhalten aber unterschiedliche Konzepte: *Chronos* ist ein Zeitabschnitt, den wir messen können. Es ist die Zeit, von der Mose in Psalm 90,10 spricht und uns dabei erinnert: «Unser Leben währt siebzig Jahre, und wenn es hoch kommt, so sind's achtzig Jahre; und worauf man stolz ist, das war Mühsal und Nichtigkeit, denn schnell enteilt es, und wir fliegen dahin.» Auch David sagt in Psalm 39,6: «Siehe, nur Handbreiten lang hast du meine Tage gemacht, und die Dauer meines Lebens ist wie nichts vor dir ...» Wir sind uns bewusst, dass unsere Zeit in Gottes Hand steht, wie es der Psalmist in Psalm 31,16 sagte, und, falls der Herr nicht vorher kommt, was wir sehnlich erwarten, werden wir eines Tages hier abscheiden und in seine Gegenwart gehen.

Das andere Wort für «Zeit» ist *kairos*. Es meint nicht nur eine begrenzte Zeit, sondern auch Gelegenheiten, Möglichkeiten, die uns die Zeit gibt. Das Leben ist ein wunderbares Geschenk Gottes an uns; es bietet uns Gelegenheiten, um das zu tun, was Bestand hat, was eine Saat für die Ewigkeit ist. *Chronos* enthält den Gedanken der Quantität, *kairos* der Qualität. Wir können diese beiden Bedeutungen zusammen in Schriftstellen wie Apostelgeschichte 1,7 oder 1. Thessalonicher 5,1 sehen. Und beide müssen wir als Haushalter Gottes verwalten. Wir sind dafür verantwortlich, wie wir die Zeit, die er uns gibt, verwenden.

Eigenschaften der Zeit

Die Zeit hat einige ganz besondere Eigenschaften:

Sie ist unerbittlich

Wir können sie nicht stoppen. Unser Leben geht vorbei, ohne dass wir es anhalten können. Es gibt keine körperlichen Anstrengungen, keine Anti-Aging-Mittel, keine Haartinkturen, die den unerbittlichen Alterungsprozess bremsen könnten. Unser Leben ist, wie die Bibel sagt, kurz wie *ein Hauch* (Hi 7,7), wie *Rauch* (Ps 102,4), wie *ein Dunst, der erscheint und wieder verschwindet* (Jak 4,14), wie *ein flüchtiger Schatten* (Hi 8,9; Ps 144,4), wie *Gras, das verdorrt* (1Petr 1,24), wie *eine Blume auf dem Feld, die verwelkt, wenn der Wind darüber weht* (Ps 103,15-16), wie *Heu* (Jes 51,12) und wie *Wasser, das auf die Erde geschüttet ist* (2Sam 14,14). Hiob sagt: «Meine Tage gleiten schneller dahin als ein Weberschiffchen» (Hi 7,6), «wie die Wolke vergeht und verschwindet» (7,9), «schneller dahingeeilt als ein Läufer ... vorbeigezogen wie Rohrschiffe, wie ein Adler, der sich auf Beute stürzt» (9,25-26). Und weiterhin: «Der Mensch, von der Frau geboren, lebt [nur] kurze Zeit und ist voll Unruhe. Wie eine Blume spriesst er auf und verwelkt; gleich einem Schatten flieht er und hat keinen Bestand» (14,1-2). David sagt es ohne Umschweife:

> «Lass mich mein Ende wissen – erinnere mich daran, wie kurz meine Zeit ist –, o Herr, und was das Mass meiner Tage ist – erinnere mich, dass meine Tage gezählt sind –, damit ich erkenne, wie vergänglich ich bin! Siehe, nur Handbreiten lang hast du meine Tage gemacht, und die Dauer meines Lebens ist wie nichts vor dir» (Ps 39,5-6).

Alle diese Bilder und Ausdrücke sprechen vom raschen, unerbittlichen Vorbeigehen der Lebenszeit. «Es kommt mir vor, als wäre es gestern gewesen», sagen wir, und dabei ist es sicherlich schon lange her. Deshalb müsste unser Gebet immer dem von Mose in Psalm 90,12 gleichen: «Lehre uns unsere Tage richtig zählen, damit wir ein weises Herz erlangen!»

Die Zeit ist kurz

Es stimmt: Für das, was man gerne macht, hat man Zeit, aber der Tag hat nicht mehr als 24 Stunden.

Denken wir doch daran: Wenn es etwas gibt, worin alle Menschen gleich sind, dann ist es die Zeit, die ihnen zur Verfügung steht. Wir können schlauer oder weniger intelligent sein als andere, mehr oder weniger reich, mehr oder weniger geschickt sein als andere, aber wir alle haben 24 Stunden pro Tag und 365 Tage im Jahr.

Der Herr sagte: «Ich muss die Werke dessen wirken, der mich gesandt hat, solange es Tag ist; es kommt die Nacht, da niemand wirken kann» (Joh 9,4). Wie jemand es ausdrückte: «In Wirklichkeit vergeuden wir nicht die Zeit. Was wir vergeuden, ist unser Leben, wenn wir die Zeit nicht richtig gebrauchen. Ein Leben, das wir innerhalb einer gewissen Zeitspanne schlecht angewandt haben, ist für immer weg.» Hiob stellte sich die Frage: «Warum sind vom Allmächtigen nicht Zeiten [des Gerichts] aufbewahrt, und warum sehen die, welche ihn kennen, seine Tage nicht?» (Hi 24,1). Wieso verstehen wir nicht, dass wir nur eine kurze Zeit zur Verfügung haben? Paulus sagt den Korinthern: «Die Zeit ist nur noch kurz bemessen!» (1Kor 7,29).

Die Zeit ist nicht zurückzuholen

Sie vergeht und niemand kann sie anhalten. Es gibt drei Tage in unserem Leben: Der gestrige Tag ist schon vorbei; ich kann ihn nicht mehr zurückholen. Der morgige Tag ist ungewiss; er hängt nicht von mir ab, sondern von dem, *in dessen Hand meine Zeit steht* (Ps 31,16). Der einzige Tag, der «mir gehört», ist heute. Darum muss ich ihn ausnützen! Prediger 3,1 sagt uns deshalb: «Alles hat seine bestimmte Stunde, und jedes Vorhaben unter dem Himmel hat seine Zeit.» Dr. Oswald Sanders sagte: «Die Art und Weise, wie wir unseren Tag gebrauchen, zeigt den Wert, den wir ihm und unserer Generation beimessen.» Jeremias Taylor schrieb:

> «Gott hat dem Menschen wenig Zeit hier auf dieser Erde gegeben, und dennoch hängt von dieser wenigen Zeit unsere Ewigkeit ab. Niemand ist ein besserer Geschäftsmann als der, der seine Zeit für Gott ausgibt.»

Die Zeit kann nicht angehäuft werden

Was ich heute nicht getan habe, werde ich am nächsten Tag nicht tun können. Es ist wie beim Manna. Es reicht immer nur für einen Tag, und es ist nicht möglich, es für morgen aufzuheben. Wenn es etwas gibt, das die Bibel anprangert, dann ist es die Torheit, nichts zu tun, oder Faulheit und Nachlässigkeit (Spr 6,6-11; 18,9; 19,15; 24,30-34; 26,13-16; Röm 12,11; Hebr 6,12).

Die Zeit ist teuer

Ein englisches Sprichwort lautet: «Zeit ist Geld.» Die Zeit ist wertvoll. Jeder Tag, jede Stunde, jede Minute und jede Sekunde hat einen ökonomischen Wert. Folgendes Beispiel kann uns diese Wahrheit veranschaulichen:

> «Um zu verstehen, welchen Wert ein Jahr hat, frage einen Schüler, der das Schuljahr wiederholen musste ... Um den Wert eines Monats zu verstehen, frage eine Mutter, die eine Frühgeburt zur Welt gebracht hat ... Um den Wert einer Woche zu verstehen, frage den Herausgeber einer Tageszeitung ... Um den Wert einer Stunde zu verstehen, frage eine Mutter, wenn sie ihren Sohn im Gefängnis besucht ... Um den Wert einer Minute zu verstehen, frage den Reisen-

> den, der gerade seinen Zug verpasst hat ... Um den Wert einer Sekunde zu verstehen, frage einen Menschen, der beinahe einen Unfall hatte ... Um den Wert einer Tausendstelsekunde zu verstehen, frage einen Sportler, der bei der Olympiade eine Silbermedaille gewonnen hat ...»

Darum muss die Zeit ausgekauft oder optimal ausgenutzt werden. Für die Zeit muss man einen Preis bezahlen. Paulus schreibt in Epheser 5,15-16: «Seht nun darauf, wie ihr mit Sorgfalt wandelt – wie ihr lebt –, nicht als Unweise, sondern als Weise; und kauft die Zeit aus – d. h. jede Gelegenheit, griech. *kairos* –, denn die Tage sind böse.»

Mit anderen Worten: Lebe verantwortungsbewusst, nicht wie diejenigen, die den Sinn des Lebens nicht kennen, sondern wie einer, der ihn kennt. Die Zeit ausnutzen oder auskaufen bedeutet, einen Preis dafür zu bezahlen. Und das kostet etwas. Es gilt, nach dem Willen Gottes zu leben, «die Zeit in Ewigkeit umzuwandeln», wie es F. Lacueva sagt. Und Augustinus von Hippo meint: «Die Zeiten sind schlecht; lasst uns besser als die Zeiten sein.»

Im Allgemeinen hat man Zeit, oder man nimmt sich die Zeit, für das, was einen interessiert. Eine gute, verantwortungsbewusste und disziplinierte Zeiteinteilung unserer Aktivitäten, worin der Herr den Vorrang bekommt, der ihm gebührt, wird uns helfen, unsere Pflichten in den verschiedenen Lebensbereichen zu erfüllen: Familie, Arbeit, christlicher Dienst, Ruhezeit, Freizeit, Freundschaften usw., «um die noch verbleibende Zeit im Fleisch nicht mehr den Lüsten der Menschen zu leben, sondern dem Willen Gottes» (1Petr 4,2). Der Unterschied zwischen der einen oder anderen Person liegt in ihrer Zeiteinteilung. Wie können wir das nun sinnvoll tun?

Wir müssen zuerst einmal in unserem Leben Prioritäten setzen. Was ist eine Priorität? Es ist in der Zeit und Reihenfolge der Vorrang oder Vorzug einer Sache, der eine grössere Bedeutung beigemessen wird als anderen. Wir alle müssen Dinge tun und in ihnen Fortschritte machen, die nicht nur gut, sondern die besten sind. Martha diente dem Herrn Jesus in ihrem Haus und tat etwas Gutes, aber der Herr machte sie darauf aufmerksam, dass sie dabei das Nötigste vernachlässigte (Lk 10,40-42). Martha hatte zweifellos Probleme mit ihren Prioritäten.

Das Wichtigste zuerst

Was sollen unsere Prioritäten sein? Das ist eine sehr wichtige Frage, die eine ganz genaue und gründliche Untersuchung verdient.

Die Priorität im wahrsten Sinne des Wortes. In Markus 12,28-30 lesen wir:

> «Da trat einer der Schriftgelehrten hinzu ... und ...fragte ... ihn: Welches ist das erste Gebot – oder das wichtigste Gebot – unter allen? Jesus aber antwortete ihm: ... du sollst den Herrn, deinen Gott, lieben mit deinem ganzen Herzen und mit deiner ganzen Seele und mit deinem ganzen Denken und mit deiner ganzen Kraft! Dies ist das erste Gebot.»

Als der Herr den Brief an die Gemeinde in Ephesus sandte (Offb 2,1-7), begann er mit den bekannten Worten «Ich kenne deine Werke» (oder mit anderen Worten gesagt: Ich weiss, wie du bist und was du tust), und lobte ihre guten Eigenschaften: ihre Treue, ihren Mut und ihr Zeugnis. Aber er gab ihnen einen Ratschlag: «Aber ich habe gegen dich, dass du deine erste Liebe verlassen hast» (2,4). Was sollte das heissen? Es ging um die vorrangige Liebe, die Liebe zum Herrn. Wie es Campbell sagte:

> «Die Antwort der Liebe auf die Liebe; die Unterordnung einer grossen Liebe unter die grosse Liebe; die Unterwerfung einer Liebe, die sich selbst verleugnet, unter eine Liebe, die sich selbst verleugnet hat. Die erste Liebe ist die Absage von allem aus Liebe zu einer Liebe, die alles aufgegeben hat.»

So sagte es Paulus den Philippern:

> «Aber was mir Gewinn war, das habe ich um des Christus willen für Schaden geachtet; ja, wahrlich, ich achte alles für Schaden gegenüber der alles übertreffenden Erkenntnis Christi Jesu, meines Herrn, um dessentwillen ich alles eingebüsst habe; und ich achte es für Dreck, damit ich Christus gewinne» (Phil 3,7-8).

Petrus war sehr spontan und temperamentvoll, begabt, unerschrocken, ein Anführer, aber er brauchte es, dass der Herr ihn mit den drei niederschmetternden Fragen konfrontierte, die von ihm verlangten, seine Prioritäten zu setzen: «Hast du mich lieb?» (Joh 21,15-17). Die Frage Jesu appelliert an eine ehrliche Erklärung, die Petrus dem Herrn geben sollte, um ihm zu zeigen, dass er sich über die richtige Reihenfolge seiner Prioritäten im Klaren war. Die Priorität in seinem Leben musste die Liebe zum Herrn sein. Die wichtigste Liebe. Danach kommt alles andere.

Die Zeit der Andacht ist in unserem Leben so entscheidend wichtig und durch nichts zu ersetzen. Das Bibellesen und Nachsinnen über das Wort Gottes, das Gebet, die Anbetung und das Bekennen unserer Sünden sind Aktivitäten, die die «Primetime», die wichtigste und beste Zeit, in unserem Leben einnehmen müssen, wenn wir nach dem Willen des Herrn leben wollen. Wenn der Herr den ersten Platz belegt, dann regeln sich auch alle anderen untergeordneten Dinge. Jesus selbst sagte: «Trachtet vielmehr zuerst nach dem Reich Gottes und nach seiner Gerechtigkeit, so wird euch dies alles hinzugefügt werden!» (Mt 6,33). Jemand riet: «Programmiere das Wichtigste zuerst.»

Planen oder einfach so dahinleben? Ohne einen Plan werden wir ziellos dahingetrieben. Wenn wir unser Leben innerhalb des Willens Gottes führen, dann wird er uns zweifellos gemäss unseren Gebeten und Plänen leiten. Wie sollen wir die Prioritäten am Tag setzen? Jemand sagte diesbezüglich:

> «Wenn zwei Aufgaben in verschiedene Richtungen ziehen, dann nimm die zuerst, die nach Gebet und Überlegen am wichtigsten erscheint. Wenn eine säkulare Herausforderung mit einer geistlichen im Wettstreit steht, dann gib nicht der ersten den Vorzug, wenn du keinen triftigen Grund dafür hast.»

Planung ist eine Art, Prioritäten zu setzen. Es gibt Tätigkeiten, die unbedingt notwendig sind und auf jeden Fall ausgeführt werden müssen. Sehr wichtige Aufgaben müssen wir ebenfalls erledigen. Anderes ist fakultativ; wir können es tun oder lassen. Dann gibt es schliesslich noch überflüssige Aktivitäten, auf die wir verzichten können, obwohl sie uns gefallen und Spass machen. Als Gläubige haben wir nicht nur ein persönliches, familiäres und soziales Leben, sondern auch ein Leben in der Gemeinde. Die Zeit im Haus Gottes ist eine unbedingte Notwendigkeit für unser normales Christenleben. Wir Gläubigen sind Menschen, die Gemeinschaft mit anderen haben. Die Gemeinschaft ist ein wesentlicher Bestandteil des Lebens eines Christen und ein Gebot Gottes für unser Leben.

Von den ersten Christen lesen wir: «Jeden Tag waren sie beständig und einmütig im Tempel ...» (Apg 2,46). Sie kannten den Wert des Zusammenseins, der gemeinsamen Anbetung und des gemeinsamen Dienens und Zeugnisgebens. Und Gott segnete die Gemeinde mit Wachstum und geistlicher Reife. Wenn wir die gleiche Gesinnung haben und ein gottesfürchtiges Leben führen, das in allem Gott gefallen will, dann werden wir auch keine Schwierigkeiten haben, jeder Sache ihre Zeit am Tag zuzuweisen. Das wird uns zur Erbauung dienen und uns helfen, ein geordnetes Leben zu führen, das Gott angenehm ist. Lasst uns die richtigen Prioritäten setzen.

Die Verwaltung unserer Güter

Die Gnade Gottes hat uns, die wir seine Verwalter sind, zwei Arten von Gütern gegeben: materielle und geistliche. Die materiellen Güter umfassen die Natur, die Arbeit, das Geld, Besitztümer und anderes. Zu den geistlichen Gütern gehören das Wort Gottes, das Evangelium usw.

Die Natur

Wir leben in dem Habitat, das man Erde nennt, in diesem «kleinen Dorf» inmitten des grossen Universums, wo wir alle zusammen sind und das der Gegenstand eines wunderbaren und einzigartigen Werkes des Schöpfers ist, der uns auffordert, zusammen mit dem Psalmisten David die Worte in Psalm 19,2 auszurufen: «Die Himmel erzählen die Herrlichkeit Gottes, und die Ausdehnung verkündigt das Werk seiner Hände.» Oder auch in Psalm 8,2.10: «Herr, unser Herrscher, wie herrlich ist dein Name auf der ganzen Erde.»

Es ist eine erstaunliche, bunte Schöpfung, voller Glanz und Schönheit, die den wundervollen Einfallsreichtum, die unbegrenzte Macht, die erhabene Ästhetik und die perfekte Weisheit des Geistes des Ewigen widerspiegelt. Diese Schöpfung wird durch die göttliche Vorsehung aufrechterhalten, denn er ist es, der «alle Dinge durch das Wort seiner Kraft» trägt (Hebr 1,3), «da er doch selbst allen Leben und Odem und alles gibt» (Apg 17,25). Sein Geist ist es, der Leben schenkt und für den Unterhalt sorgt, wie es Psalm 104,27-30 sagt, wo von den Lebewesen die Rede ist, die auf der Erde wohnen:

> «Sie alle warten auf dich, dass du ihnen ihre Speise gibst zu seiner Zeit. Wenn du ihnen gibst, so sammeln sie; wenn du deine Hand auftust, so werden sie mit Gutem gesättigt; verbirgst du dein Angesicht, so erschrecken sie; nimmst du ihren Odem weg, so vergehen sie und werden wieder zu Staub; sendest du deinen Odem aus, so werden sie erschaffen, und du erneuerst die Gestalt der Erde.»

Gott hatte sein wundervolles Werk in sechs Tagen beendet durch das *Logos*, das ausführende Wort seiner unergründlichen Ratschlüsse, in dem «das Leben» war, durch das alle Dinge geschaffen wurden und ohne das nichts, was entstand, geschaffen worden ist (Joh 1,1-3). Dieses Wort ist die Weisheit in Person, die bei Gott war und alles geordnet hat (Spr 8,22-31). Es schmückte das Firmament mit seinen Gestirnen, kleidete die Erde mit ihrem Grün und ihren Lebewesen, die Gewässer der Meere und Flüsse mit ihrer Flora und Fauna. Nach all dem traf Gott die Entscheidung: «Lasst uns Menschen machen» (1Mo 1,26).

Daraufhin formte der dreieinige Gott den Menschen aus Staub von der Erde, wie ein perfekter Töpfer ein Gefäss aus Ton, und «blies den Odem des Lebens in seine Nase, und so wurde der Mensch eine lebendige Seele» (1Mo 2,7). Ein irdenes Gefäss mit dem Kuss des Hauches Gottes (Hi 27,3). Ausserdem verlieh er dem Menschen, dem Herrn über die Schöpfung, sein Bild und seine Ähnlichkeit. Dieses *Bild* zeichnet sich, wie es einige verstehen, in seinem moralischen Gepräge als ein geistliches, intelligentes und freies Wesen mit Entscheidungsfähigkeit ab. Die *Ähnlichkeit* kann sich auf die Autorität beziehen, die Gott dem Menschen verliehen hat, um über die ganze Schöpfung zu regieren – «zu herrschen» oder «Herrschaft auszuüben». Wenn man einen Vergleich zu Epheser 4,24 und Kolosser 3,10 zieht, dann schliesst dieses Bild, das durch die Sünde verzerrt wurde und durch die Wiedergeburt wieder völlig hergestellt wird, drei grosse Attribute ein: Gerechtigkeit, wahre Heiligkeit und die Erkenntnis von dem, was schön, moralisch und geistlich ist.

Für andere ergänzen sich diese beiden Ausdrücke, die einen grossen Gedanken beschreiben. Anders gesagt, «Bild» (hebr. *tselem*) und «Ähnlichkeit» (hebr. *d'muth*) sind zwei Wörter, die sich gegenseitig erklären, als würde man sagen: «ein Gott ähnliches Bild». Dieses Bild Gottes bleibt auch noch im gefallenen Menschen trotz seiner Sünde bestehen. Darum ist seine durch die Sünde verursachte Herabwürdigung so schrecklich und, im Gegensatz dazu, seine Wiederherstellung aufgrund der Wiedergeburt so herrlich. So ist nun das Bild Gottes die Summe der Aspekte des göttlichen Wesens, die kopiert und auf den Menschen übertragen wurden. In Apostelgeschichte 17,29 steht, dass wir «von göttlichem Geschlecht sind». Der Theologe F. Lacueva erklärt, dass «der Abdruck des Bildes Gottes auf dem

Menschen diesem eine höhere Würde verleiht als dem Rest des Universums».

Calvin spricht von dem Menschen, der aus der Hand Gottes hervorging und nach seinem Bild und ihm ähnlich geschaffen wurde: «Obwohl der wichtigste Sitz des göttlichen Bildes im Geist und im Herzen war, gab es keinen Teil, nicht einmal den Körper, in dem nicht ein paar Strahlen der Herrlichkeit hervorleuchteten.»

So setzte Gott ihn in jenes idyllische Paradies, den Garten Eden («Eden» bedeutet «Ort der Wonne und der Lust»), und erteilte ihm einen Auftrag: «damit er ihn bebaue und bewahre» (1Mo 2,15). Danach gab er ihm seine für ihn geeignete *Gehilfin* (1Mo 2,18), und der Mann und die Frau wurden zu Verwaltern der Natur ernannt, zu ihrer Pflege, ihrem Schutz, ihrer Entwicklung und ihrem guten Gebrauch.

Das Auftreten der Sünde stellte den Plan Gottes auf den Kopf. «Die Schöpfung ist nämlich der Vergänglichkeit unterworfen» (Röm 8,20), d. h. der Knechtschaft und dem Tod anheimgestellt. Diese Nichtigkeit, diese Leere, ist ein tiefes Seufzen des *Kosmos,* der unter den Folgen der Sünde, den tragischen Konsequenzen des Ungehorsams gegen die Gesetze des Höchsten, leidet. Die *Dornen und Disteln* gehörten nicht zum göttlichen Plan. Nichts Unnützes und nichts Schädliches war vom Gott der Gnade beabsichtigt. Auch keine erschöpfende Arbeit, kein Schmerz der Frau bei der Geburt ihrer Kinder, kein Ungleichgewicht, das die menschliche Schlechtigkeit in der ganzen Schöpfung verursacht hat und noch verursacht, keine Feindschaft im Tierreich, keine Umweltverschmutzung, keine Krankheit, kein Elend, kein Tod ... Zweifellos ist all dies das Ergebnis des Fluches Gottes (1Mo 3,17-19), der das ganze Universum unter sein Gericht gestellt hat.

Bis heute und bis «auch die Schöpfung selbst befreit werden soll von der Knechtschaft der Sterblichkeit zur Freiheit der Herrlichkeit der Kinder Gottes», ist es so, dass «die ganze Schöpfung mitseufzt und mit in Wehen liegt bis jetzt» und in *gespannter Erwartung ... die Offenbarung der Söhne Gottes herbeisehnt* (Röm 8,21-22.19).

Die Vergänglichkeit beruht darauf, dass das Leben aus Gott fehlt, was die Frucht des Fleisches ist. Es ist diese adamitische Natur, die den Menschen unter die Sünde und ihre Konsequenzen versklavt. Sie ist im Gläubigen gekreuzigt, aber nicht ausgemerzt. Sie bekehrt sich nie. Sie wird uns immer begleiten, bis zur Erscheinung des Herrn Jesus.

Im Sündenfall hat der Mensch die ganze Schöpfung mitgerissen. Er gelangte in die Sklaverei und führte die gesamte Natur in den gleichen Zustand. Die ganze Natur unterliegt der Macht des Todes. Trotz des Gleichgewichts, das Gott in seiner Vorsorge und Weisheit aufgerichtet hat, ist der Tod der Schatten, der sich breit macht, das Gesetz, dem nicht nur die Menschen, sondern auch die Tiere unterworfen sind.

Aber Gott hat einen neuen Plan erstellt: die Erlösung durch die Person und das Werk seines Sohnes Jesus. Im Spanischen singen wir in einem alten christlichen Lied:

«Wie wunderbar ist seine grosse Schöpfung,
aber, o, wie erstaunlich ist seine grosse Erlösung.»

Eines Tages werden die Gläubigen, die wir von der ewigen Verdammnis, dem «Lohn der Sünde» (Röm 6,23), befreit worden sind, auch von der Sklaverei des Fleisches, d. h. von der «Gegenwart der Sünde», befreit werden. Wie im Sündenfall der Mensch die Schöpfung in die Frustration und Sklaverei mit hineingerissen hat, so wird dann bei der endgültigen Erlösung der Kinder Gottes auch die Schöpfung befreit und voller Herrlichkeit Gottes sein. Aus der «Nichtigkeit der Nichtigkeiten» (Pred 1,2; 12,8) in Adam wird sie zu der «vollkommenen Fülle» in Christus gelangen. Diese Zeit wird die *Zeit der Erquickung*, der Ruhe, sein und der *Wiederherstellung aller Dinge* (Apg 3,19-21). Das geschieht zuerst wie bei einer «Generalprobe», wie es E. Trenchard ausdrückt, im Tausendjährigen Reich und dann im ewigen Zustand der neuen Schöpfung, die Matthäus 5,18; 2. Petrus 3,13 und Offenbarung 21 ankündigen und die auch u. a. Schriftstellen wie Jesaja 11,6; 55,12-13; 65,17-25 voraussagen.

Darum spricht auch Römer 8,19 von einer *gespannten Erwartung*, was ein starkes Verlangen ausdrückt, als ob jemand voller Sehnsucht und mit gerecktem Hals die Ankunft eines anderen erwartet. Die Schöpfung wird wieder das sein, was sie am Anfang war: Sie wird die Herrlichkeit Gottes in ihrer ganzen Fülle widerspiegeln.

Trotzdem ist diese Erde, die Gott so wunderschön geschaffen hat, dazu da, dass die Menschen sich an ihr erfreuen. Sie ist nicht heilig und nicht ewig. Durch eine verantwortungslose und missbräuchliche Nutzung bringen die Menschen, besonders in den letzten beiden Jahrhunderten, einige ihrer Rohstoffe in Gefahr, die nicht unbegrenzt vorhanden sind. Das Wasser, die Luft, die Erde und verschiedene Tier- und Pflanzenarten leiden unter den Eingriffen einer gleichgültigen Menschheit, die nur ihre eigenen Interessen verfolgt. Nur durch die überschwängliche Gnade und Vorsorge Gottes können wir uns an ihrer physischen Schönheit erfreuen und ihre Fülle an Naturprodukten geniessen. Als Verwalter Gottes haben wir besonders die Verantwortung, sie zu pflegen und zu erhalten, sie zu schützen und sie weise und verantwortungsvoll zu nutzen.

Die Verwaltung der Arbeit

Nichts ist weiter von der Wahrheit entfernt, als zu behaupten, dass die Arbeit ein Fluch sei. Ganz im Gegenteil. Gott selbst ist uns ein Vorbild des fleissigen Arbeitens. Wer, wenn nicht er, hat alle Dinge gemacht? In Jesaja 66,2 steht: «Denn dies alles hat meine Hand gemacht, und so ist dies alles geworden.» Jesaja 40,12.28 erwidert:

> «Wer hat die Wasser mit der hohlen Hand gemessen? Wer hat den Himmel mit der Spanne abgegrenzt und den Staub der Erde in ein Mass gefasst? Wer hat die Berge mit der Waage gewogen und die Hügel mit Waagschalen? ... Weisst du es denn nicht, hast du es denn nicht gehört? Der ewige Gott, der Herr, der die Enden der Erde geschaffen hat, wird nicht müde noch matt; sein Verstand ist unerschöpflich.»

Es ist interessant, in der Heiligen Schrift verschiedene «Berufe» zu sehen, die Gott Jahrhunderte hindurch ausgeübt hat: als Hirte (Ps 23; Jes 40,11; 58,11); Töpfer (Jer 18,1-6); Arzt (Jer 17,9-10.14; 1Petr 2,24); Landwirt (Joh 15,1-6; Jes 5,1-7); Silberschmied (Mal 3,3; Ps 66,10); Architekt (Hebr 11,8-16). Der Herr Jesus selbst hat uns ein Beispiel der Arbeit gegeben, nicht nur körperlicher Art, indem er dreissig Jahre seines Lebens in der Werkstatt seines Adoptivvaters Joseph tätig war (Mt 13,55; Mk 6,3), sondern auch in seiner geistlichen Arbeit, seiner Rettungsmission. Er sagte in Johannes 5,17: «Mein Vater wirkt bis jetzt, und ich wirke auch.» Und in Johannes 9,4 fügte er hinzu: «Ich muss die Werke dessen wirken, der mich gesandt hat.» Zum Abschluss sagte er in Johannes 17,4: «Ich habe das Werk vollendet, das du mir gegeben hast, damit ich es tun soll.»

Das Trauma, das der Sündenfall verursacht hatte, bewirkte es, dass der göttliche Fluch auf die Arbeit des Menschen fiel, und es sollte nicht nur frustrierende Ergebnisse geben, sondern es würde auch schwierig sein, sie zu erreichen, denn die Arbeit sollte mit Mühe und Erschöpfung geschehen (1Mo 3,17-19).

Dennoch ist die Arbeit ein Segen, den Gott dem Menschen gegeben hat. Dadurch sollte er seine Erfüllung finden, seine Intelligenz und Kreativität zum Ausdruck bringen, seine physischen Kräfte einsetzen, seinen Unterhalt erwerben und an den Entwicklungen der Menschheit mitwirken. Das unterscheidet ihn vom Rest der Schöpfung. Jesus sagt: «Seht die Vögel des Himmels an: Sie säen nicht und ernten nicht ... Betrachtet die Lilien des Feldes ... Sie mühen sich nicht und spinnen nicht» (Mt 6,26.28).

Die Arbeit ist die erste göttliche Einrichtung, noch vor der Ehe. Als in 1. Mose 2,15 gesagt wurde: «Und Gott der Herr nahm den Menschen und setzte ihn in den Garten Eden, damit er ihn bebaue und bewahre», war Adam noch allein. Die Bibel ermuntert zur Arbeit und verdammt dagegen die Faulheit, Teilnahmslosigkeit und Verwahrlosung und zeigt ihre unheilvollen Konsequenzen in Sprüche 6,6; 20,4; 21,25; 24,30-34 auf.

Die Botschaft des Neuen Testaments an die Gemeinde des Herrn ist in dieser Angelegenheit klar: Die Arbeit ist eine christliche Pflicht. Sie kann säkular oder geistlich sein (1Kor 9,13; 1Thess 5,12; 1Tim 5,17), aber Arbeit muss sein.

Arbeit ist gut

Prediger 5,17-19: «Siehe, was ich für gut und für schön ansehe, ist das, dass einer esse und trinke und Gutes geniesse bei all seiner Arbeit, womit er sich abmüht unter der Sonne alle Tage seines Lebens, die Gott ihm gibt; denn das ist sein Teil. Auch wenn Gott irgendeinem Menschen Reichtum und Schätze gibt und ihm gestattet, davon zu geniessen und sein Teil zu nehmen und sich zu freuen in seiner Mühe, so ist das eine Gabe Gottes. Denn er denkt nicht viel an [die Kürze] seiner Lebenstage, weil Gott ihm die Freude seines Herzens gewährt.»

Arbeit ist ehrenvoll

1. Thessalonicher 4,11-12: «... und eure Ehre darin sucht, ein stilles Leben zu führen, eure eigenen Angelegenheiten zu besorgen und mit euren eigenen Händen zu arbeiten, so wie wir es euch geboten haben, damit ihr anständig wandelt gegenüber denen ausserhalb [der Gemeinde] und niemand nötig habt.»

Arbeit ist würdig und nützlich

Epheser 4,28: «Wer gestohlen hat, der stehle nicht mehr, sondern bemühe sich vielmehr, mit den Händen etwas Gutes zu erarbeiten, damit er dem Bedürftigen etwas zu geben habe.»

Es gibt für den Menschen keine zulässige Arbeit, die demütigend ist. Auch die unbedeutendste Aufgabe ist wichtig.

Arbeit ist Disziplin

> 2. Thessalonicher 3,10-11: «Wenn jemand nicht arbeiten will, so soll er auch nicht essen! Wir hören nämlich, dass etliche von euch unordentlich wandeln und nicht arbeiten, sondern unnütze Dinge treiben.»

Arbeit ist Verantwortung

> 1. Thessalonicher 2,9: «Ihr erinnert euch ja, Brüder, an unsere Arbeit und Mühe; denn wir arbeiteten Tag und Nacht, um niemand von euch zur Last zu fallen, und verkündigten euch dabei das Evangelium Gottes.»

Arbeit ist notwendig

> 1. Timotheus 5,8: «Wenn aber jemand für die Seinen, besonders für seine Hausgenossen, nicht sorgt, so hat er den Glauben verleugnet und ist schlimmer als ein Ungläubiger.»

Arbeit ist eine Hingabe an Gott

In Kolosser 3 haben wir zwei schöne Einstellungen zur Arbeit und über die Art und Weise, wie wir arbeiten sollen. In 3,17 lesen wir:

> «Und was immer ihr tut in Wort oder Werk, das tut alles im Namen des Herrn Jesus und dankt Gott, dem Vater, durch ihn.» Und in Vers 23 heisst es: «Und alles, was ihr tut, das tut von Herzen, als für den Herrn und nicht für Menschen.»

Das Erste, was wir hervorheben müssen, ist, dass es keinen Qualitätsunterschied zwischen der säkularen und der geistlichen Arbeit gibt. Der Kontext von Vers 17 weist uns auf eine Arbeit *geistlicher* Art hin, d. h., dass sie eine Aufgabe ist, die ein Christ im Werk Gottes ausführt, besonders im Rahmen der lokalen Gemeinde. Der Kontext von Vers 23 zeigt uns, dass die dort beschriebene Arbeit *materiell* ist und der Christ sie in der Gesellschaft ausübt, sei es als Angestellter oder in selbstständiger Tätigkeit. Die Schlussfolgerung ist, dass beide Arbeiten mit einer christlichen Gesinnung getan werden müssen und mit der Verantwortung, die die Kinder Gottes auszeichnet, «inmitten eines verdrehten und verkehrten Geschlechts, unter welchem ihr leuchtet als Lichter in der Welt» (Phil 2,15).

Das Zweite, was wir in den beiden oben erwähnten Versen von Kolosser 3 hervorheben müssen, ist, dass der eine wie der andere Vers uns die Art und Weise zeigt, in der der Christ seine Arbeit ausführen muss. Alles *im Namen des Herrn Jesus* zu tun, bedeutet, es so zu tun, als täte er es selbst. Alles wie *für den Herrn* zu tun, heisst, es so zu machen, als würde er selbst es erhalten. Dem fügt Paulus in 1. Korinther 10,31 hinzu: «Ob ihr nun esst oder trinkt oder sonst etwas tut – tut alles zur Ehre Gottes!»

Es ist wahr, «keiner von uns lebt sich selbst und keiner stirbt sich selbst» (Röm 14,7). Wir sind nicht unsere Eigentümer, wir gehören ihm. Christus ist der Herr meines Lebens und meines Todes. Wenn er der Herr meines Lebens ist, dann kann er in meinem zerbrechlichen Boot schlafen, wie er es mit seinen Jüngern tat, und ich kann sicher sein, den Herrn an Bord zu haben. Und wenn er der Herr meines Todes ist, dann bin ich es, der in seinem Schoss schlafen wird, und für alle Ewigkeit wird mich niemand je von seiner Gegenwart scheiden. Darum muss alles, was ich bin, und alles, was ich tue, seinetwegen und für ihn sein.

Es ist sehr traurig, daran zu denken, dass es Gläubige gibt, die in der Gemeinde die «Heiligen» sind, und im Geschäftsleben sind sie die «Spitzbuben». Das ist ein widersprüchliches, falsches und heuchlerisches Leben. Wir können uns nicht am Sonntag fromm geben, jedoch in der Woche von Montag bis Samstag total anders sein. Gott fordert von seinen Kindern Integrität, d. h., sie müssen «aus einem Stück Holz geschnitzt sein».

Der Theologe Sangster sagt:

> «Der Glaube an Jesus ist keine Angelegenheit einer rein persönlichen, privaten Frömmigkeit. Er dringt in alle Lebensbereiche ein. Ein gläubiger Arbeiter ist kein gewöhnlicher Arbeiter; er ist anders, weil er am Sonntag zur Gemeinde und nicht ins Kino geht. Er ist ein Arbeiter, der anders ist. Der gläubige Arbeitgeber ist kein gewöhnlicher Arbeitgeber, der grosse Schenkungen macht. Er ist ein Arbeitgeber, der anders ist [...] Der integre Mensch steht unter Herrschaft des Evangeliums.»

Die Bibel lehrt die Angestellten, Arbeiter und allgemein alle, die in einem Angestelltenverhältnis stehen, dass sie sich unterzuordnen haben: «Ihr Knechte, gehorcht euren leiblichen Herren mit Furcht und Zittern, in Einfalt eures Herzens, als dem Christus» (Eph 6,5); mit Ehrlichkeit: «nicht mit Augendienerei – man macht es nicht nur, wenn man uns zuschaut –, um Menschen zu gefallen, sondern als Knechte des Christus, die den Willen Gottes von Herzen tun» (Eph 6,6); mit einem guten Willen: «dient mit gutem Willen dem Herrn und nicht den Menschen, da ihr wisst: Was ein jeder Gutes tun wird, das wird er von dem Herrn empfangen, er sei ein Sklave oder ein Freier» (Eph 6,7-8); mit Respekt: «Ihr Hausknechte, ordnet euch in aller Furcht euren Herren unter, nicht nur den guten und milden, sondern auch den verkehrten!» (1Petr 2,18); in dem Bewusstsein der Worte, die direkt an die Belohnung oder den Verlust appellieren, die im Preisgericht Christi gewonnen oder erlitten werden:

> «Da ihr wisst, dass ihr von dem Herrn zum Lohn das Erbe empfangen werdet; denn ihr dient Christus, dem Herrn! Wer aber Unrecht tut, der wird empfangen, was er Unrechtes getan hat; und es gilt kein Ansehen der Person» (Kol 3,24-25).

Aber auch die Chefs und Arbeitgeber ermahnt das Wort Gottes, sich ihren Untergeordneten gegenüber gerecht zu verhalten: «Ihr Herren, gewährt euren Knechten das, was recht und billig ist, da ihr wisst, dass auch ihr einen Herrn im Himmel habt!» (Kol 4,1). Sie sollen einen guten Umgang mit ihnen haben: «Und ihr Herren, tut dasselbe ihnen gegenüber und lasst das Drohen, da ihr wisst, dass auch euer eigener Herr im Himmel ist und dass es bei ihm kein Ansehen der Person gibt» (Eph 6,9). Ihre Verantwortung geht in Jakobus 5,1-6 bis zum Äussersten, wo der Apostel ihre Sünde, bei der sie ertappt wurden, anzeigt. Sie jagen dem Reichtum nach und misshandeln dabei ihre Arbeiter, indem sie Ungerechtigkeit und Gewalt gegen ihr Leben und ihre Würde anwenden. Dabei ist zu beachten, dass die Apostel die Christen zur Zeit der Sklaverei ermahnten, wo es noch keine Zivilrechte in dem Mass gab, wie wir sie heute in unseren Ländern haben.

Gott ist der Verteidiger der Schwächeren, und für ihn gibt es *kein Ansehen der Person*. Zweifellos wird er diejenigen richten, die keine Gerechtigkeit ausüben. So verstand es auch Hiob, jener grosse Mann der Bibel, wenn er in Hiob 31,13-15 sagt:

> «Wenn ich meinem Knecht oder meiner Magd das Recht verweigert hätte, als sie einen Rechtsstreit gegen mich hatten, was wollte ich tun, wenn Gott gegen mich – zu ihrer

Verteidigung – aufträte; und wenn er mich zur Rede stellte, was wollte ich ihm antworten? Hat nicht der, der mich im Mutterleib bereitete, auch ihn gemacht? Hat nicht ein und derselbe uns im Mutterleib gebildet?»

Die Verwaltung des Geldes und des Besitzes

Gott hat jedem Einzelnen von uns Güter zum Verwalten gegeben, dem einen mehr, dem anderen weniger. In Kolosser 1,16 steht: «Denn in ihm ist alles erschaffen worden, ... alles ist durch ihn und für ihn geschaffen.» In einem christlichen Lied heisst es, dass «das, was wir sind und was wir haben, uns nur in ihm gehört». Demzufolge hat uns derjenige, der der Eigentümer aller Dinge ist und für den alles ist, uns in seiner ewigen, göttlichen Vorsehung Güter zum Verwalten gegeben.

Die Frucht redlicher Arbeit zeigt sich in materiellen Gütern, die erlaubt und für unser Leben notwendig sind. Geld, Nahrung, Kleidung, das Haus und seine Einrichtung sind Segnungen, die wir von Gott empfangen. Deshalb müssen wir dankbar sein und verantwortungsvoll auf sie achtgeben. Einigen hat Gott nach seinem Plan Reichtümer gegeben. Anderen nicht. Immer gab, gibt und wird es nach Gottes unergründlichen Vorsätzen eine «Witwe von Sarepta» (1Kö 17,12) und einen «Salomo» geben. Und wie es würdig ist, keine Reichtümer zu besitzen, so ist es auch würdig und keine Sünde, sie zu haben. Sünde ist, sie nicht richtig zu gebrauchen. Das Problem ist nicht das Geld an sich, sondern die Liebe zum Geld, die «Geldgier», die «eine Wurzel alles Bösen» ist (1Tim 6,10). Jemand sagte einmal: «Das Geld ist in der Brieftasche gut untergebracht, aber es ist schlecht, wenn es im Herzen ist.»

Die Bibel enthält Geschichten und Zeugnisse von sehr reichen Männern und Frauen, und nie wird darin der Reichtum beanstandet, wenn er auf eine ehrbare Weise erworben und vernünftig gebraucht wird. Hiob, Abraham, Isaak, Jakob, David, Salomo, Joseph von Arimathia, Philemon und viele andere waren wohlhabende Leute, aber gleichzeitig waren sie Diener Gottes, und er liess sich herab, ihre Güter zum Wohl anderer und zur Erfüllung seiner Pläne einzusetzen.

Die Bemerkung, die Paulus in 1. Timotheus 6,17 macht, ist immer für diejenigen angebracht und notwendig, denen Gott den Segen des Reichtums gegeben hat: «Den Reichen in der jetzigen Weltzeit gebiete, nicht hochmütig zu sein, auch nicht ihre Hoffnung auf die Unbeständigkeit des Reichtums zu setzen, sondern auf den lebendigen Gott, der uns alles reichlich zum Genuss darreicht.» Die «Reichen in der jetzigen Weltzeit» sind nicht ungläubige Reiche dieser Welt, sondern Gläubige, die reich an materiellen Gütern sind. Die Empfehlung, oder besser gesagt, der Befehl, denn er sagt «gebiete», was die Schärfe einer Mahnung hat, lautet, dass ihre Reichtümer kein Anlass zum Stolz und zur Eitelkeit sein sollen, sondern ein Grund zur Demut, indem Gott als der Geber dieser Dinge anerkannt wird. Er wird es auch sein, der darüber Rechenschaft fordern wird. Reichtum ist keine Sünde; er ist eine grosse Verantwortung.

Der Wohlstand darf auch kein «Ruhekissen» sein, denn Reichtümer sind ungewiss, unsicher und trügerisch (Mt 13,22). Sie kommen und gehen. Salomo, der sich mit dem Reichtum gut auskannte (1Kö 3,11-13; Pred 2,8-11), schrieb in Sprüche 23,4-5:

> «Bemühe dich nicht, Reichtum zu erwerben – Güter anzuhäufen –; aus eigener Einsicht lass davon – lass dich nicht davon antreiben –. Kaum hast du dein Auge darauf geworfen, so ist er nicht mehr da, denn sicherlich schafft er sich Flügel wie ein Adler, der zum Himmel fliegt.»

Die Hoffnung des Gläubigen beruht immer auf Gott und seiner Gnade. David sagte: «Und nun, Herr, worauf soll ich hoffen? Meine Hoffnung gilt dir allein!» (Ps 39,8). Der Apostel Paulus fügt noch einen Aufruf zur Verantwortung hinzu:

> «Sie sollen Gutes tun, reich werden an guten Werken, freigebig sein, bereit, mit anderen zu teilen, damit sie das ewige Leben ergreifen und so für sich selbst eine gute Grundlage für die Zukunft sammeln» (1Tim 6,18-19).

Der Reichtum soll also nur ein Mittel sein, nicht aber der Zweck. Darum sollen sie nicht für sich selbst reich sein, sondern um mit anderen teilen zu können: «Nehmt Anteil an den Nöten der Heiligen» (Röm 12,13). Das Beispiel dazu sehen wir in Apostelgeschichte 2,44-45; 4,34-37.

Man behauptet zu Recht, dass uns nichts mehr gehört als das, was wir weggeben. Jemand fügte noch hinzu: «Ich verlor, was ich aufbewahrte; ich habe aber, was ich gab.» Darum sagte der Herr Jesus, von Paulus durch eine Offenbarung zitiert – denn die Evangelien waren noch nicht herausgegeben –: «Geben ist glückseliger als Nehmen!» (Apg 20,35). Wie nötig sind grosszügige Geschwister in den Gemeinden und im Werk Gottes! Was für ein grosser Segen sind diejenigen, die geben, die die Gabe haben, *in Einfalt zu geben* (Röm 12,8)!

Diese freigebige, grosszügige Handlung legt ein «Fundament für die Zukunft», oder einen «Schatz für die Zukunft» an. Es gibt keine bessere Investition als in die «Himmelsbank», denn in Sprüche 19,17 heisst es: «Wer sich über den Armen erbarmt, der leiht dem Herrn, und er wird ihm seine Wohltat vergelten.» Besteht da noch irgendein Zweifel, dass es nicht so sein wird?

Auf die gleiche Weise hat es auch der Herr Jesus in Lukas 16,9 erklärt, wo der *ungerechte Mammon* ein Mittel ist, um «Freunde» zu gewinnen, die später diejenigen «in die ewigen Hütten» aufnehmen werden, die ihn auf dieser Erde gebrauchen. Der Mammon, ein aramäischer Ausdruck, war bei den Phöniziern der Gott des Reichtums und das Urbild des Geizes, der Habsucht und der Liebe zu den materiellen Dingen.

So legen die Reichen, die in Wirklichkeit «reich ... für Gott» sind (Lk 12,21), mit ihrem Reichtum, den sie durch Gnade erhielten und für den Herrn und seine Interessen gebrauchen, nicht nur hier das Fundament für den Himmel, sondern sie «legen auch mit Hand an für das ewige Leben», d. h., sie leben jetzt schon das wahrhaftige Leben und nehmen bereits hier ein Stück der Glückseligkeit vorweg, die in der Ewigkeit gelebt werden wird.

Wenn es etwas gibt – oder geben sollte –, worin sich ein Christ von einem Weltmenschen unterscheidet, dann ist es das Geld. Die Welt liebt das Geld; sie verneigt sich vor diesem Götzen, den die Bibel *Mammon* nennt, und betet ihn mit Inbrunst an. Der Unterschied besteht darin, dass das Geld für den Christen nur ein Mittel ist, für die Welt aber ist es ein Zweck. Aus der Sicht der postmodernen, materialistischen Konsumgesellschaft, die von Reichtum und Macht besessen ist, gehört das Geld einfach zu den Dingen dieser Welt, zur *Fleischeslust, Augenlust und zum Hochmut des Lebens*, dem Stolz, dazu (1Joh 2,16).

Gott oder der Reichtum

Heutzutage vergöttert die Welt das Geld. Sie strebt danach, es zu gewinnen, zu bekommen, auszugeben, es zu sparen und zu investieren. Mehr denn je werden heute Kreditkarten offeriert,

Angebote gemacht, langzeitige Ratenkäufe und Kredite angepriesen, die sich oft als ein Betrug für Leichtgläubige entpuppen, die ihre Gehälter, ihren Besitz und ihr Leben mit Hypotheken belasten. Ein Satz, der immer wieder zu hören ist, lautet: «Ich habe Schulden», mit all dem, was das zu bedeuten hat. Darum sagt der Herr Jesus auch: «Ihr könnt nicht Gott dienen und dem Mammon!» – dem Reichtum (Mt 6,24). Andrew Murray schreibt in seinem Buch «Das Geld»:

> «Wenn auch nach einem anderen Prinzip, so wird der Mensch dennoch bezüglich seines Geldes nicht nur in dieser Welt beurteilt, sondern auch im Himmelreich. Die Welt fragt sich: Wie viel besitzt diese Person? Christus fragt: Wie gebraucht dieser Mensch, was er hat? Die Welt denkt in erster Linie ans Geldverdienen, Christus an die Art und Weise, es zu geben. Und wenn ein Mensch etwas gibt, dann fragt die Welt auch noch: Wie viel gibt er? Christus fragt: Wie gibt er? Die Welt schaut auf das Geld und auf den Betrag, Christus auf den Menschen und seine Motivation.»

In seinem Buch «Der Christ und das liebe Geld» meint Fred Mitchell dazu:

> «Die Menschen fragen, wie viel wir geben; die Bibel fragt, wie viel wir zurückbehalten. Für den Ungläubigen ist das Geld ein Mittel des Vergnügens und der Lust; für den Gläubigen ist es ein Mittel oder Werkzeug der Gnade. Für den einen ist es eine Gelegenheit, zu Wohlstand zu gelangen; für den anderen eine Gelegenheit, die materiellen Gaben Gott zu weihen.»

Das Geld an sich ist weder gut noch schlecht. Es hängt davon ab, wie man es verdient, wie man es gebraucht und wie man es ausgibt oder investiert. Einer der Unterschiede zwischen einem geistlich und einem fleischlich gesinnten Christen ist, wie er mit dem Geld und seinem Besitz umgeht. Jesus sagt es so klar in Matthäus 6,19-21:

> «Ihr sollt euch nicht Schätze sammeln auf Erden, wo die Motten und der Rost sie fressen und wo die Diebe nachgraben und stehlen. Sammelt euch vielmehr Schätze im Himmel, wo weder die Motten noch der Rost sie fressen und wo die Diebe nicht nachgraben und stehlen. Denn wo euer Schatz ist, da wird auch euer Herz sein.»

Vielleicht wäre es von Nutzen, wenn wir uns die Worte Agurs im Buch der Sprüche 30,8-9 in Erinnerung riefen:

> «Armut und Reichtum gib mir nicht, nähre mich mit dem mir beschiedenen Brot; dass ich nicht aus Übersättigung dich verleugne und sage: Wer ist der Herr?, dass ich aber auch nicht aus lauter Armut stehle und mich am Namen meines Gottes vergreife!»

Eine der Aufgaben des Christen als Verwalter der Güter, die Gott uns anvertraut, ist, sie richtig anzuwenden. Ein guter Haushalter bittet Gott um Weisheit, das Vermögen auszugeben oder es zu investieren; ein schlechter gibt sein Geld unkontrolliert aus, d. h., er verschwendet es. Nach seinem Wunder der Speisung der grossen Menge erteilt Jesus uns eine Lektion, indem er seine Jünger anwies: «Sammelt die übriggebliebenen Brocken, damit nichts verdirbt!» (Joh 6,12).

Ein anderes Problem, das Geld mit sich bringt, ist die Verschuldung. Die Konsumgesellschaft hat es sich zur Aufgabe gemacht, uns «Notwendigkeiten» zu schaffen. Es ist egal, ob man die Sachen braucht oder ob sie unnötig sind. Die Menschen rennen ihnen mit einem nicht zu bremsenden Eifer nach, um sie zu bekommen und das zu haben, was ihnen fehlt, und auch das, was sie gar nicht brauchen. Der moderne Mensch gleicht dem, wovon Sprüche 30,15 spricht: «Der Blutegel hat zwei Töchter: Gib her, gib her!» Er hat nie genug. Niemals ist er mit dem zufrieden, was er hat, und will immer mehr. In diesem Streben verschuldet er sich oft über die Massen durch Kredite, Darlehen, Ratenzahlungen und Einkäufe mit Kartenzahlung, wobei er seine gegenwärtigen und zukünftigen Einkünfte verpfändet. Es ist nicht verwerflich, mit Kreditkarten zu zahlen, solange sie genügend gedeckt sind, sodass man dem nachkommen kann, was der Apostel Paulus in Römer 13,7-8 empfiehlt: «So gebt nun jedermann, was ihr schuldig seid: Steuer, dem die Steuer, Zoll, dem der Zoll, Furcht, dem die Furcht, Ehre, dem die Ehre gebührt. Seid niemand etwas schuldig ...»

Jemand sagte einmal, dass hohe Schulden eine «wirtschaftliche Sklaverei mit ungeheurem Stress» sind. Gott versprach, allen unseren Mangel auszufüllen «nach seinem Reichtum in Herrlichkeit in Christus Jesus» (Phil 4,19). Aber nie hat er versprochen, auf all unsere teuren, unnötigen und eigensinnigen Wünsche einzugehen, die oftmals ein Produkt der Habsucht sind. «Gott ist kein Geldautomat», sagte ein Prediger. In Jakobus 4,2-3 lesen wir (und das ist an Gläubige geschrieben!):

> «Ihr seid begehrlich und habt es nicht, ihr mordet und neidet und könnt es doch nicht erlangen; ihr streitet und kämpft, doch ihr habt es nicht, weil ihr nicht bittet. Ihr bit-

> tet und bekommt es nicht, weil ihr in böser Absicht bittet, um es in euren Lüsten zu vergeuden.»

Die Habsucht versklavt und erfüllt das Leben mit Stress. Es gibt viele gestresste und sorgenvolle Gläubige, die begierig danach streben, immer mehr zu haben. Das ist nichts anderes als eine Falle des Teufels, der unser Leben von der einfachen Abhängigkeit von Gott abbringt und seine Barmherzigkeit, Güte und Fürsorge vergessen lässt. «Die Verehrer nichtiger Götzen verlassen ihre Gnade» steht in Jona 2,9. Lasst uns vielmehr an die Worte Jesu denken:

> «Und ihr sollt auch nicht danach trachten, was ihr essen oder was ihr trinken sollt; und beunruhigt euch nicht! Denn nach all diesem trachten die Heidenvölker der Welt; euer Vater aber weiss, dass ihr diese Dinge benötigt. Trachtet vielmehr nach dem Reich Gottes, so wird euch dies alles hinzugefügt werden!» (Lk 12,29-31).

Die Verwaltung der Opfergaben

Das Geld konfrontiert uns mit einem entscheidenden Thema der Verwaltung, für die wir Christen verantwortlich sind: die materiellen Opfergaben. Das Opfern oder Spenden gehört zweifellos zur Verwaltung, mit der uns Gott beauftragt hat, und es ist auch ein Bestandteil des christlichen Gottesdienstes. Es ist eine Pflicht und eine Verantwortung, aber auch ein Vorrecht, eine Gnade und ein Akt der Anbetung jedes Gotteskindes. Wir müssen geben, weil alles von Gott ist; wir müssen geben, weil Gott uns gibt. David sagte:

> «Denn was bin ich, und was ist mein Volk, dass wir Kraft haben sollten, in solcher Weise freiwillig zu geben? Denn

von dir kommt alles, und aus deiner eigenen Hand haben wir dir gegeben» (1Chr 29,14).

Somit sind nun die Opfer, die wir Gott zur Unterstützung seines Werkes, als Hilfe für Notleidende und zur Ausbreitung seines Reiches geben, ohne Zweifel ein wichtiger Teil des Gottesdienstes und der Verwaltung, die jeder Gläubige als Haushalter Gottes ausüben muss. 2. Korinther Kapitel 8 und 9 sind eine Quelle der Lehre über die Verwaltung des Geldes.

Das Opfern von Geld gehört nicht zu den Themen, die wir alle gern hören wollen. Alles geht gut, bis man unseren Geldbeutel antastet. Das scheint ein Problem zu sein. M. Díaz Pineda schreibt in einem Buch, dass ein Prediger sich entschloss, über den Verwaltungsdienst des Christen zu predigen. Er machte die Ankündigung: «Meine Predigt besteht heute Morgen aus drei Punkten. Der erste lautet: Verdient, so viel ihr könnt.» Dann führte er aus, dass ein Christ geschickt, verantwortungsbewusst, fleissig und unternehmungslustig sein müsse, um auf diese Weise sein Einkommen zu haben. Der zweite Punkt war: «Spart, so viel ihr könnt.» Der Prediger betonte, dass seine Gemeinde ein Volk von Sparern sein sollte, anstatt das Geld auszugeben, bevor sie es verdient haben. Ein alter Arbeiter, der diese Predigt anhörte, gab bei diesem zweiten Punkt seinem Banknachbarn einen Rippenstoss und flüsterte ihm zu: «Dieser Prediger denkt genauso wie ich! Ich habe mein ganzes Leben lang gespart.» In diesem Moment nannte der Prediger seinen dritten Punkt: «Gebt, so viel ihr könnt.» Der alte Mann drehte sich um und brummte seinem Nachbarn zu: «Schade, jetzt hat er seine Predigt schon verpatzt.»

Das geschieht sicherlich, weil wir nicht wissen, was ein Opfer ist und was es für Gott und für uns bedeutet.

Das Opfer eines Christen

Es gibt verschiedene wichtige Dinge über das Opfer aus Gottes Sicht zu sagen. Die Heilige Schrift lehrt uns:

Das Opfer ist ein Gebot für jeden Christen

Dieser geistliche Dienst ist nicht unserem Willen freigestellt oder uns zur Wahl gelassen. Es ist ein klares Gebot Gottes. Hören wir auf die Schrift:

> «Bringt den Zehnten ganz in das Vorratshaus, damit Speise in meinem Haus sei» (Mal 3,10). «Was aber die Sammlung für die Heiligen anbelangt, so sollt auch ihr so handeln, wie ich es für die Gemeinden in Galatien angeordnet habe. An jedem ersten Wochentag lege jeder unter euch etwas beiseite und sammle, je nachdem er Gedeihen hat ...» (1Kor 16,1-2).

Beachten wir, dass der Apostel Paulus, vom Heiligen Geist inspiriert, im Imperativ spricht: *handelt ... lege beiseite* ... Dabei wird uns keine andere Wahl oder eine andere Entscheidung gelassen. Er sagt: «wie ich es ... angeordnet habe.» Wenn es uns bewusst ist, dass das Geld nicht uns gehört, sondern Gott, dann werden wir verstehen, dass er das Recht hat, zu sagen, wo und wie wir es zu geben haben.

In diesem letzten Vers stehen mindestens drei Dinge, die zu beachten sind:

Das Opfer ist regelmässig

Der erste Tag der Woche ist der Tag, an dem sich die Gläubigen zur Erinnerung an die Auferstehung des Herrn versammeln. Zu jener Zeit, wie es an einigen Orten der Welt auch heute noch der Fall ist, bekamen die Arbeiter wöchentlich ihren Lohn, von dem ein Teil dem Opfer für den Herrn zukam. Heute sind einige Gebräuche anders, aber dennoch ist der Tag des Gottesdienstes auch weiterhin die geeignete Zeit, um Gott ein Opfer zu bringen.

Das Opfer ist persönlich

Es heisst: «jeder unter euch». Es ist eine unübertragbare Verantwortung. So wie wir persönlich gerettet worden sind, persönlich beten und persönlich die Fürsorge Gottes empfangen, so müssen wir auch persönlich opfern. Wenn das Geben ein Teil des Gottesdienstes und ein Akt der Anbetung ist – und jeder Gläubige ist für ihn ein Priester –, dann müssen wir auch persönlich geben. Ein Vater kann nicht im Namen seiner Familie anbeten. Er kann auch nicht in ihrem Namen spenden. Wenn das nicht persönlich gehandhabt wird, dann verliert die Familie das Privileg, an einem so wunderbaren Akt der Anbetung teilzunehmen und an der Freude, an einer der grundlegenden Aufgaben der Gemeinde beteiligt zu sein.

Das Opfer ist proportional

Gott fordert von mir nicht mehr, als ich geben kann. Aber auch nicht weniger. Sondern «je nachdem er Gedeihen hat». Oder wie es in 2. Korinther 8,12 steht: «Denn wo die Bereitwilligkeit vorhanden ist, da ist einer wohlgefällig entsprechend dem, was er hat, nicht entsprechend dem, was er nicht hat.»

Das gleiche Konzept finden wir in 3. Mose 14,30: Er soll «opfern von dem, was seine Hand aufbringen kann». 5. Mose 16,16-17: «Aber niemand soll mit leeren Händen vor dem Herrn erscheinen, sondern jeder mit dem, was er geben kann, je nach dem Segen, den der Herr, dein Gott, dir gegeben hat.» Esra 2,69: «und zwar gaben sie nach ihrem Vermögen». Apostelgeschichte 11,29: «Da beschlossen die Jünger, dass jeder von ihnen gemäss seinem Vermögen den Brüdern, die in Judäa wohnten, eine Hilfeleistung senden solle».

Aber wir müssen auch an Folgendes denken:

Das Opfer gehört Gott

Gehen wir nun von dem Konzept aus: Das Geld ist *von* Gott: Haggai 2,8: «Mein ist das Silber, und mein ist das Gold, spricht der Herr der Heerscharen.» 1. Chronik 29,11-12:

> «Dein, o Herr, ist die Majestät und die Gewalt und die Herrlichkeit und der Glanz und der Ruhm! Denn alles, was im Himmel und auf Erden ist, das ist dein. Dein, o Herr, ist das Reich, und du bist als Haupt über alles erhaben! Reichtum und Ehre kommen von dir. Du herrschst über alles; in deiner Hand stehen Kraft und Macht; in deiner Hand steht es, alles gross und stark zu machen!»

Psalm 24,1: «Dem Herrn gehört die Erde und was sie erfüllt.»

Die Gaben sind aber auch *für* Gott; sie stehen ihm zu. 2. Mose 25,2 sagt: «Sage den Kindern Israels, dass sie mir freiwillige Gaben bringen; und von jedem, den sein Herz dazu treibt, sollt ihr die freiwillige Gabe annehmen!»

Hier steht ausdrücklich das Pronomen «mir». Es kommt nicht so sehr auf die Zweckbestimmung an; die Opfergabe ist *von* Gott und *für* Gott. Sie gehört ihm, sodass das Geben an sich eine Handlung der Anbetung ist. Oft ist man verdriesslich beim Spenden. Es bedeutet nicht, irgendetwas aus unserem Geldbeutel herauszuholen. Es heisst nicht, plötzlich etwas geben zu müssen, was gerade da ist. Es handelt sich nicht um einen Zwang oder eine blosse Pflichterfüllung. Es ist vielmehr eine einfache Handlung, aber eingehüllt in die Feierlichkeit eines geistlichen Opfers, einer Tat der Anbetung.

Das Opfer ist ein geistliches Opfer von unermesslichem Wert

Der Gläubige ist ein Priester, der Gott geistliche Opfer darbringt. Es sind Opfer, nicht weil sie im eigentlichen Sinn des Wortes teuer wären, auch wenn häufig eine besondere oder sogar extreme Anstrengung damit verbunden ist (2Kor 8,1-4), sondern hauptsächlich, weil sie gottgeweihte Gaben und darum von grossem Wert sind (vgl. 2Sam 24,24; 1Chr 21,24). In der Bibel finden wir mehrere solcher Opfer: das Leben selbst (Röm 12,1-2); das Gebet (Offb 5,8); der Lobpreis (Hebr 13,15); das Lehren des Wortes Gottes (Mal 2,7); der Dienst am Nächsten, die gegenseitige Hilfe (Hebr 13,16) und die Gabe von Spenden (Phil 4,18). Wenn wir uns dem zuletzt genannten Opfer besonders widmen, dann werden wir mit Erstaunen feststellen, dass das erhabene Opfer des Lebens Jesu (Eph 5,2) und das Opfer der Gläubigen (Phil 4,18) ein *lieblicher Wohlgeruch, ein angenehmes, Gott wohlgefälliges Opfer* sind. Und mit dem Apostel sagen wir: «Gott aber sei Dank für seine unaussprechliche Gabe!» (2Kor 9,15), für sein Geschenk der unbeschreiblichen Gnade, die man nicht in Worte fassen kann.

Im Evangelium (Mk 12,41-44) wird von der Erfahrung berichtet, die Jesus machte, als er dem Opferkasten gegenübersass und zuschaute, «wie die Leute Geld in den Opferkasten legten». Er machte seine Jünger auf jene arme Witwe aufmerksam, die «alles eingelegt» hat, «was sie hatte». Damit erinnert er uns an das grosse Opfer Gottes in der Person Christi. Gott gab auch alles, was er besass. Er gab das Teuerste des Himmels, seinen eigenen Sohn, und er gab ihn für uns.

Geld als Opfergabe darbringen bedeutet auch, einen Teil unseres Lebens zu geben!

Wichtig ist nicht, was man opfert, sondern der, der das Opfer bringt

So war es mit Abel: «Und der Herr sah Abel und sein Opfer an» (1Mo 4,4). So war es auch mit der armen Witwe (Mk 12,41-44 und Lk 21,1-4). Sie hat «mehr eingelegt als alle. Denn diese alle haben von ihrem Überfluss zu den Opfergaben für Gott beigetragen; sie aber hat aus ihrer Armut heraus alles eingelegt, was sie zum Lebensunterhalt besass.» So war es auch mit den Gläubigen in Mazedonien, von denen Paulus in 2. Korinther 8,5 schreibt: «... sich selbst gaben sie hin, zuerst dem Herrn und dann uns, durch den Willen Gottes.» Das allergrösste Beispiel ist von dem, der «obwohl er reich war, um euretwillen arm wurde, damit ihr durch seine Armut reich würdet» (2Kor 8,9). Er ist der, ...

> «... der, als er in der Gestalt Gottes war, es nicht für einen Raub festhielt, Gott gleich zu sein; sondern er entäusserte sich selbst, nahm die Gestalt eines Knechtes an und wurde wie die Menschen; und in seiner äusseren Erscheinung als ein Mensch erfunden, erniedrigte er sich selbst und wurde gehorsam bis zum Tod, ja bis zum Tod am Kreuz» (Phil 2,6-8).

Das Opfer füllt den Mangel der Gemeinde Gottes und seines Werkes aus

Unsere Gaben können verschiedene Bestimmungen haben. Sie dienen dem Lebensunterhalt der Bedürftigsten (1Kor 16,1; 2Kor 8,14; 3Joh 5.6.8), der Diener Gottes (Phil 4,10-18; 1Tim 5,17-18) und der lokalen Arbeit (2Mo 25,2; 36,5-7). Das Geld verwandelt sich in ein Band der Gemeinschaft in der Gemeinde Gottes.

Menge oder Herzenssache?

Das Wichtigste ist nicht die Höhe des Betrages, sondern die Einstellung des Herzens

Beachten wir, was in Markus 12,41 steht: Der Herr schaute zu, «wie die Leute Geld in den Opferkasten legten». Es heisst hier nicht, «wie viel» sie hineinlegten, sondern «wie» sie es taten. Andrew Murray sagt:

> «Wie sehr unterscheiden sich unsere Kriterien der Beurteilung von dem, wie Christus die Dinge sieht! Wir fragen, wie viel ein Mensch gibt. Christus fragt, wie viel ihm noch bleibt. Wir sehen auf die Gabe. Christus fragt danach, ob die Spende ein Opfer war.»

Und:

> «Ungeachtet der Gnade und der Frömmigkeit gewährt man allzu oft den Reichen Ehre und das Sagen, was den Heiligen Geist gewiss betrübt und der Gemeinde schadet. Es ist traurig, dass es auch in den Reihen der Christen zutrifft, dass Geld Macht verleiht.»

Paulus schreibt, dass seine Mitarbeiter und er als «Arme, die aber viele reich machen» leben (2Kor 6,10). Meistens sind es die Armen, die den Reichen den Wert des Gebens zeigen.

Wie sollen wir nun für Gott opfern?

Mit Freuden

2. Korinther 8,2: «überfliessende Freude»; 2. Korinther 9,7: «nicht widerwillig oder gezwungen, denn einen fröhlichen Geber hat Gott lieb!»

Freiwillig

2. Korinther 8,4: «Sie baten uns mit vielem Zureden, dass wir die Liebesgabe und [ihre] Gemeinschaft am Dienst für die Heiligen annehmen sollten» (vgl. 2Mo 25,2; 1Chr 29,9).

Aus Überzeugung

2. Korinther 9,7: «Jeder, wie er es sich im Herzen vornimmt».

Regelmässig

1. Korinther 16,2: «An jedem ersten Wochentag».

Grosszügig

2. Korinther 9,5-6: «Darum habe ich es für nötig gehalten, die Brüder zu ermahnen, zu euch vorauszureisen, um diese vorher angekündigte Segensgabe rechtzeitig zuzubereiten, damit sie bereit ist, sodass sie eine Segensgabe ist und nicht eine Gabe des Geizes. Das aber [bedenkt]: Wer kärglich sät, der wird auch kärglich ernten; und wer im Segen sät, der wird auch im Segen ernten.»

Geheim

Matthäus 6,2-4: «Wenn du nun Almosen gibst, sollst du nicht vor dir her posaunen lassen, wie es die Heuchler in den Synagogen und auf den Gassen tun, um von den Leuten gepriesen zu werden. Wahrlich, ich sage euch: Sie haben ihren Lohn schon empfangen. Wenn du aber Almosen gibst, so soll deine linke Hand nicht wissen, was deine rechte tut, damit dein Almosen im Verborgenen ist. Und dein Vater, der ins Verborgene sieht, er wird es dir öffentlich vergelten.»

Aufrichtig

1. Chronik 29,17: «Ich weiss, mein Gott, dass du das Herz prüfst, und an Aufrichtigkeit hast du Wohlgefallen; darum habe ich dies alles in Aufrichtigkeit meines Herzens freiwillig gegeben» (vgl. Apg 4,32 bis 5,11).

Die andere Frage ist: Wie viel soll ich Gott geben? Fred Mitchell sagt in seiner interessanten Schrift über das proportionale Geben:

«Der Christ und das liebe Geld»: «Einige werden den Zehnten geben können, einige weniger und andere mehr. Man möge den Anteil in der Gegenwart des Herrn entscheiden und im Licht der Gnade unseres Herrn Jesus Christus, der sich selbst für uns ganz hingegeben hat. Wenn diese Entscheidung gefallen ist, bleiben Sie bei dieser Abmachung und überdenken Sie sie ab und zu erneut.»

Verheissungen für die Geber

Die Verheissungen des Herrn für diejenigen, die nach dem Willen Gottes geben, sind ausserordentlich gross.

Segen

> Maleachi 3,10: «Bringt den Zehnten ganz in das Vorratshaus, damit Speise in meinem Haus sei, und prüft mich doch dadurch, spricht der Herr der Heerscharen, ob ich euch nicht die Fenster des Himmels öffnen und euch Segen in überreicher Fülle herabschütten werde.»

Auf jeden Fall ist zu beachten, dass diese Schriftstelle an Israel gerichtet ist, für das das Geben des Zehnten ein Gebot war. Die Gemeinde des Herrn hat nicht die «Verpflichtung», den Zehnten zu geben. Im Neuen Testament wird, in Bezug auf die Gemeinde, der Zehnte nicht erwähnt. Sie hat das Vorrecht, freiwillig zu spenden. Aber so, wie die Gnade grösser ist als das Gesetz, so sollte nach Möglichkeit auch die Gabe, die der Christ dem Herrn gibt, grösser sein als der Zehnte.

> «Einer teilt aus und wird doch reicher; ein anderer spart mehr, als recht ist, und wird nur ärmer» (Spr 11,24).

Fülle

> 2. Korinther 9,8: «Gott aber ist mächtig, euch jede Gnade im Überfluss zu spenden, sodass ihr in allem allezeit alle Genüge habt und überreich seid zu jedem guten Werk.»

Früchte der Gerechtigkeit

> 2. Korinther 9,10-11: «Er aber, der dem Sämann Samen darreicht und Brot zur Speise, er möge euch die Saat dar-

reichen und mehren und die Früchte eurer Gerechtigkeit wachsen lassen, sodass ihr in allem reich werdet ...»

Dankbarkeit

2. Korinther 9,11-12: «... die durch uns Gott gegenüber Dank bewirkt. Denn die Besorgung dieses Dienstes füllt nicht nur den Mangel der Heiligen aus, sondern ist auch überreich durch die vielen Dankgebete zu Gott.»

Lob Gottes

2. Korinther 9,13: «indem sie durch den Beweis dieses Dienstes zum Lob Gottes veranlasst werden für den Gehorsam eures Bekenntnisses zum Evangelium von Christus».

Gedenken wir der Worte des Herrn, die nur in Apostelgeschichte 20,35 zitiert werden: «Geben ist glückseliger als Nehmen!»

KAPITEL 6

Was wird gerichtet werden? Die Treue zum Wort Gottes

«So soll man uns betrachten: als Diener des Christus und Haushalter der Geheimnisse Gottes. Im übrigen wird von einem Haushalter nur verlangt, dass er treu erfunden wird. ... Darum richtet nichts vor der Zeit, bis der Herr kommt, der auch das im Finstern Verborgene ans Licht bringen und die Absichten der Herzen offenbar machen wird; und dann wird jedem das Lob von Gott zuteilwerden» (1Kor 4,1-2.5).

In dieser Schriftstelle kommt Paulus zu der Schlussfolgerung der Ausführungen von Kapitel 3, die wir noch betrachten werden, wenn wir die Verwaltung der Geistesgaben behandeln.

Paulus, Apollos und Kephas (Petrus) waren u. a. die Männer, die Gott erwählt hatte, das Evangelium zu predigen und die Gläubigen in Korinth zu lehren, sei es während ihrer Anwesenheit oder durch Briefe. Als Diener des Herrn hatten sie einen Auftrag: Haushalter der Geheimnisse Gottes zu sein.

Das Wort «Haushalter» (V. 1 und 2) heisst im Griechischen *oikonomos*. Wir kennen es schon und haben es mit dem Begriff des Verwalters, der für ein Haus verantwortlich ist, gleichgestellt. Die «Geheimnisse Gottes» haben nichts mit etwas Okkultem oder Esoterischem zu tun, sondern mit den Tatsachen, die Gott zu einer anderen Zeit im Verborgenen gelassen hatte und die nun zur apostolischen Zeit seinen Aposteln und Propheten direkt offenbart wurden (vgl. Jer 23,28; Am 3,7; 1Kor 2,7.10). Diese gaben sie den Christen mündlich oder durch Schriften bekannt, von denen viele inspiriert waren und im Kanon der Heiligen Schrift aufgenommen sind.

Heutzutage haben wir keine Apostel mehr, aber Gott hat uns die Offenbarung der Geheimnisse Gottes, die sie empfangen hatten, in der Bibel erhalten. Jetzt sind diejenigen an der Reihe, die Gott berufen und mit der Gabe des Predigens, des Lehrens, als Evangelisten, Hirten oder Lehrer ausgerüstet hat (Eph 4,11-12), ihre Verwalter zu sein. Wie sie das tun und wie sie das Wort verkündigen, wie sie die Wahrheit Gottes zur Rettung von Menschen und zur Heiligung der Gläubigen weitergeben, wird zweifellos Konsequenzen im Preisgericht Christi haben.

In den Versen von 1. Korinther 4,1-2 gebraucht Paulus noch einen anderen Ausdruck, der offenbart, was in Wirklichkeit alle sind, die den Auftrag haben, zu predigen und das Wort Gottes zu lehren: *Knechte*. Der Ausdruck lautet *hyperetas*, der für die Ruderer – normalerweise waren es Sklaven – gebraucht wurde, die unter einem Schiffspatron auf den römischen Schiffen arbeiteten. Aber auch im allgemeinen Sinn bezieht sich dieses Wort auf diejenigen, die die Aufgabe haben, die Angelegenheiten anderer zu verwalten. Die Verkündiger des Wortes Gottes haben die sehr grosse Ehre, die Geheimnisse Gottes zu verwalten und Sprachrohre Gottes zu sein (Jer 15,19). Andererseits besteht unter ihnen und in Bezug auf die anderen Gläubigen keine besondere Hierarchie. Sie sind nur demütige Diener in seinem Werk. Dazu sagt C. H. Spurgeon:

> «Es war eine harte Arbeit, auf einer Galeere zu rudern. Die schnellen Bewegungen verbrauchten die Lebenskraft der Sklaven. Es gab drei Reihen von Sklaven: die auf dem oberen Deck sassen, hatten den Vorteil, frische Luft zu atmen; diejenigen, die unter ihnen angeordnet waren, waren teilweise eingeschlossen; aber ich vermute, dass die Ruderer des unteren Decks vor Hitze bewusstlos wurden, zumal sie von der anstrengenden Arbeit erschöpft waren. Geschwister, lasst uns zufrieden sein, wenn wir unser Leben auf den schlechtesten Plätzen aufbrauchen, wenn es nur dazu dient, dass wir durch unsere Arbeit dazu beitragen können, dass unser grosser ‹Cäsar› sein Kommen schneller vorantreibt und wir beim Vorrücken des Schiffes der Gemeinde, in dem er an Bord ist, mithelfen können. Wir sind bereit, ans Ruder angekettet zu werden und unser ganzes Leben lang zu arbeiten, damit sein Schiff die Wogen durchfurcht. Wir sind weder der Kapitän noch die Besitzer der Galeere, sondern nur Ruderer Christi.»

Und dann fügt er noch hinzu: «Wir sind Diener Jesu Christi und nicht die Herren über sein Erbe.»

Das Wort recht teilen

In der Bibel gibt es keine Einteilung der Kirchen, wie die Menschen es machen, in eine römische, orthodoxe usw. und noch in einige evangelische Gruppierungen, auch keine Einteilung in einen Klerus oder Priesterschaft (von griech. *kleros* abgeleitet, was «die von dem Erbe des Herrn» bedeutet) und in Laien, «die vom Volk» (griech. *laos*, Volk). Es gibt auch keine Hierarchie in der Gemeinde. Was es gibt, das sind verschiedene Gaben, die Gott in seiner Souveränität durch den Heiligen Geist verteilt hat, damit der Organismus der Gemeinde des Herrn funktioniert.

Paulus sagte Timotheus, dass er sich eifrig bemühen solle, sich «Gott als bewährt zu erweisen, als einen Arbeiter, der sich nicht zu schämen braucht, der das Wort der Wahrheit recht teilt» (2Tim 2,15). «Arbeiter» (griech. *ergates*) ist eine Person, die sich ihrer Aufgabe widmet, um sie bestmöglich mit Hingabe, Fleiss und Anstrengung zu erledigen. Um lehren zu können, muss man lernen. Und das Lernen kostet etwas; es erfordert Disziplin. Auf unseren Kanzeln gibt es leider viel Improvisation. Viele menschliche Meinungen. Vieles ist ein blosses, mittelmässiges und oberflächliches Gerede. Aber das erbaut die Gemeinde nicht. Gott und sein Wort werden dadurch nicht geehrt.

«Teilen» (griech. *orthotomeo*) bedeutet hier ein «geradliniges Schneiden». Einige haben bei diesem Verb die Handlung eines Vaters vor Augen, der das Brot für seine Familie schneidet, wie es in der hebräischen Tradition üblich war. Andere denken an den Priester, der das Opfertier durchteilt, um es auf dem Altar darzubringen. Wieder andere sehen darin einen Maurer, der die Steine so schneidet, dass er sie genau passend in das Mauerwerk einsetzen kann. Oder man denke dabei an einen Sämann, der eine gerade Furche zieht, bevor er den Samen einstreut.

Aber vielleicht ist das beste Bild das eines Führers, der «geradeaus den Weg bahnt», damit die, die ihm folgen, sich nicht verirren. Es ist derjenige, der seine Kinder, seine Schüler, Brüder oder sogar Ungläubige unterweist und dabei das Wort der Wahrheit «recht gebraucht», und das in Treue, ohne es zu verfälschen oder abzuändern (1Petr 2,2). So ein Lehrer war Paulus (2Kor 11,1-6). So sollte auch Timotheus sein. Und so muss jeder sein, der die Geheimnisse Gottes verwaltet, indem er sein Wort auslegt.

Gerade im vorhergehenden Vers, in 2. Timotheus 2,14, steht: «Bringe dies in Erinnerung und bezeuge ernstlich vor dem Herrn, dass man nicht um Worte streiten soll, was zu nichts nütze ist als zur Verwirrung der Zuhörer.» Zanken, streiten, über unnütze Fragen und Dinge diskutieren, die keinen Sinn haben oder, noch schlimmer, die nur Zerstörung anrichten, führen dazu, die Hörer fertigzumachen. Wie viel Zeit, Kraft und Energie wird aufgebracht, um über nebensächliche, irrelevante und zweitrangige Angelegenheiten, über Fragen der äusserlichen Form, der reinen Tradition und über zweideutige Auslegungen zu diskutieren, die Unstimmigkeiten, Verwirrung und den Ruin der Hörer auslösen können.

Der Ausdruck, den der Apostel hier anwendet und der mit «Verwirrung» wiedergegeben wird, ist bemerkenswert: griech. *katastrophe*, was keiner weiteren Übersetzung bedarf. Die sinnlosen Diskussionen führen in den Gemeinden zu «Katastrophen». Es verdient, erwähnt zu werden, dass dasselbe Wort im Original in 2. Petrus 2,6 erscheint, wo es sich auf die Zerstörung von Sodom und Gomorra bezieht. Das war eine echte Katastrophe: Zwei Städte wurden ausradiert durch Feuer und Schwefel, was vom Himmel als ein Gericht Gottes herunterfiel. Unfruchtbare Diskussionen können den gleichen Effekt haben: Zerstörung, Ruin, ein katastrophales Resultat. Statt zu erbauen, reissen sie Bestehendes nieder. Statt zu nähren, machen sie krank. Statt Leben zu spenden, bringen sie den Tod.

Ein Diener Gottes ist derjenige, der *das Wort der Wahrheit recht teilt*, einer, der das Wort Gottes richtig gebraucht und seine wunderbare Bedeutung mutig und mit Liebe auf Situationen und konkrete Umstände anwendet, sodass Gott geehrt wird, Sünder sich bekehren und die Gläubigen erbaut werden. Nur so wird der Mitarbeiter Gottes am Tag, an dem der Herr von seinem Richterstuhl aus sein Urteil sprechen wird, sich als bewährt erweisen können.

Johannes sagt in seinem zweiten Brief:

> «Denn viele Verführer sind in die Welt hineingekommen, die nicht bekennen, dass Jesus Christus im Fleisch gekommen ist – das ist der Verführer und der Antichrist.» Und dann sagt er den Gläubigen zur Warnung: «Seht euch vor, dass wir nicht verlieren, was wir erarbeitet haben, sondern vollen Lohn empfangen! Jeder, der abweicht und nicht in der Lehre des Christus bleibt, der hat Gott nicht; wer in der Lehre des Christus bleibt, der hat den Vater und den Sohn. Wenn jemand zu euch kommt und diese Lehre nicht bringt, den nehmt nicht auf ins Haus und grüsst ihn nicht. Denn wer ihn grüsst, macht sich seiner bösen Werke teilhaftig» – d. h. hat Gemeinschaft mit ihnen (2Joh 7-11).

Kommen wir nun zu unseren Versen von 1. Korinther 4 zurück. Hier wird von den Verkündigern des Wortes Gottes verlangt, dass sie als treu erfunden werden, wenn sie eines Tages Rechenschaft über ihre Arbeit abzulegen haben. Darum müssen sie in ihrem Leben, Charakter und Zeugnis geeignet sein, so einen ehrenvollen und gesegneten Dienst bekleiden zu können. Ihre «Treue» schliesst mit ein, dass sie zuverlässig, vertrauenswürdig, anständig und wahrheitsliebend sind. Die Treue ist, wie wir bereits sagten, ein Teil der Frucht des Heiligen Geistes laut Galater 5,22-23, es kann auch mit «Glaube» übersetzt werden, was aber die Bedeutung von «Treue» beinhaltet. Der *Glaube* ist zur Rettung notwendig; die *Treue* ist sein Resultat. Der *Glaube* ist unser Vertrauen zu Gott. Der *Glaube* bewirkt in uns Gottesverehrung, die sich in unserer *Treue* zeigt. Der Diener des Wortes Gottes muss also notwendigerweise eine treue Person sein, voll Heiligen Geistes, wenn er möchte, dass seine Botschaft das bewirken soll, wozu sie weitergegeben wird: zum *Segen und ewigen Leben.*

Der Dienst am Wort Gottes ist eine so verantwortungsvolle Aufgabe, dass sie nicht nur Kenntnis erfordert (2Tim 2,15), Sanftmut (2Tim 2,24-25), Weisheit (Mal 2,7), Heiligkeit (Jer 15,19) und Liebe (Apg 20,31), sondern auch Vollmacht. Keine Gelehrsamkeit dieser Welt kann das Werk des Heiligen Geistes ersetzen. Gott wirkt nur in einem heiligen Leben, das ihm völlig hingegeben ist. Der Herr wacht mit Eifer über sein Wort, und es kann sein, dass das Gleiche geschieht, was dem Haushalter von Lukas 16 passierte, der bei seinem Herrn als ein «Verschleuderer seiner Güter» verklagt wurde. Er wird ihn rufen und ihm dann ebenfalls sagen: «Was höre ich da von dir? Lege Rechenschaft ab von deiner Verwaltung; denn du kannst künftig nicht mehr Haushalter sein!» (Lk 16,2). Paulus sagte den Korinthern:

> «So laufe ich nun nicht wie aufs Ungewisse (ich laufe nicht einfach, um zu laufen); ich führe meinen Faustkampf nicht mit blossen Luftstreichen, sondern ich bezwinge meinen

> Leib und beherrsche ihn, damit ich nicht anderen verkündige und selbst verwerflich werde» (1Kor 9,26-27).

Wenn diejenigen, die am Wort dienen, ihm treu sind, dann sollen die Gläubigen in jedem Einzelnen von ihnen jemanden sehen, der Wertschätzung und Fürbitte verdient und, wenn es erforderlich ist, auch materielle Unterstützung (1Tim 5,17-18). Das Konzept der «doppelten Ehre» kann man als «doppeltes Gehalt» (griech. *times*) verstehen, was sich besonders auf die finanzielle Unterstützung bezieht.

Wir leben in einer Zeit, in der die Diener Gottes häufig eine Zielscheibe von Kritik und Intoleranz sind. Es ist wahr, dass diejenigen, denen das Evangelium anvertraut wurde, ihren Dienst nicht immer mit der erforderlichen Verantwortung so ausführen, wie es sich gebührt. Aber es stimmt auch, dass sie, selbst wenn sie ihr Amt richtig ausüben, von vielen fleischlich gesinnten Leuten angegriffen werden, wo doch Gott sie aus seiner Gemeinde heraus berufen hat, dass sie, obwohl sie «schwache Menschen sind», seine geistlichen Führer sein sollen. Paulus wusste davon (1Kor 9,1 ff.; 2Kor 12,15). Auch Titus (Tit 2,15).

Erfolg oder Treue?

Der Wert der Arbeit vieler Diener Gottes wird anhand von Statistiken gemessen, nach der Zahl der Besucher der Versammlungen, nach der Menge der bekundeten «Entscheidungen», nach dem Charisma seines Auftretens, der Höhe der eingesammelten Spenden usw. Der Theologe Gordon Fee sagt:

> «Was Gott von seinen Dienern fordert, ist nicht ihre Beredsamkeit und nicht ihre Weisheit (weder ihre ‹Initiative› noch der ‹Erfolg›, die zu unseren normalen Requisiten zählen),

> sondern ihre Treue dem gegenüber, was man ihnen anvertraut hat.»

Das Wichtigste ist nicht, was man sieht, oder der gute Ruf und das Ansehen derer, die dem Herrn dienen, sondern die Beweggründe ihres Herzens, die ihre Arbeit antreiben, ihre Liebe zum Herrn, zu den Seinen und zu den Seelen und die Treue, in der sie ihren Auftrag ausführen. Was erforderlich ist, ist nichts anderes, als treu und glaubwürdig zu sein, einer zu sein, dem man vertrauen kann, dass er dem Herrn und seinem Wort Folge leistet. Das klingt so, als hörten wir den Apostel zu Timotheus sagen: «Du aber bleibe nüchtern in allen Dingen, erdulde die Widrigkeiten, tue das Werk eines Evangelisten, richte deinen Dienst völlig aus!» (2Tim 4,5).

J. Hunter sagt gemäss einem Zitat von F. Expósito in «Analytisches Studium des ersten Korintherbriefes», dass die Treue der Diener Gottes auf wenigstens vier Gebieten zu sehen sein muss: Erstens, dem Herrn des Hauses (Gott) gegenüber, was ihre erste Verantwortung ist. Zweitens, gegenüber dem Haus (Volk Gottes), dem sie gesunde Nahrung geben müssen, die unverfälschte und systematische Lehre des Wortes Gottes, d. h. «den ganzen Ratschluss Gottes». Drittens, bezüglich des Glaubensguts (der Wahrheit Gottes), gemäss der Empfehlung von Paulus an Timotheus (1Tim 6,20; 2,12.14). Und viertens auf dem Gebiet der Verkündigung des Evangeliums (Missionsbefehl), hinzugehen und Jünger zu machen. Es ist nicht genug, die Wahrheit zu kennen, sie klug, genau und bereitwillig weiterzugeben, sondern dies hat auch mit Vollmacht zu tun, indem vorher zuerst das eigene Leben dem Wirken des Wortes Gottes ausgesetzt und untergeordnet wird. Diener Gottes können sich nicht mit den «grundlegenden Dingen» zufriedengeben, sondern sie müssen in die Tiefen des Wortes Gottes hineingehen.

Am Ende wird der Herr, «der auch das im Finstern Verborgene ans Licht bringen und die Absichten der Herzen offenbar machen wird» (1Kor 4,5), recht richten. Auf seinem Richterstuhl wird er sicherlich nicht den reinen Erfolg der ausgeführten Arbeit richten, sondern die Gesinnung und die Beweggründe derer, die den ehrenvollen Dienst der Verwaltung von Gottes Geheimnissen ausüben, und derer, die den Rat, die Ermahnung und die Unterweisung des Wortes Gottes empfangen, «und dann wird jedem das Lob von Gott zuteilwerden».

Was ist die Verantwortung des Dieners des Wortes Gottes, einschliesslich all derer, die berufen sind, es zu predigen und zu unterrichten, unabhängig davon, wo sie ihren Dienst tun? Es können Pastoren sein, Brüder und Schwestern, die andere darin unterweisen, Sonntagschullehrer usw.

Predige das Wort

Paulus schreibt an Timotheus seinen zweiten Brief. Nachdem er Timotheus vor den Kennzeichen der letzten Zeiten gewarnt und ihn zur Beständigkeit im Lesen und Praktizieren der Heiligen Schrift aufgefordert hatte, hinterlässt er nun seinem Mitarbeiter und der Gemeinde des Herrn aller Zeiten seine letzten Worte. Das vierte Kapitel des zweiten Briefes an Timotheus, der m. E. erst nach Paulus' Tod veröffentlicht wurde, ist ein ergreifendes Kapitel, das in einem Ton grosser Feierlichkeit geschrieben wurde. Der Schatten des Martyriums und des Todes lag bereits über dem Gefangenen Jesu Christi. Die Zeit seines Abscheidens war nahe. Der Glanz der Herrlichkeit des Himmels schien schon über ihm zu leuchten, der Siegeskranz am Ende des Wettlaufs, die Vollendung des Glaubens. Aber noch war er von der feuchten Kälte des römischen Gefängnisses am Ufer des Tibers umgeben. Paulus war jedoch weit davon entfernt, sich wie ein geschlagener, besiegter Krieger zu fühlen. Wie ein Lehrer seinem Schüler, ein General seinem Soldaten, wie ein Apostel seinem Delegierten und wie ein Vater seinem Sohn hinterlässt er in seinen letzten Worten einen Auftrag, der wie ein gewaltiger Aufruf erklingt, der die Jahrhunderte und die Geschichte durchzieht und heute mit der gleichen Autorität ertönt wie damals:

> «Daher bezeuge ich dir ernstlich vor dem Angesicht Gottes und des Herrn Jesus Christus, der Lebendige und Tote richten wird, um seiner Erscheinung und seines Reiches willen: Verkündige das Wort ...» (2Tim 4,1-2).

Es gibt einen ernsten Auftrag

Das Wort, das für «bezeugen» verwendet wird, lautet im Griechischen *diamartyromai* und ist mit einer gesetzlichen Vorstellung verbunden, als sei es vor Gericht ausgesprochen. Es wurde gebraucht, wenn der Richter einem Zeugen den Eid abnahm. Es ist das dritte Mal, dass Paulus Timotheus in diesem Sinne ermahnt. Er erwähnte diesen Ausdruck bereits in seinem ersten Brief (1Tim 5,21; 6,13; 2Tim 2,14; 4,1). Die Ausdrücke «ich ermahne dich» und «ich gebiete dir» sind ähnlich. Sie haben das Gewicht einer ernsten und autoritativen Auftragserteilung.

Wenn man die drei Befehle zusammenfasst, erkennt man, dass Paulus Timotheus in einem ernsten und strikten Ton mit verschiedenen Dingen beauftragt: «dass du dies ... befolgst» (1Tim 5,21): Anweisungen für die Leitung der Gemeinde; «dass du das Gebot unbefleckt und untadelig bewahrst» (1Tim 6,14): Anweisungen für das persönliche Verhalten; «Verkündige das

Wort» (2Tim 4,2): Anweisungen für die Arbeit des Dieners Gottes. Wenn der Auftrag, den der Apostel erteilt, ernst ist, dann ist die Verpflichtung, die Timotheus hat, nicht weniger ernst. Wie der Auftrag, so die Verpflichtung.

Es gibt einen Richter, der den Eid abnimmt

«Vor» bedeutet, sich in der Gegenwart eines anderen zu befinden und sich dessen bewusst zu sein. Es ist Jesus Christus, der *bereit ist zu kommen* (wörtl.), um die Lebenden und die Toten bei seiner Erscheinung in seinem Reich zu richten. Er ist der Richter und der König, der bei seinem Kommen sichtbar und herrlich erscheinen wird. Das Wort, das hier gebraucht wird, ist *epiphaneia*; die Wurzel dieses Wortes kommt von *phaneros*, was «offenbar», «erkennbar» oder «einleuchtend» bedeutet. Demnach bezieht es sich auf die sichtbare, helle und herrliche Erscheinung des Herrn Jesus Christus als König und Richter der Lebenden und der Toten. In 2. Timotheus 1,10: die Erscheinung seines ersten Kommens; hier in 2. Timotheus 4,1: die Erscheinung seines zweiten Kommens.

In Titus 2,11.13 haben wir die gleichen Ausdrücke in einer grossartigen Kombination. Die Erscheinung der Gnade Gottes: Der Retter wird geboren, um die Menschen zu erlösen. Die Erscheinung der Herrlichkeit: Der Retter wird kommen, um unter den Menschen zu regieren. Das sind sein erstes und sein zweites Kommen. Das erste in Niedrigkeit, um für die Menschen zu sterben. Das zweite in Herrlichkeit, um über die Menschen zu regieren. Das erste als sanftmütiger und gehorsamer Diener. Das zweite als siegreicher Herr.

Epiphaneia gab es, wenn ein römischer Kaiser den Thron bestieg oder wenn er einen Ort seines Reiches besuchte. Seine

Erscheinung war die *epiphaneia*. Alles wurde vorbereitet und geschmückt, um seine Ankunft zu feiern. «Paulus sagt damit: Timotheus, du wartest auf die Erscheinung Jesu Christi. Mache deine Arbeit so, dass alles jederzeit bereit ist, wenn er kommt» (W. Barclay).

Paulus spricht hier von Jesu Kommen als grosser König und als würdevoller Richter. Er ist der König aller Könige und Herr aller Herren. Er ist der Richter über die Lebenden und die Toten. Er hat das Recht, das Buch zu öffnen und seine Siegel der Gerichte zu brechen. Er ist der König, der sich auf den Thron der Majestät setzt. Und er ist der Richter, der Platz nimmt, um zu richten, weil Gott ihm alles Gericht über die Menschen und die Engel übergeben hat. Er ist der Richter, der die Diener Gottes hinsichtlich ihrer Treue zu richten hat und die Ungläubigen, weil sie dem Angebot der Rettung ungehorsam waren.

Es gilt, eine Botschaft zu verkündigen

In 2. Timotheus 4,2 heisst es: «Verkündige das Wort, tritt dafür ein, es sei gelegen oder ungelegen; überführe, tadle, ermahne mit aller Langmut und Belehrung!» In der Heiligen Schrift werden verschiedene griechische Ausdrücke verwendet, die mit «verkündigen» übersetzt werden:

Euaggelizo. Es heisst «die frohe Botschaft verkündigen», «evangelisieren» (Jes 40,9; Lk 3,18; 4,43; Apg 5,42; Röm 10,15). Jesus Christus ist gekommen und bringt allen Menschen Vergebung und Rettung. Er richtet sein Reich unter ihnen auf. Er hat Satan besiegt. Er gibt uns den Geist Gottes und das ewige Leben, Freiheit und Hoffnung durch sein Kommen. Das ist eine frohe Botschaft! Die Verkündigung des Evangeliums ist aber auch keine blosse Präsentation der Vorteile, die ein Mensch erhält, wenn er Christus annimmt. Das ist eine Form der Evangelisation, die in der letzten Zeit sehr häufig praktiziert wird und zum «Erfolgs- oder Wohlstandsevangelium» geworden ist.

J. M. Martínez erklärt:

«Die Betonung wird oft nicht auf die Herrschaft Jesu Christi, sondern auf die Treue des Gläubigen gelegt; nicht auf die Unterordnung unter den Herrn, sondern auf den Genuss dessen, was er uns geben kann. Auf diese Weise wird häufig die neue moralische Ordnung ignoriert, in der der wiedergeborene Christ zu leben hat.»

Kerysso. Das ist der Ausdruck, der in unserem Text vorkommt. Er bedeutet «ankündigen», «öffentlich eine Botschaft weitergeben», wie ein Herold die Erlasse des Königs ausrief. Man könnte es besser mit «proklamieren» übersetzen. Der *keryx* war der Herold, der die Mitteilungen der Könige, Beamten, Fürsten oder Heerführer proklamierte. Der Inhalt seiner Botschaft war immer wichtig und hatte die Autorität dessen, der sie sandte.

In 2. Timotheus 1,11 ist dieses Wort mit «Verkündiger» übersetzt, ebenso in 1. Korinther 9,27 (Menge sagt «Herold»). In diesem Sinn verstehen wir auch 2. Korinther 5,20: «So sind wir nun Botschafter für Christus, und zwar so, dass Gott selbst durch uns ermahnt; so bitten wir nun stellvertretend für Christus: Lasst euch versöhnen mit Gott!»

So ist nun die Predigt die autorisierte Proklamation und autoritative Botschaft Gottes an die Menschen. Es ist keine Botschaft, die vom Herold stammt, sondern sie wird lediglich vom Herold weitergeleitet. Er kann sich die Nachricht nicht aussuchen. Ihm wird die Botschaft gegeben, die er verkündigen muss. Das ist seine *einzige Funktion* als Herold (vgl. 1Kor 15,3).

Predigen heisst nicht, es nur hinter einer Kanzel zu tun. Der König hat seine Boten mit seiner Botschaft beauftragt. Es ist ihr Vorrecht und ihre Verantwortung, sie weiterzuleiten. Paulus sagte: «Denn wenn ich das Evangelium verkündige, so ist das kein Ruhm für mich; denn ich bin dazu verpflichtet, und wehe mir, wenn ich das Evangelium nicht verkündigen würde!» (1Kor 9,16). Aber ausserdem müssen seine Verkündiger die Botschaft in allen Situationen und in Treue weitersagen, ohne ihren Inhalt zu verändern oder zu verfälschen. Die wahre Verkündigung findet nicht nur durch die Schrift statt, sondern auch durch ihre Auslegung (Lk 4,21). Gott schickt den Menschen keine Bücher. Er sendet Botschafter.

Es ist unser Auftrag, als Herolde und Botschafter das Evangelium zu predigen. Es ist nicht immer leicht. Manchmal steht unser Charakter im Weg. Aber lasst uns den Herrn bitten, und er wird uns Gelegenheiten geben, es zu tun.

Didasko. Das bedeutet «lehren». In jeder Predigt muss eine Unterweisung oder Lehre (*didaskalia*, *didache*) enthalten sein. Es gibt keinen Grund, die Lehre von der Predigt oder der Evangelisation zu trennen. Ein Evangelist muss lehren können, und ein Lehrer muss evangelisieren. Davon haben wir Beispiele: der Herr (Mt 4,23); die Apostel (Apg 5,42; 15,35); Paulus (1Kor 15,1-4).

Eine Evangelisation ohne Lehre hat gewöhnlich eine Oberflächlichkeit zur Folge. Lehre ohne die Verkündigung des Evangeliums führt zur Verkümmerung bzw. Einseitigkeit. Die Aufgabe der Gemeinde ist zu lehren, und sie hat das Ziel, ihre Mitglieder zur Orthodoxie, zur rechten Lehre, zu führen und zur Orthopraxis, zum richtigen Tun und Handeln.

Die Botschaft, die gepredigt werden soll (*kerygma*), d. h. der Ruf an die Ungläubigen zur Busse, und die Lehre (*didache*), die ethische Unterweisung, die in der christlichen Lehre enthalten ist und an die Bekehrten gerichtet ist, muss ein wesentlicher Bestandteil in jedem Dienst des Wortes sein.

Und abschliessend:

Martyria, «Zeugnis» (Offb 12,11). Das ist ein interessanter Ausdruck, der «von etwas oder jemandem Zeugnis geben» bedeutet. In unserer Sprache ist ein «Märtyrer» jemand, der um seines Zeugnisses, seines Glaubens willen sein Leben hingibt. Dieser Gedanke geht auf den Preis zurück, den die Christen der ersten Jahrhunderte bezahlen mussten, weil sie ihrer Überzeugung treu blieben. Das kostete sie das Leben (Apg 22,20; Offb 2,13). An vielen Orten und zu vielen Zeiten, die ganze Kirchengeschichte hindurch, bedeutete das Zeugnis des Evangeliums, das Leben zu opfern. So wird es auch in Zukunft für diejenigen sein, die zur Zeit des grossen Abfalls Verfolgung leiden werden (Offb 17,6).

«Verkündige das Wort ...» Es ist die Verkündigung der *kerygma*, der Botschaft, des *logos*, des Wortes. Es ist die Botschaft Gottes, die weitergegeben werden muss. Gott hat gesprochen, und nun hat die Gemeinde den Auftrag, dieses Wort anderen mitzuteilen. Beachten wir, dass es hierbei um einen Befehl geht: *Verkündige das Wort!* Es geht nicht um menschliche Probleme, nicht um Moral und auch nicht um Philosophie. *Verkündige das Wort!*

Das Wort vermittelt das Bild der Einheit. Die Schrift als ein Ganzes (vgl. 2Tim 3,15-16); «das Wort ... aufgenommen» (1Thess 1,6); «im Wort unterrichtet» (Gal 6,6). In diesen Schriftstellen steht für «Wort» *logos*. «Logos» ist die göttliche Offenbarung. Es ist das WORT, Gott den Menschen in der Person Jesu Christi offenbart, das WORT (*logos*) Gottes. Dieses «Logos» wird verkündigt. Es ist Christus, der das «Logos» ist. Darum ist die Verkündigung des Wortes hauptsächlich die Proklamation der

Person und des Werkes Christi, des Herrn. «Das Wort» ist gleichbedeutend mit der *gesunden Lehre* (2Tim 4,3); der «Wahrheit» (V. 4) und dem «Glauben» (V. 7; Jud 3).

Voraussetzungen zur Verkündigung des Wortes

Um das Wort Gottes zu predigen, ist es nötig, das Wort zu lernen und von ihm überzeugt zu sein, damit man es mit Vollmacht verkündigen kann. Was bedeutet, das Wort zu lernen?

- **Lesen,** langsam und mitdenkend.
- **Studieren,** systematisch, nach einem Plan und mit Hingabe.
- **Nachsinnen,** mit Interesse, mit Gebet und mit der Bereitschaft zum Gehorsam.
- **Anwenden,** erlauben, dass der Heilige Geist Gottes Gedanken zu meinem Charakter macht.

Was ist die beste Methode, den Dienst der Wortverkündigung in seiner ganzen Breite auszuüben? Die systematische Auslegungspredigt. Es ist die Predigt über einen Text der Heiligen Schrift. Nicht über menschliche Ideen. Auch nicht Vorträge über soziale, politische, sittliche oder sogar theologische Themen und Angelegenheiten zu halten. Es bedeutet, den «ganzen Ratschluss Gottes» zu lehren, der in den «heiligen Buchstaben» (griech. *grammata*) enthalten ist (2Tim 3,15).

Es geht auch nicht, einen Abschnitt zu gebrauchen, um über andere Themen zu sprechen, selbst wenn sie biblisch und geistlich sind. Ebenso wenig darf man eine Schriftstelle einfach allegorisieren. Wir müssen das sagen, was die Schrift sagt, und nicht das Produkt menschlicher Vorstellungskraft. Das erfordert eine gründliche Analyse und Exegese des Textes. Es ist weder ein Kopieren aus Büchern noch ein Herunterladen von Artikeln oder Kommentaren aus dem Internet. Bücher und jede Art von Information sind eine wertvolle Hilfe. Aber die Botschaft darf nicht auf dem basieren, was andere sagen, sondern auf dem, was Gott mir sagt, um es an die Gemeinde weiterzugeben. Ein klares Beispiel der biblischen Auslegung ist Nehemia 8,7-8: Sie «erklärten dem Volk das Gesetz ... und sie lasen aus dem Buch des Gesetzes Gottes deutlich vor und erklärten den Sinn, sodass man das Gelesene verstand.»

Was ist eine systematische Unterweisung? Es ist das Studium, das Nachsinnen und die Anwendung der ganzen Heiligen Schrift im Leben, und zwar in einer geordneten, regelmässigen und vollständigen Form. Horacio Alonso sagte: «Die Herrlichkeit, die von der Kanzel ausgeht, ist nicht die Redegewandtheit des Predigers, sondern es ist die Herrlichkeit des Wortes Gottes, das ausgelegt wird.» Die Herrlichkeit des Wortes ist das Wirken des Heiligen Geistes, der die grossen Gedanken Gottes im Charakter und im Handeln der Gläubigen Gestalt annehmen lässt. Deshalb müssen wir vor dem Hören beten und nach dem Hören ebenfalls beten.

Bin ich nach dem Hören des Wortes Gottes davon überzeugt, dass ich eine Entscheidung bezüglich des Gehörten treffen soll? Habe ich etwas zu korrigieren, muss ich eine neue Verhaltensweise lernen oder wegen eines Fehlers um Vergebung bitten? Habe ich einen Grund, Gott für etwas zu danken, was in der Predigt erwähnt wurde, oder aufgrund eines besonderen Gedankens, der mir durch den Kopf ging, als ich dem Verlauf der Wortverkündigung folgte? Kann ich anderen etwas von dem mitteilen, was ich gehört habe und was mir guttat?

Wir sollten vielleicht einen Moment des persönlichen Gebets am Ende jeder Botschaft haben, um dadurch in der Lage zu sein, anzubeten und den Herrn darum zu bitten, dass der Same des Wortes in uns bleibt und sein Werk in uns vollbringt. Und wir sollten Gott unseren Dank für das bringen, was er uns gegeben hat.

Die Predigt soll einige Charakterzüge aufweisen, die der Apostel Paulus hier in 2. Timotheus 4,2 aufzeigt:

Die Predigt soll angebracht sein

«... tritt dafür ein, es sei gelegen oder ungelegen ...» «Für etwas eintreten» bedeutet, «anwesend sein», «vorbereitet sein», «fertig sein». Ellicot sagt:

> «Es scheint die Bereitschaft eines schnellen Eingreifens anzuzeigen, die in jedem Moment zur Aktion wird. Ein Prediger muss allezeit bereit und darauf vorbereitet sein, einer Not zu Hilfe zu eilen und ihr eine schnelle und dringliche Abhilfe zu schaffen.»

Im Kommentar von Matthew Henry heisst es: «Der Prediger muss die Gelegenheiten gut ausnützen.» John Stott gibt dieser Aussage folgenden Sinn: «Verliere nie das Gespür für die Dringlichkeit.»

Man kann nicht ausdruckslos und ohne Überzeugung predigen. Die Botschaft ist so wichtig, dass der Herold stets vor Augen haben muss, dass es um Leben oder Tod geht. Das bedeutet «zu gelegener oder ungelegener Zeit» (Zeit ist *kairos*, Gelegenheit). Unter allen Umständen. «Ungelegen» heisst nicht wie jener Barbier, jemandem das Messer an die Kehle zu halten und den Kunden zu fragen: «Sind Sie bereit für die Ewigkeit?» Nicht gefühllos, aggressiv und unüberlegt in das Leben, das Gewissen oder in Privatangelegenheiten anderer gewaltsam eindringen, sondern liebenswürdig und höflich, ohne Furcht. Stott meint, dass dies eine passende Übersetzung sein könnte: «Bleibe die ganze Zeit aktiv, sei es angebracht oder nicht.» Hiermit geht dieser Begriff wieder mehr auf den Prediger als auf die Leute zurück. Die Predigt muss also dringlich und beharrlich sein.

Die Predigt muss effektiv sein

«Überführe, tadle, ermahne ...» (2Tim 4,2). Hier gibt es drei Eigenschaften einer Predigt:

Überführe: Oder «korrigiere», wie es eine andere Übersetzung sagt. Das bedeutet, jemanden von seinem Zweifel, Irrtum, einer sittlichen oder geistlichen Verfehlung bzw. Schuld zu überzeugen. «Der Weg der Vollkommenheit führt durch eine Menge von Unannehmlichkeiten», sagt Walter Bagehot. Wenn das Skalpell des Wortes Gottes angelegt wird, dann verspürt die Seele kein Vergnügen, sondern Schmerz. So war es beim Apostel Johannes der Fall, als er die kleine Buchrolle ass und sie in seinem Mund süss war, aber bitter in seinem Bauch (Offb 10,8-10). Alkibiades sagte: «Ich hasse dich, Sokrates, denn jedes Mal, wenn wir uns treffen, sagst du mir, was für einer ich bin.»

Tadle: Das ist ein starkes Wort. Es erinnert uns an Elia, als er Ahab fragte: «Hast du gemordet und in Besitz genommen?» (1Kö 21,19); oder auch an Nathan, der mit dem Finger auf das Gewissen Davids zeigte: «*Du* bist der Mann!» (2Sam 12,7). Das ist eine heftige und begründete Anklage. Sünde ist etwas Schlimmes. 1. Timotheus 5,20 sagt: «Die, welche sündigen, weise zurecht vor allen, damit sich auch die anderen fürchten.»

Ermahne: In der NeÜ wird noch «und ermutige» hinzugefügt. Das ist ein interessantes Wort (griech. *parakaleo*), was «herbeirufen» oder «trösten» bedeutet. Wie es Aquila und Priscilla mit Apollos machten (Apg 18,26). Eine Zurechtweisung darf nie zur Entmutigung oder Verzweiflung führen. Somit hat die Ermahnung zwei Seiten: Ermahnung und Ermutigung. Sie geschieht freundlich, aber fest. Das Wort Gottes ist darin effektiv.

Die Predigt muss auch Geduld zeigen: «... mit aller Langmut ...» Unterweisen bedeutet wiederholen (Apg 20,19-35). Man muss predigen und der Botschaft des Wortes treu sein. Dabei muss es dem Heiligen Geist gestattet werden, das zu tun, was er kann und was er tun soll: überführen und auferbauen (Apg 2,37-38; 20,32). Das hier gebrauchte Wort ist *makrothymia*: «aushalten, ohne nachzugeben». Es ist ein Charakter, der sich nie aufregt, sich nie ärgert, nie müde wird und nie verzweifelt. So erziehen eine Mutter oder ein Vater ihr Kind (1Kor 13,7). Niemals hält er jemanden für einen hoffnungslosen Fall, ohne ihm die Möglichkeit zu geben, sich zu bessern. Er glaubt, dass die Macht Christi alles verändern kann.

Als Letztes sei gesagt, dass die Botschaft lehrhaft sein muss: «... und Belehrung» (2Tim 4,2). Eine Predigt ist kein moralischer oder religiöser Vortrag. Sie ist die Verkündigung, Lehre und treue Übermittlung der Wahrheit Gottes. Heute leben wir bereits unter den geistlichen Bedingungen der letzten Zeit, die der Apostel in 2. Timotheus 4,3-4 beschreibt:

> «Denn es wird eine Zeit kommen, da werden sie die gesunde Lehre nicht ertragen, sondern sich selbst nach ihren eigenen Lüsten Lehrer beschaffen, weil sie empfindliche Ohren haben; und sie werden ihre Ohren von der Wahrheit abwenden und sich den Legenden zuwenden.»

Sie werden die gesunde Lehre nicht ertragen. Das griechische Wort für «gesund» ist das uns bekannte Wort *hygiaino*, «der Gesundheit hat». Die gesunde Lehre ist gesund, weil sie Gesundheit oder Heil erzeugt (1Tim 1,9-10; 1Petr 2,2). Sie werden sie nicht ertragen. Sie werden sie nicht hören wollen, *weil sie empfindliche Ohren haben*, ein Jucken im Ohr ... nach neuen Dingen (vgl. 2Tim 3,7; Apg 17,21). Ein begieriges Interesse, neue, interessante Dinge kennenzulernen. Die Lehre ist dagegen die «alte Geschichte» (vgl. Jer 6,16). Jemand sagte: «Wenn sie wahr ist, dann ist sie nicht neu; wenn sie neu ist, dann ist sie nicht wahr.» *Sie werden sich selbst Lehrer nach ihren eigenen Lüsten aufladen.* Wörtlich heisst es: Sie werden sie «aufstapeln», sich Lehrer nach ihren fleischlichen Lüsten anhäufen, nach dem eigenen Geschmack der Zuhörer (vgl. Jer 5,31; 6,13-14). Eine Übersetzung sagt es auf moderne Art: «Sie werden Lehrer um sich scharen, die ihnen die neuen Geschichten erzählen sollen, die sie hören wollen.»

Was ist das Resultat davon? Sie «werden ihre Ohren von der Wahrheit abwenden und sich den Legenden zuwenden» (2Tim 4,4). Der Herr möge uns helfen, immer die Wahrheit zu sagen, ob sie den Menschen gefällt oder nicht. Paulus sagt Timotheus: «Du aber ...» (Vers 5), was auf ein anderes Verhalten hinweist, das ihn von allem, was ihn umgibt, unterscheidet. Dasselbe wiederholt Paulus auch in 2. Timotheus 3,10 und 3,14. Es ist, als wollte er ihm sagen: *Habe den Mut, anders zu sein.* Und dieser Unterschied hat mit dem «bleibe nüchtern in allen Dingen» zu tun, als würde er sagen: *Verliere in keiner Situation den Kopf. Sei ausgeglichen, bleibe ruhig, wachsam und halte dich unter Kontrolle. Bleib frei von jeder geistigen und geistlichen Vergiftung.* «Erdulde die Widrigkeiten». Das heisst, halte alles aus, was erforderlich ist, um die gesunde Lehre beizubehalten. Vergeude nicht die Zeit mit Grübeln über Angriffe, Kritik oder Diskussionen. «Tue das Werk eines Evangelisten». Verbreite die gesunde Lehre. Gib überall und in jeder Lage Zeugnis. «Richte deinen Dienst völlig aus!»

Unterweise mit Geduld und Lehre

Die Lehre ist die Hauptsache für jeden, der unterrichten will. Hören wir, was dazu in der Heiligen Schrift steht: «Du aber rede, was der gesunden Lehre entspricht» (Tit 2,1).

> «Habe acht auf dich selbst und auf die Lehre; bleibe beständig dabei! Denn wenn du dies tust, wirst du sowohl dich selbst retten als auch die, welche auf dich hören» (1Tim 4,16).

> «Verkündige das Wort, tritt dafür ein, es sei gelegen oder ungelegen; überführe, tadle, ermahne mit aller Langmut und Belehrung!» (2Tim 4,2).

Ein Prediger muss die Kanzel wertschätzen und sich seiner Würde und Verantwortung bewusst sein. Die Lehrer der Sonntagsschule müssen bewusst den Samen des Wortes Gottes, seine grossen Gedanken, in das Herz und in den Verstand der Kinder, Teenager, der Jugendlichen und älteren Geschwister säen.

Was werden wir den Kindern beibringen? Nur biblische Geschichten? Oder können wir sie in der biblischen Lehre unterrichten, indem wir sie ihnen altersgemäss nahebringen? Was werden wir die Teenager und Jugendlichen lehren? Werden wir ihnen nur sagen, dass sie sich vor Sünde hüten müssen, dass sie ihre Freunde richtig wählen und dass sie siegreiche Jugendliche sein können? Oder werden wir ihnen in erster Linie Prinzipien der biblischen Lehre vermitteln, die ihrem Leben ein gutes Fundament und Antworten auf ihre Fragen und Konflikte geben? Was werden wir predigen, und was werden wir die Gemeinde lehren? Nur Verheissungen und Hilfestellungen für ein glückliches Leben und materielles Wohlergehen oder auch, wie man im Glauben wachsen kann? Oder müssen wir der Gemeinde tiefe Botschaften mit einer praktischen Anwendung geben, die immer auf der biblischen Lehre basieren, um ein Leben im Licht des Willens Gottes zu führen? Unser geschätzter Bruder Horacio Alonso betonte es immer: Die einzige Hoffnung für die Gemeinden beruht auf der Auslegungspredigt.

Die Unterweisung muss nicht unbedingt immer von der Kanzel aus geschehen. Sie kann auch, wie im Fall von Lois und Eunike, zu Hause erfolgen, wo das Kind auf seinem Weg unterrichtet wird, damit es nicht davon abweicht, wenn es älter wird (Spr 22,6). Oder die Unterweisung wird im privaten Rahmen durchgeführt, wie es Aquila und Priscilla taten, um Apollos noch genauer den Weg des Herrn zu lehren (Apg 18,26). Paulus ermahnt die alten Schwestern, dass sie «die jungen Frauen ... anleiten» (Tit 2,4). Biblischer Unterricht kann auch in den Häusern erteilt werden, wie Paulus es in Ephesus tat (Apg 20,20).

Aber im Rahmen der lokalen Gemeinde beziehen wir uns hinsichtlich des Unterrichts auf Brüder und Schwestern, denen der Herr die Gabe der Unterweisung gegeben hat und von denen die Gemeinde erwartet und fordern muss, nur das Wort Gottes zu empfangen (Apg 6,4; Mal 2,7).

Die reine Lehre oder leere Lehre?

Ausser dem Predigen und Lehren der biblischen Lehre ist es nötig, die Lehre zu leben. Sie ist nicht nur etwas für den Kopf. Sie wurde uns hauptsächlich für das Herz und das Leben gegeben. Es ist nicht alles, die Lehre zu kennen, zu unterrichten oder zu lernen. Sie muss gelebt werden. Es gibt viele Gläubige, die mit ganzem Ernst die «gesunde Lehre» vertreten, aber sie selbst praktizieren diese gesunde Lehre nur sehr wenig.

> «Wenn jemand fremde Lehren verbreitet und nicht die gesunden Worte unseres Herrn Jesus Christus annimmt und die Lehre, die der Gottesfurcht entspricht, so ist er aufgeblasen und versteht doch nichts, sondern krankt an Streitfragen und Wortgefechten, woraus Neid, Zwietracht, Lästerung, böse Verdächtigungen entstehen ...» (1Tim 6,3-4).

Der Ausdruck «die Lehre, die der Gottesfurcht entspricht» bezieht sich auf die Lehre, die man mit dem Mund bekundet, die aber auch im Leben, in der Tat, zu sehen ist.

Das ist der entscheidende Punkt. Es gibt nämlich auch so etwas wie eine Lehre, die nicht mit dem Leben eines Christen übereinstimmt. Wir können etwas sagen, aber etwas ganz anderes tun. Eine Sache predigen und eine andere praktizieren. Wir theoretisieren, leben es aber nicht.

Es gibt in neuester Zeit so etwas wie eine Art Scheidung zwischen der Lehre und der Praxis. Wir können sehr gute Kenner des Wortes sein. Aber was für einen Wert hat es, das Wort Gottes zu kennen, wenn das Wort nicht gelebt wird? Was nützt es, die Bibel auswendig zu wissen und nicht nach der Bibel zu leben? Unsere Vorfahren kannte man als «Männer und Frauen der Bibel», aber nicht nur, weil sie fröhlich, mit der Bibel unter dem

Arm, zum Gottesdienst gingen, sondern weil sie mit Integrität gelebt haben, was in ihr steht.

Wenn die Lehre nicht mit dem praktischen Leben übereinstimmt, dann trifft das zu, was der Apostel Paulus in 2. Timotheus 3 über die Endzeit schreibt, in der gefährliche Zeiten kommen werden, weil es Menschen geben wird, die eine Serie von Eigenschaften haben, die all ihre Fleischlichkeit und weltliche Gesinnung zum Ausdruck bringen. Abschliessend fasst er das Gesagte mit dem Satz zusammen: «dabei haben sie den äusseren Schein von Gottesfurcht, deren Kraft aber verleugnen sie» (V. 5). Jemand meinte dazu: «Sie haben eine fromme Fassade, aber ihr Verhalten beweist, dass das zu nichts taugt.»

In 1. Timotheus 1,5 und 2. Timotheus 1,5 spricht Paulus von einem «ungeheuchelten Glauben». Man kann einen Glauben vorgeben, der in Wirklichkeit nicht echt ist. Man kann auf eine Art und Weise leben und doch anders reden. Es kann geschehen, was Isaak von seinem jüngeren Sohn sagte: «Die Stimme ist Jakobs Stimme, aber die Hände sind Esaus Hände!» (1Mo 27,22). Jeder Einzelne von uns muss sich ernstlich fragen: Stimmt mein Leben mit meinem Bekenntnis überein?

Lukas berichtet in seinem Evangelium in Kapitel 24 von den beiden Jüngern, die auf dem Weg nach Emmaus dem auferstandenen Herrn begegneten, den sie aber nicht erkannten. Jesus fragte sie über die Dinge, die, wie sie sagten, in Jerusalem geschehen waren. Er sprach zu ihnen: «Was?» Und sie antworteten ihm: «Das mit Jesus, dem Nazarener, der ein Prophet war, mächtig in Tat und Wort ...» (Lk 24,19). Hier fällt die Reihenfolge auf: «in Tat und Wort». Zuerst kommt das Tun, danach das Reden.

Als Lukas seinen zweiten Bericht, die Apostelgeschichte, an seinen Freund Theophilus schrieb, erwähnte er, dass er ihm in seinem ersten Bericht, dem Lukasevangelium, über die Dinge geschrieben hatte, die «Jesus anfing zu tun und zu lehren» (Apg 1,1). Wieder sehen wir dieselbe Reihenfolge der Wörter. Diese Anordnung ist kein Zufall. Sie hat einen Grund. Tun und Lehren. Eine wirkliche Übereinstimmung der Lehre mit der Praxis besteht dann, wenn die Praxis die Lehre stützt, oder anders gesagt, wenn die Lehre anhand der Praxis demonstriert wird.

Nie werde ich einen jungen Mann, Sohn eines bekannten Predigers, vergessen, der mir tieftraurig sagte: «Es ist eine Sache, was mein Vater von der Kanzel herab predigt, aber eine andere, was er zu Hause macht.» Möge Gott uns davor bewahren, ein Doppelleben zu führen!

Es mag leicht sein zu reden. Aber es kommt darauf an, dass ich mit meinem Leben hinter dem stehe, was meine Lippen reden. Wenn das nicht der Fall ist, ist es «ein tönendes Erz oder eine klingende Schelle» (1Kor 13,1). Nur Lärm. Eine leere Lehre. Wir müssen uns darüber im Klaren sein, was wir wirklich wollen, die reine Lehre oder eine leere Lehre.

Die Lehre muss gelernt, gelehrt, aber auch gelebt werden. Sonst ist sie nur ein Theoretisieren. Ein Anschein von Frömmigkeit. Ein «geheuchelter Glaube». Manchmal sind diejenigen dafür verantwortlich, die in der Versammlung lehren. Aber häufig ist es die Gemeinde, die empfindungslos und gleichgültig ist, weil sie – wie die Hebräer des ersten Jahrhunderts – nicht daran interessiert ist, die tiefen Schätze Gottes zu entdecken und zu lernen.

Andererseits ist es gut, uns daran zu erinnern – und ich zitiere wieder Bruder Horacio Alonso –, dass «nicht alle eine Berufung zum Reden haben, aber wir alle sind berufen zum Hören». Wir müssen bereit sein zuzuhören, denn «der Glaube [kommt] aus der Verkündigung, die Verkündigung aber durch Gottes Wort» (Röm 10,17).

Die gläubigen Hebräer waren ein schwieriger Fall, der uns zum Nachdenken bringt. Der Ausspruch «weil ihr träge geworden seid im Hören» (Hebr 5,11) zeigt, dass sie früher einmal fähig waren zu hören, aber durch ihre Nachlässigkeit wurden sie wieder unfähig, das Wort Gottes zu verstehen.

Ja, im Preisgericht Christi wird unsere Treue zum Wort Gottes, das er uns anvertraut hat, gerichtet werden. In Matthäus 5,19 lesen wir die Worte Jesu:

> «Wer nun eines von diesen kleinsten Geboten auflöst und die Leute so lehrt, der wird der Kleinste genannt werden im Reich der Himmel; wer sie aber tut und lehrt, der wird gross genannt werden im Reich der Himmel.»

> «Wir haben aber diesen Schatz in irdenen Gefässen ...» (2Kor 4,7).

KAPITEL 7

Was wird gerichtet werden? Die Treue über die empfangenen Gaben

Die Verwaltung der Gaben

Man kann die Gemeinde nicht getrennt von ihrer Mission verstehen: Gott zu dienen. So schreibt es Paulus an die Thessalonicher: «wie ihr euch von den Götzen zu Gott bekehrt habt, um dem lebendigen und wahren Gott zu dienen, und um seinen Sohn aus dem Himmel zu erwarten ... Jesus, der uns errettet ...» (1Thess 1,9-10). Wie es jemand sagte: «Wir haben zu viel gekostet, als dass wir zu nichts dienlich wären.»

Als Geschenk seiner Gnade hat der Herr jeden Gläubigen mit einer oder mehreren Gaben (griech. *charismata*) ausgerüstet, um sie in seinem Dienst und zu seiner Ehre einzusetzen und sie auszuüben, sie zu entfalten und zu multiplizieren. Die Gaben sind besondere Fähigkeiten, die der Heilige Geist den Gläubigen nach seinem Willen zuteilt, gemäss seinen Plänen und zur Erreichung seiner Ziele.

Wozu sind die Gaben gegeben? Zum «Nutzen» (1Kor 12,7), d. h. zum Wohl der anderen, zur gegenseitigen Fürsorge (Vers 25), zur Entfaltung, Reife und zur Erbauung der übrigen Glieder des Leibes Christi (Eph 4,12). Jedes Glied an diesem Körper nimmt seinen Platz ein, und in einer perfekten Einheit innerhalb der Vielfalt wachsen sie «in dem von Gott gewirkten Wachstum» heran (Kol 2,19).

In 1. Korinther 3,11-15 steht:

> «Denn einen anderen Grund kann niemand legen ausser dem, der gelegt ist, welcher ist Jesus Christus. Wenn aber jemand auf diesen Grund Gold, Silber, kostbare Steine, Holz, Heu, Stroh baut, so wird das Werk eines jeden offenbar werden; der Tag wird es zeigen, weil es durchs Feuer geoffenbart wird. Und welcher Art das Werk eines jeden ist, wird das Feuer erproben. Wenn jemandes Werk, das er darauf gebaut hat, bleibt, so wird er Lohn empfangen; wird aber jemandes Werk verbrennen, so wird er Schaden erleiden; er selbst aber wird gerettet werden, doch so wie durchs Feuer hindurch.»

Das Fundament, das schon gelegt ist und kein anderes zulässt, ist Jesus Christus, der Eckstein der Gemeinde Gottes. Darauf baut Gott seine Gemeinde mit «lebendigen Steinen». Beim Wachsen der Gemeinde kommen immer mehr «Steine» hinzu, die sich gegenseitig stützen und erbauen. Paulus bezieht sich im Besonderen auf die lokale Gemeinde, die, wie die gesamte Gemeinde gemäss Epheser 2,20-22, dasselbe von den Aposteln verkündigte Fundament hat, nämlich die Person und das Werk Christi.

Was wird gebaut? Paulus spricht in 1. Korinther 3,16 vom Tempel Gottes. Dieser Tempel ist das «Haus Gottes, welches die Gemeinde des lebendigen Gottes ist, der Pfeiler und die Grundfeste – Verteidigung – der Wahrheit» (1Tim 3,15). Die Gemeinde Gottes – im Kontext von 1. Korinther 3 ist es die lokale Gemeinde – wird anhand der Mitarbeit jedes Gläubigen gebaut.

Ein ernst zu nehmender, erhabener Gedanke ist, dass wir alle Bauleute sind. Wir alle bauen auf dem Fundament auf. Entweder bauen wir mit Dingen, die Bestand haben, weil sie durch die Kraft des Heiligen Geistes gemacht worden sind und den Herrn ehren, oder wir tun es mit vergänglichen, wertlosen Materialien, die durch die Energie unseres Fleisches entstanden und darum verbrannt werden. Die Theologen Vine und Hogg sagen diesbezüglich: «Niemand kann Mitglied einer Gemeinde sein, ohne einen guten oder schlechten Einfluss auf den Charakter der Gemeinde auszuüben und ohne Beiträge zu leisten, die entweder edel und wertvoll oder schlecht und unnütz sind.» Es wird entweder mit nützlichen Materialien gebaut oder mit nutzlosen Baustoffen, die weder schön noch hilfreich sind und sogar dem Rest des Gebäudes schaden.

Im zitierten Abschnitt von 1. Korinther 3 fallen die Bezugswörter «jemand» und «eines jeden» auf, die auf die persönliche und unumgängliche Verantwortung hinweisen, die jeder Gläubige bei der Bauarbeit hat. Einige bauen mit wertvollem Material, das mit dem herrlichen Fundament harmoniert – Gold,

Silber und kostbare Steine. Vielleicht bezieht sich das nicht auf Edelsteine wie Diamanten, Rubine usw., sondern eher auf behauene Steine wie den Marmor oder die weissen Steine, die in jener Gegend häufig vorkommen und aus den dortigen Steinbrüchen gewonnen werden. Sie werden poliert und gewinnen ihre schöne Gestalt durch die Kunstfertigkeit eines Steinmetzen und Architekten, bevor sie dann kunstvoll in die wichtigsten Bauten eingesetzt werden (1Kö 7,9-12).

Andere verwenden nutzloses Material wie Holz, Heu und Stroh (Stoppeln, die von der Ernte übrigbleiben, oder trockene Blätter, die von den Bäumen fallen), was dann vom Feuer verbrannt wird.

Wenn das, was gebaut wird, ein Tempel ist, dann liegt es auf der Hand zu denken, dass man ihn logischerweise aus wertvollem Gestein wie Marmor baut und ihn mit Gold und Silber verziert. Nur gewöhnliche Häuser von geringer Qualität werden mit Holz, Heu und Stroh gebaut.

Einige wollten diesen Materialien eine geistliche Bedeutung geben, aber wir glauben, dass das nicht nötig ist. Der inspirierte Apostel will den Schwerpunkt nicht auf diese Dinge legen, sondern auf die Nützlichkeit oder die Nutzlosigkeit des Materials, das zum Bau eines so würdevollen Gebäudes wie des Tempels geeignet oder ungeeignet ist.

Jeder Gläubige ist dabei zu bauen

Eines ist gewiss: Niemand ist neutral. Wir alle sind dabei zu bauen. Wenn wir nicht mit der einen Sorte von Material bauen, dann bauen wir mit der anderen. Und was geschieht dann an dem Tag, an dem wir über unser Leben Rechenschaft ablegen müssen? Zweierlei, steht in 1. Korinther 3,13: «so wird das Werk eines jeden offenbar werden; der Tag wird es zeigen».

Das heisst, dass das Werk sich so zeigen wird, wie es wirklich ist, denn an jenem Tag wird alles aufgedeckt werden. Der Ausdruck «offenbar werden» bedeutet, dass es enthüllt werden wird. Es wird von der göttlichen Perspektive aus in seinem ganzen Ausmass sichtbar werden und die Absicht zeigen, mit der es getan wurde. «Zeigen» bedeutet «zu verstehen geben» und den wahren Charakter des Werkes bezüglich seiner Beständigkeit an den Tag legen. Das wird «der Tag» sein.

Welcher Tag? Der *Tag Jesu Christi* oder *jener Tag* (Phil 1,6; 2Tim 1,12.18), der Tag, an dem er für seine Gemeinde wiederkommt, der Tag des Preisgerichts Christi. Der «Tag» kann auch als die Stelle im göttlichen Programm ausgelegt werden, an der es keine Finsternis mehr geben wird, wo sich nichts und niemand mehr verbergen kann, sondern wo das reine Licht der Gegenwart Gottes alles erleuchten wird, sogar die tiefsten Geheimnisse und Absichten des Herzens eines jeden Kindes Gottes.

Aber hier steht noch etwas mehr: «weil es durchs Feuer geoffenbart wird» (1Kor 3,13). «Geoffenbart» stammt von der Wortfamilie *apokalypto* (*apokalyptetai*). Es deutet an, dass eines Tages der Vorhang unseres Lebens zur Seite geschoben wird, und dann werden die Beweggründe und die Beständigkeit unseres Dienstes für Gott im Licht der Gegenwart des Herrn öffentlich zur Schau gestellt.

«... wird das Feuer erproben» (1Kor 3,13). Das Feuer wird die Qualität der Arbeit eines jeden prüfen. «Wenn jemandes Werk, das er darauf gebaut hat, bleibt, so wird er Lohn empfangen; wird aber jemandes Werk verbrennen, so wird er Schaden erleiden» (V. 14.15). Das Feuer wird die wertvollen Materialien wie das Gold, Silber und die edlen Steine veredeln und reinigen, aber nicht zerstören.

Im ersten Vers dieses Kapitels werden die Gläubigen in zwei Gruppen eingeteilt: in geistliche und fleischliche Gläubige. Und so werden auch die Werke jedes Einzelnen sein:

Der geistliche Gläubige ist ein guter Konstrukteur, der geistlich baut. Sein Lebenswerk wird echt, würdig und beständig sein. Er hat es in der Kraft des Heiligen Geistes getan, und es wird am Ende der Prüfung standhalten.

Der fleischliche Christ ist ein schlechter Konstrukteur. Er baut in der Kraft des Fleisches ein unnützes Werk, das zu nichts taugt. Es ist unwürdig, weil es in der Unabhängigkeit von Gott entsteht, nur um sich persönlich zur Schau zu stellen, «aus Selbstsucht oder nichtigem Ehrgeiz» (Phil 2,3), oder wie es der Apostel Paulus auch noch sagt: «Einige verkündigen ... Christus auch aus Neid und Streitsucht» (Phil 1,15). Letzten Endes ist es ein Werk, das die Feuerprobe nicht übersteht.

Was von Wert ist, ist nicht so sehr die Quantität unseres Dienstes, sondern seine Qualität. Mit anderen Worten: Der Herr wird sehr wahrscheinlich eher messen, *wie* wir gebaut haben, und nicht, *wie viel* es war.

Ausserdem wird der Herr die Beweggründe richten, die unseren Dienst angetrieben haben; ob er zu unserer eigenen Ehre getan wurde oder zur Verherrlichung Gottes. Auch die Integrität wird beurteilt werden, ob sie aus einem reinen Leben stammte oder aus einem geteilten Herzen. Ob die Arbeit aus Liebe zum Herrn geschah oder um des Beifalls willen und der persönlichen Anerkennung. Simon J. Kistemaker fügt einem seiner Kommentare eine Anekdote bei, die das eben Gesagte illustriert:

> «Jemand ging einmal an einem Bau vorbei und sah dort zwei Maurer, die Steine aufsetzten. Da näherte er sich einem von ihnen und fragte ihn, was er da mache. Der Arbeiter ant-

wortete ihm schroff: ‹Sind Sie etwa blind? Sehen Sie nicht, dass ich Mauersteine setze?› Danach ging er zum anderen Maurer und stellte ihm dieselbe Frage. Der Mann antwortete ihm stolz: ‹Mein Freund, ich baue eine Kathedrale!›»

Der Herr Jesus sagte:

> «Habt acht, dass ihr eure Almosen nicht vor den Leuten gebt, um von ihnen gesehen zu werden; sonst habt ihr keinen Lohn bei eurem Vater im Himmel. Wenn du nun Almosen gibst, sollst du nicht vor dir her posaunen lassen, wie es die Heuchler in den Synagogen und auf den Gassen tun, um von den Leuten gepriesen zu werden. Wahrlich, ich sage euch: Sie haben ihren Lohn schon empfangen» (Mt 6,1-2).

Zu einem Zweck geschaffen

Mit was für einer Furcht müssten wir dem Herrn in jedem Amt dienen! Der Dienst ist der Zweck, zu dem uns Gott in Christus erwählt hat. In Epheser 2,10 heisst es: «Denn wir sind seine Schöpfung, erschaffen in Christus Jesus zu guten Werken, die Gott zuvor bereitet hat, damit wir in ihnen wandeln sollen.» Unsere Werke wurden schon im Voraus von Gott bereitgestellt, damit wir sie in die Praxis umsetzen.

Der griechische Ausdruck für «Schöpfung» ist *poiema*, (kreative Kunstwerke, auch in der Dichtkunst) ein «Gedicht». Wir sind ein Gedicht, ein Meisterwerk Gottes, das er aus der Ewigkeit geschrieben hat. Geschöpfe Gottes, nicht nur durch unsere Erschaffung, sondern auch durch die Wiedergeburt. 2. Korinther 5,17: «Ist jemand in Christus – mit ihm vereint –, so ist er eine neue Schöpfung ...» Diese guten Werke sind das Resultat der Erfahrung, mit Christus durch den Heiligen Geist in einer Lebensbeziehung zu stehen.

Das lehrt der Herr Jesus, wenn er in Johannes 15 von sich als dem wahren Weinstock spricht und von uns als den Reben, den Zweigen, die mit dem Weinstock verbunden sind. Das Bleiben in einem Leben, in dem die Gnade Gottes durch eine echte und innige Gemeinschaft mit dem Herrn fliesst, bewirkt, dass der Gläubige Frucht bringt und dass diese Frucht bleibt. Gott, der Ewige, der Weingärtner, wird durch sein Wort die Reben beschneiden und reinigen, damit sie mehr Frucht tragen und schliesslich viel Frucht bringen, wodurch sie den Namen des Vaters ehren.

Die Gemeinde ist ein lebendiger Organismus. Wenn dieser Organismus gesund ist, wird er auch zweifellos aktiv sein. Nur ein kranker Organismus ist geschwächt und schafft nichts; er arbeitet nicht und ist appetitlos. Denken wir an den Fall der Schwiegermutter des Petrus. Sie hatte Fieber und lag im Bett. Aber Jesus kam und ging zu ihr hin, ergriff ihre Hand und richtete sie auf. In der Bibel steht: «Und das Fieber verliess sie sogleich, und sie diente ihnen» (Mk 1,31). Als der Körper der Schwiegermutter des Petrus sich von seiner Schwäche erholt hatte, war das Erste, was sie tat, arbeiten und dienen.

Wenn uns Unlust und Apathie überkommen, dann haben wir möglicherweise «Fieber» in unserem Leben. Ein Keim der Sünde, eine drückende Last, vielleicht haben wir etwas gegen irgendeinen Bruder oder eine bittere Wurzel im Herzen, die das bewirken. Wir brauchen den Meister. Wie Asaph in Psalm 77 müssen wir mit ihm über unsere Krankheit sprechen. Bitten wir ihn, dass er uns an seine Hand nimmt und das Fieber weicht. Dann werden wir erfahren, dass es Freude macht, Christus zu dienen. Jeden Tag gibt er die Kraft und hilft, Schwierigkeiten zu überwinden – und er schenkt grosse Freude im Herzen.

In 1. Korinther 3 wird das Thema des Dienens behandelt. Paulus und seine Mitarbeiter sind zu «Dienern» (griech. *diakonos*) berufen. Wir sind, wie damals der hebräische Sklave, Diener aus Liebe (2Mo 21,5-6). Der Pfriem Gottes hat unser Ohr durchbohrt und wir haben dem Herrn gelobt, zu seinen Diensten zu stehen, sein Joch zu tragen und ihm mit all unserer Kraft zu dienen. Das erwartet er von jedem Einzelnen von uns. Nicht weniger.

Diakonos ist ein Ehrentitel. Im Neuen Testament bezieht er sich auf Christus (Röm 15,8), auf Paulus (Eph 3,7; Kol 1,23), Epaphras – eventuell Epaphroditus – (Kol 1,7), Tychikus (Kol 4,7) und Timotheus (1Thess 3,2). Es ist der Begriff, den der Herr gebrauchte, als er in Johannes 12,26 seinen Jüngern sagte: «Wenn jemand mir dienen (*diakone*) will, so folge er mir nach; und wo ich bin, da soll auch mein Diener (*diakonos*) sein; und wenn jemand mir dient (*diakone*), so wird ihn [mein] Vater ehren.»

Wir müssen aber ebenso beachten, dass sich der Ausdruck «Diakonie» (*diakonia*) sowohl auf die organisatorischen Aufgaben der Gemeinde bezieht (Apg 6,1-2) als auch auf das Amt (*diakonia*) der Wortverkündigung (Apg 6,4). Von daher ergibt sich der Gedanke, dass es in der Gemeinde keine bevorzugten Positionen gibt und weder besondere Würden oder Vorrechte für einige noch Nachteile für andere.

Jeder Einzelne hat die Gabe, die er vom Herrn empfangen hat, und jede Gabe ist gleich wichtig. Es geht darum, sie mit geistlicher Reife und frei von allen Vorurteilen auszuüben, in der Kraft des Heiligen Geistes.

«Dient einander, jeder mit der Gnadengabe, die er empfangen hat, als gute Haushalter der mannigfaltigen Gnade Gottes: Wenn jemand redet, so [rede er es] als Aussprüche Gottes; wenn jemand dient, so [tue er es] aus der Kraft, die Gott darreicht, damit in allem Gott verherrlicht wird durch Jesus Christus. Ihm sei die Herrlichkeit und die Macht von Ewigkeit zu Ewigkeit! Amen» (1Petr 4,10-11).

Alles ist von Gott

In 1. Korinther 3 ist **alles von Gott.**

- Die Gemeinde ist von Gott: «Ihr aber seid Gottes Ackerfeld und Gottes Bau» ... «Gottes Tempel» (V. 9 u.16).
- Die Diener sind von Gott (V. 9): «Wir sind Gottes Mitarbeiter.»
- Das Wachstum des Werkes ist von Gott: «Ich habe gepflanzt, Apollos hat begossen, Gott aber hat das Gedeihen gegeben. So ist also weder der etwas, welcher pflanzt, noch der, welcher begiesst, sondern Gott, der das Gedeihen gibt» (V. 6-7).
- Die Belohnung gibt Gott: «Jeder aber wird seinen eigenen Lohn empfangen – von Gott – entsprechend seiner eigenen Arbeit» (V. 8).

Alles ist von Gott, damit er alle Ehre und alles Lob bekommt. Aber an dieser Stelle müssen wir verschiedene Dinge in Bezug auf den Herrn des Werkes lernen:

Der Herr teilt jedem die Gaben zu (V. 5b). Die Aufgabe wird nicht vom Diener ausgesucht, sondern vom Herrn. Die Mittel für den Dienst und die geistliche Fähigkeit, ihn auszuführen, kommen auch vom Herrn. Es ist «die Gnade Gottes», die uns gegeben ist (V. 10): «Jedem wird aber das offensichtliche Wirken des Geistes zum [allgemeinen] Nutzen verliehen – zum Wohl der anderen» (1Kor 12,7).

- Der Herr sorgt für das Wachstum (V. 6-7). Die Diener machen ihre Arbeit, das Werk, das ihnen aufgetragen wurde, und Gott ist derjenige, der das Wachstum gibt.
- Die Diener sind *alle gleich* (V. 7). Keiner ist mehr als der andere, keiner weniger. Es ist Teamarbeit, eine harmonische Kooperation.
- Der Herr ehrt uns, indem er uns erlaubt, bei ihm mitzuarbeiten (V. 9). Wir sind Gottes Mitarbeiter. Ein Mitarbeiter ist in diesem Fall jemand, der die Anweisungen eines anderen befolgt (vgl. 2Kor 6,1). Uns wurde eine Verantwortung übertragen. Gott hat uns eine Aufgabe anvertraut. Er hat sie nicht den Engeln gegeben (vgl. Jes 6,8). Trotz all dem, was wir sind, hat Gott uns sein Vertrauen geschenkt, indem er uns den grossen Auftrag erteilt hat, ihm zu dienen.

Der Dienst, den wir tun, ist für Gott, zur Ehre Gottes. «Und was immer ihr tut in Wort oder Werk, das tut alles im Namen des Herrn Jesus ... Und alles, was ihr tut, das tut von Herzen, als für den Herrn und nicht für Menschen» (Kol 3,17.23).

Unser Dienst ist aber auch für Menschen: «Denn wir verkündigen nicht uns selbst, sondern Christus Jesus, dass er der Herr ist, uns selbst aber als eure Knechte um Jesu willen» (2Kor 4,5). «Denn Gott ist nicht ungerecht, dass er euer Werk und die Bemühungen in der Liebe vergässe, die ihr für seinen Namen bewiesen habt, indem ihr den Heiligen dientet und noch dient» (Hebr 6,10). Das muss uns mit Ehrfurcht, Dankbarkeit, Ergriffenheit und einer freudigen Verantwortlichkeit erfüllen.

Die Gemeinde ist ein Feld, auf dem etwas angebaut wird (wie das in Jes 5,1-7), und ein Bau (wie der in Röm 14,19; 1Kor 14,3.5.12; Eph 2,20-22), aber beide sind das Eigentum Gottes.

In den Versen 16 und 17 von 1. Korinther 3 gibt es einen feierlichen Hinweis. Die Gemeinde des Herrn ist der «Tempel Gottes». Hier wird das Wort *naos* gebraucht, das sich nicht auf das Äussere des Tempelgebäudes bezieht, sondern auf den inneren Teil, den Ort, wo sich die Gegenwart Gottes, seine Herrlichkeit, manifestierte. Es ist das Heiligtum, wo Gott inmitten seines Volkes wohnte. Das Allerheiligste.

So ist die Gemeinde. Sie ist der Ort, wo der Geist Gottes wohnt. Laut Vine geht der Vergleich des «Tempels» mit der lokalen Gemeinde dahin, dass sie «eine besondere Gemeinschaft ist, die Gott für sich als einen Ort der Anbetung beiseitegestellt hat. Sie ist eine Gemeinschaft, die das Brandzeichen der Heiligkeit und der Manifestation seiner Herrlichkeit trägt, die im Leben und Zeugnis derer zu sehen sind, aus denen sie sich zusammensetzt. Sie reflektiert die Schönheit des Charakters Christi.»

Eine Warnung steht in Vers 17: «Wenn jemand den Tempel Gottes verdirbt, den wird Gott verderben.» «Verderben» bedeutet hier, der Gemeinde Schaden zuzufügen mit der Absicht, sie «von der Einfalt gegenüber Christus» abzubringen, also «von der aufrichtigen Treue zu Christus» (2Kor 11,3), und sogar zu versuchen, ihren Ruin herbeizuführen. Es handelt sich dabei um das Vorgehen eines Perversen – wahrscheinlich gehört er nicht zur Gemeinde Gottes –, der das Wachstum der Gemeinde durch seine schädlichen Machenschaften stört und den nichts anderes erwartet als eine ernste, göttliche Heimzahlung, eine schwerwiegende Sache, die Konsequenzen für diese Zeit und für die Ewigkeit haben kann.

KAPITEL 8

Was wird gerichtet? Die Bruderliebe

Dieser Aspekt wird ganz sicher am Tag der Preisverteilung vor dem Richterstuhl Christi der Prüfung unterzogen werden. Unser Verhältnis zu den Gläubigen, besonders zu denen der lokalen Gemeinde, in der wir uns gewöhnlich versammeln, wird dort gerichtet werden.

In Römer 14,10 lesen wir: «Du aber, was richtest du deinen Bruder? Oder du, was verachtest du deinen Bruder? Wir werden ja alle vor dem Richterstuhl des Christus erscheinen ...»

Die Liebe ist wahrscheinlich eines der grössten Defizite, die die Gemeinden des Herrn haben und zu allen Zeiten hatten. Wir alle haben es nötig, geliebt zu werden. Aber es ist genauso notwendig, die anderen zu lieben.

Toleranz – ein Ausdruck der Liebe

Wie drückt sich Liebe aus? Unter anderem **durch die Toleranz anderen gegenüber.**

Das 14. Kapitel des Römerbriefes handelt vom Richten der Meinungen anderer. Es geht dabei nicht um Angelegenheiten der Lehre, sondern des Gewissens. Es bestand schon immer die Neigung, andere Geschwister wegen zweitrangiger Dinge zu richten oder zu kritisieren, seien es persönliche Ansichten, Gebräuche oder Traditionen, die häufig zu einer Lehre «erhoben» werden und die, wie es Ernesto Trenchard in seiner Auslegung zum Römerbrief sagt, schon «zur Genüge in der Herrschaft Christi und in dem allgemeinen Prinzip der sittlichen Verantwortung verankert sind». Der eine hält etwas für richtig, der andere nicht. Der Apostel sagt in Römer 14,4-8:

> «Wer bist du, dass du den Hausknecht eines anderen richtest? Er steht oder fällt seinem eigenen Herrn. Er wird aber aufrecht gehalten werden; denn Gott vermag ihn aufrecht zu halten. ... jeder sei seiner Meinung gewiss! ... Denn keiner von uns lebt sich selbst und keiner stirbt sich selbst. Denn leben wir, so leben wir dem Herrn, und sterben wir, so sterben wir dem Herrn; ob wir nun leben oder sterben, wir gehören dem Herrn.»

Es kommt vor, dass ein schwacher Bruder einen starken Bruder richtet und dass dieser seinerseits den Ersteren verachtet. Aber das soll zwischen Geschwistern nicht so sein. Über den persönlichen Ansichten steht die geschwisterliche Liebe. Manchmal sind wir denen gegenüber intolerant, die aufgrund ihres Alters oder wegen anderer Gründe nicht so denken wie wir. Paulus sagt uns in Vers 15: «Wenn aber dein Bruder um einer Speise willen – oder wegen irgendeiner anderen Sache, über die man eine andere Meinung haben kann – betrübt wird, so wandelst du nicht mehr gemäss der Liebe.» Und dann sagt er mit ernsten Worten weiter: «Verdirb mit deiner Speise nicht denjenigen, für den Christus gestorben ist!» – Zerstöre nicht das Werk Gottes wegen deiner Meinung. Ebenso heisst es in Vers 20: «Zerstöre nicht wegen einer Speise das Werk Gottes!» – Im Allgemeinen ist es aus Gewissensgründen.

Deshalb lesen wir in Vers 13: «Darum lasst uns nicht mehr einander richten, sondern das richtet vielmehr, dass dem Bruder weder ein Anstoss noch ein Ärgernis in den Weg gestellt wird!» Der «Anstoss» (griech. *proskomma*) auf dem Weg kann ein Hindernis sein, das nicht mit Absicht dort hingelegt worden ist und dennoch einen Fall verursachen kann. Aber «Ärgernis» ist im Original der Ausdruck *skandalon*, Skandal, ein Köder, Fangseil oder eine Falle, die in vollem Bewusstsein aufgestellt wird. Und das ist äusserst schlimm, denn oft entstehen dadurch Streit und eine Trennung der Gläubigen, was sogar in einer Entmutigung und dem Fall eines Bruders enden kann. So arbeitet der Teufel (1Tim 3,7) und kein geistlicher Gläubiger, der seine Geschwister liebt.

Wenn wir unseren Geschwistern ein Unrecht zufügen, dann zeigen wir damit nicht nur, dass wir eingebildet sind und vergessen haben, dass wir nicht ihre Richter sind, sondern auch, dass wir nicht daran denken, dass wir selbst eines Tages vor dem Richterstuhl Christi erscheinen müssen, wo jeder Einzelne Gott von sich Rechenschaft geben muss.

In Galater 6,5 sagt der Apostel Paulus: «Jeder Einzelne wird seine eigene Bürde zu tragen haben», was bedeutet, dass jeder «sein eigenes Gewicht» der Verantwortung vor dem Herrn zu tragen hat. Dieser Ausdruck (griech. *porthion*) hat etwas mit dem Rucksack zu tun, den die Soldaten mit ihren persönlichen Sachen trugen und heute noch tragen und für den jeder selber verantwortlich ist.

Ernesto Trenchard erklärt in seiner Auslegung zum Galaterbrief:

> «Die Gesetzlichkeit freut sich über die Vergleiche zwischen den Geschwistern, denn jeder kritisiert und verurteilt den anderen nach seiner eigenen Norm, die er sich als die beste angeeignet hat. Aber das Gesetz Christi, das Gesetz der Liebe, hat nichts mit diesem Schaden anrichtenden Vorgehen zu tun. Wenn ein Diener Gottes merkt, dass er Unrecht begangen hat, hat er sich in die Gegenwart Gottes zu begeben, um wieder Licht auf seinem Weg zu bekommen.»

Der Richtgeist kann bei den anderen den grössten Schaden anrichten. Paulus schreibt den Galatern:

> «Denn das ganze Gesetz wird in *einem* Wort erfüllt, in dem: ‹Du sollst deinen Nächsten lieben wie dich selbst.› Wenn ihr einander aber beisst und fresst, so habt acht, dass ihr nicht voneinander aufgezehrt werdet!» (Gal 5,14-16).

Das Verlassen der Liebe kann zu einer Art von «brüderlichem Kannibalismus» führen, und niemand von uns kann sich wohl gänzlich davon freisprechen. Der Satz des Apostels scheint in der Verlaufsform geschrieben zu sein, was so zu lesen wäre: «Wenn ihr damit fortfahrt, euch zu beissen und zu verschlingen ...» Das ist keine Übertreibung! Es geschah damals und geschieht auch heute noch! Stellen wir uns die schreckliche Szene vor, in der sich Geschwister gegenseitig beissen und fressen!

Aber die Handlung ist damit noch nicht zu Ende. Das Wort Gottes sagt in der Verbform, in der es geschrieben wurde (im *Aorist*, der eine abgeschlossene Handlung bezeichnet), «dass ihr nicht endet, weil ihr euch gänzlich und ohne Abhilfe zerstört habt». Ein zerstörter Mensch, ohne die Möglichkeit der Wiederherstellung! Wir haben innerhalb der Gemeinden die enorme Verantwortung, das göttliche Gesetz, das Gesetz Christi, zu erfüllen; nämlich: den Nächsten, den ich an meiner Seite habe, meinen Bruder, zu lieben wie mich selbst.

Wie beginnt diese leidvolle Situation, die sich in der Geschichte auf traurige Art und Weise häufig wiederholte und auch in der Gegenwart existiert? Paulus schreibt den Ephesern und zeigt ihnen einen «Teufelskreis», in dem man zunächst den Heiligen Geist betrübt (Eph 4,30) und dann dem Leib Christi grossen Schaden zufügt (V. 31): «Alle Bitterkeit und Wut und Zorn und Geschrei und Lästerung sei von euch weggetan samt aller Bosheit.»

Hier sehen wir, dass die «Krankheit» fortschreitet. Sie beginnt mit einer «einfachen» Verbitterung, die aber, wie die wilden, giftigen Kürbisse im Topf der Prophetensöhne zur Zeit Elisas (2Kö 4,38-41), zum «Tod im Topf» führt. Die «Bitterkeit» bahnt der «Wut» den Weg und diese dem «Zorn». Der Zorn äussert sich im «Geschrei» und in «Lästerung» (schlechtes Reden über einen anderen, einschliesslich Lügen, Verleumdung, unanständige Wörter usw.) und schliesslich kommt es zu «aller Bosheit» in Schaden anrichtenden Handlungen und Perversitäten gegen andere. Alles begann mit einer Verbitterung!

Wie es der Mann Gottes tat, so haben wir es nötig, dass der Herr *Mehl in den Topf* wirft. Das «Mehl», das uns Epheser 4,32 zeigt, erzeugt eine «tugendhafte Kettenreaktion»: «Seid aber gegeneinander freundlich und barmherzig und vergebt einander, gleichwie auch Gott euch vergeben hat in Christus.» Freundlichkeit, Barmherzigkeit und Vergebung sind Äusserungen der Liebe Christi.

Beachten wir, dass Römer 14,13 eine interessante Aufforderung enthält: «Darum lasst uns ...» Den Bruder zu lieben, ihn nicht zu richten und ihm keinen Stolperstein in den Weg zu legen, liegt nicht in unserer Natur. Wir müssen uns entscheiden, den Geschwistern keine Steine in den Weg zu legen. Und noch etwas mehr: Wir müssen den Entschluss fassen, sie zu lieben. Das erfordert Gehorsam dem Herrn gegenüber und ein hohes Mass an Geistlichkeit.

Der Herr sagte es deutlich: «Ein neues Gebot gebe ich euch, dass ihr einander lieben sollt, damit, wie ich euch geliebt habe, auch ihr einander liebt» (Joh 13,34; 15,12.17). Johannes erinnert seine Kinder im Glauben daran: «Und das ist sein Gebot, dass wir ... einander lieben, nach dem Gebot, das er uns gegeben hat» (1Joh 3,23 und 1Joh 3,11; 2,7-8; 4,7.21; 2Joh 5). Petrus sagt: «habt innige Liebe untereinander» (1Petr 4,8; 1,22).

Beachten wir, dass es in all diesen Stellen ein Gebot ist zu lieben. Warum befiehlt man uns denn zu lieben? Weil diese Liebe keine Emotion ist. Sie ist keine Anwandlung oder heftige Erregung. Keine schwärmerische oder unerfüllbare Liebe. Sie ist auch keine Liebe, die überall so einfach aufkommen kann. Es ist natürlich, dass wir diejenigen lieben, die uns lieben, die uns sympathisch sind und zu denen wir uns hingezogen fühlen. Aber im Allgemeinen lieben wir nicht alle Menschen. Trotzdem wird uns befohlen, alle zu lieben.

Die Liebe Gottes, die unter den Glaubensgeschwistern herrscht, ist eine bewusste Liebe, die eine willentliche Entscheidung voraussetzt und dann zur Tat wird (1Joh 3,18). Sie ist eine Liebe, die sich für andere aufopfert. Sie gibt sich selbst hin (1Joh 3,14-16). Wenn nötig, bringt sie ihr eigenes Leben in Gefahr, wie es die Helden Davids taten, um Wasser aus dem Brunnen von Bethlehem zu holen (2Sam 23,15-16). Diese Liebe zerbricht die Flasche mit dem sehr kostbaren Salböl über der geliebten Person, trotz der Vorwürfe und des Unverständnisses anderer (Mt 26,6-13).

Die christliche Liebe ist keine leichtfertige, sentimentale Verhaltensweise. Sie erfordert die ganze geistliche, geistige und körperliche Kraft, die ein Mensch aufbringen kann. Oftmals bedeutet sie, das zu lieben, was keinen liebenswerten Eindruck macht. Sie bedeutet, trotz Beleidigungen und Beschimpfungen zu lieben. Sie bedeutet zu lieben, wenn die Liebe nicht beantwortet und stattdessen verachtet wird. Sie bedeutet, das zu empfinden, was der Apostel in 2. Korinther 12,15 ausdrückt: «... sollte ich auch, je mehr ich euch liebe, desto weniger geliebt werden».

Es ist nicht leicht, auf diese Weise zu lieben. Und noch weniger, die Glaubensgeschwister so zu lieben. Warum? Weil wir alle verschieden sind, unterschiedlich denken, unsere Fehler haben, uns falsch verhalten (Jak 3,2). Weil es Geschwister gibt, für die man viel Demut und Sanftmut braucht, um sie mit Geduld ertragen zu können (Eph 4,2). Und weil das Miteinander in der Gemeinde vielfach schwierig und komplex ist (Kol 3,12-14).

Ausserdem erfordert die christliche Liebe Hingabe an die anderen. Oft heisst es, persönliche Dinge sein zu lassen und dafür den anderen zu Diensten zu stehen: sie bedienen, ermahnen, trösten, sie begleiten und für sie beten. Paulus fleht die Thessalonicher an:

> «Verwarnt die Unordentlichen, tröstet die Kleinmütigen, nehmt euch der Schwachen an, seid langmütig gegen jedermann! Seht darauf, dass niemand Böses mit Bösem vergilt, sondern trachtet allezeit nach dem Guten, sowohl untereinander als auch gegenüber jedermann!» (1Thess 5,14-15).

Das kommt normalerweise nicht von selbst. Die *agape*, das Wort, das als einziges in der Lage ist, den ganzen Inhalt der christlichen Liebe in einem Wort zusammenzufassen, hat mit unserem Verstand zu tun. Sie bezeichnet keine reine Emotion, die spontan aus unserem Herzen kommt, sondern sie ist ein Prinzip, das mit dem Willen fest und innig verbunden ist. Das ist die Liebe, die das Wort Gottes von den Glaubensgeschwistern und zu den Glaubensgeschwistern fordert.

Wir könnten uns diesbezüglich Fragen stellen, wie Hiob seine Freunde fragte:

> «Wie hast du doch den Ohnmächtigen unterstützt und dem machtlosen Arm geholfen! Wie hast du den beraten, dem Weisheit fehlt, und Einsicht in Fülle mitgeteilt! Wen hast du mit deinen Worten getroffen, und wessen Odem ist aus dir hervorgegangen?» (Hi 26,2-4).

Aufrichtigkeit – ein Ausdruck der Liebe

Wie drückt sich die Liebe aus? **Durch die Aufrichtigkeit den anderen gegenüber.**

Paulus schreibt an die Philipper in Kapitel 1,7: «Es ist ja nur recht, dass ich so von euch allen denke, weil ich euch im Herzen trage ...», und danach schreibt er in Vers 8: «Denn Gott ist mein Zeuge, wie mich nach euch allen verlangt in der herzlichen Liebe Jesu Christi.»

Paulus dachte zu Recht, dass seine Geschwister es verdienten, sich mit Freuden an sie zu erinnern. In seinen Briefen war es nicht immer so. Manchmal dachte er an einige traurig und sogar mit Widerwillen zurück. Aber bei den Philippern war das nicht der Fall. Sie hatten mit dem Apostel an der Verteidigung und der Bekräftigung bzw. der Ausbreitung des Evangeliums mitgearbeitet.

Wir müssen gerecht sein, wenn wir an die Geschwister denken. Nicht immer gehen wir so vor. Manchmal haben wir Vorurteile und Kritik. Das darf nicht so sein. Wie liebte der Herr die Seinen? Wie liebte er Petrus, Thomas und diejenigen, die ihn im Stich gelassen hatten und sich seiner schämten? *Er liebte sie bis ans Ende* (Joh 13,1). Bis zum Geht-nicht-mehr.

Wie liebte Paulus? Er schreibt in Philipper 1,7, dass er sie im Herzen trage, im Tiefsten seiner Gefühle, seines Inneren. Aber noch etwas anderes, nämlich: «in der herzlichen Liebe Jesu Christi».

Die Liebe des Paulus ist die Liebe Christi zu ihnen. Zu ihnen allen. Der Ausdruck von Vers 8 «wie mich nach euch allen verlangt» zeigt an, dass Paulus sie vermisste. Er wollte sie wiedersehen. Er dachte sehnsüchtig an die Zeit bei ihnen in Philippi zurück. Wenn jemand einen Menschen liebt, dann vermisst er ihn und sehnt sich nach ihm; er möchte mit der geliebten Person zusammen sein.

Der Ausdruck (griech. *epipotheo*), den Paulus hier gebraucht, bedeutet bezeichnenderweise «vermissen», «sehen wollen», «sehnen», was ein dringendes Verlangen, eine dringende Notwendigkeit ausdrückt. Er sehnte sich nach einem Wiedersehen mit ihnen.

Haben wir denselben Wunsch, die Geschwister zu sehen? Vermissen wir sie? Oder ist es uns egal, ob wir sie sehen oder nicht? Wie vermisst eine Mutter ihr Kind, wie vermissen sich Freunde, ein Bräutigam oder Ehemann seine Braut oder Ehefrau? Genauso sollten wir Sehnsucht nach unseren Geschwistern haben, wenn wir sie wirklich von Herzen schätzen.

In Römer 12,9 lesen wir etwas Wichtiges: «Die Liebe sei ungeheuchelt!» Die Liebe sollte das Erkennungszeichen der Gläubigen sein. Die Heiden staunten, als sie die praktische Bruderliebe unter den Gläubigen der ersten Jahrhunderte sahen. Es gibt keinen Dienst, keine Ausübung der Gaben, keine Aktivität oder Opfergabe, die die Bedeutung der Liebe übertrifft. Ohne Liebe, sagt Paulus, ist alles wie «eine klingende Schelle», ja noch mehr: Ohne Liebe «wäre ich nichts» (1Kor 13,1-2).

Es geht nicht darum, über die Liebe zu sprechen. Es geht darum, sie wirklich zu leben. Johannes sagt in seinem ersten Brief (1Joh 3,18): «Meine Kinder, lasst uns nicht mit Worten lieben noch mit der Zunge, sondern in Tat und Wahrheit.» «Die wahre Liebe», sagt F. B. Meyer, «hat ihren Ursprung nicht unbedingt in den Emotionen, sondern im Willen. Sie besteht nicht aus Gefühlen, sondern im Tun. Nicht aus lieblichen Worten, sondern aus edlen und selbstlosen Taten.»

Wenn du liebst, dann freust du dich mit dem, der sich freut, und du weinst mit dem, der weint (Röm 12,15). Wenn du liebst, dann wird der andere keine Not haben, der du keine Abhilfe schaffen willst. Wenn du liebst, hörst du nicht auf, für alle zu beten, nicht nur für deine Familie, deine Freunde oder Glaubensgeschwister, die dir am nächsten stehen. Wenn du liebst, vergibst du, wie Gott dir in Christus vergibt. Mit einer aufrichtigen Liebe, ohne Heuchelei, ohne Schauspielerei.

Deshalb fügt der Apostel in Vers 10 noch hinzu (Röm 12,10): «In der Bruderliebe seid herzlich gegeneinander; in der Ehrerbietung komme einer dem anderen zuvor!» Das bedeutet, die anderen zu lieben, das heisst aber auch, ihnen zu geben, nicht nur die Ehrerbietung, die sie verdienen, sondern grössere Ehre als für sich selbst (Phil 2,3-4).

Einheit – ein Ausdruck der Liebe

Wie drückt sich die Liebe aus? **Durch die Einheit mit den anderen.**

Paulus schreibt an die Kolosser: «damit ihre Herzen ermutigt werden, in Liebe zusammengeschlossen ...» (Kol 2,2). Statt mit «zusammengeschlossen» kann auch mit «vereinigt», «festgebunden», «verknüpft» und «zusammengeschweisst» übersetzt werden.

Ohne Liebe hat alles keinen Wert. Keine Organisation der Gemeinde, keine dogmatischen Kenntnisse und kein Dienst, wie aufopfernd er auch sein mag. Schauen wir uns Ephesus an: Sie haben ihre «erste Liebe» verlassen (Offb 2,4). Nicht die Lehre, nicht die Arbeit haben sie verlassen, sondern den Herrn. Wenn wir den Herrn wirklich lieben, dann werden wir auch die Glaubensgeschwister lieben.

Hier wird von einer perfekten Verbindung gesprochen. Wie die Glieder eines Körpers. Wie die Instrumente eines Orchesters oder das Material eines Gebäudes. Paulus schreibt den Ephesern, dass sie «eifrig bemüht» sein sollen, «die Einheit des Geistes zu bewahren durch das Band des Friedens» (Eph 4,3).

Wo Liebe ist, verschwinden die Differenzen und wir vereinen uns im Herrn, wie die Speichen eines Rads. Je mehr sie sich der Nabe, dem Zentrum, nähern, desto näher kommen sie einander.

Unter den verschiedenen Tugenden der Liebe wird in 1. Korinther 13,5 eine genannt: «Sie sucht nicht das Ihre.» Die Übersetzer sind sich über den wahren Sinn dieses Satzes nicht einig. Einige sagen, er bedeute «sie besteht nicht auf ihrem Gesichtspunkt». Andere behaupten, es müsse «sie sucht nicht ihr eigenes Interesse» heissen, und wieder andere «sie fordert nicht ihre Rechte». Obwohl alle irgendwie das Gleiche aussagen, wird der Sinn dieses Ausdrucks wohl am besten wie in neueren Übersetzungen mit «die Liebe ist nicht egoistisch» wiedergegeben.

Der Egoismus ist das Gegenstück zur Liebe, ihr «Antonym», das Gegenwort. Die grösste Liebe bedeutet nicht nur «geben», sondern auch «sich selbst hingeben» (vgl. Gal 1,4; 2,20; Eph 5,2.25; 1Tim 2,6; Tit 2,14).

Die Liebe ist wie ein Diener, der mit Freuden den anderen dient, und deshalb erwartet sie nichts für sich. Sie gibt alles, ohne etwas zurückzubehalten. Unsere Augen richten sich auf den Herrn, wenn wir Philipper 2,5-11 lesen. Er pochte nicht auf seine Rechte, sondern «er entäusserte sich selbst», im Gegensatz zu den anderen (V. 21: «denn sie suchen alle das Ihre ...»).

Die Liebe kann auch verlieren. Sie kann nachgeben. Sie kann einen Schritt zur Seite gehen und sagen: «Er muss wachsen, ich aber muss abnehmen» (Joh 3,30). Der Christ, der liebt, dient. Er hat keine Zeit, das Seine zu suchen, weil er mit den anderen beschäftigt ist. Das bedeutet nicht, sich selbst, den Haushalt, die Arbeit und Verpflichtungen zu vernachlässigen. Es heisst, dass diese Dinge nicht meine ganze Zeit in Anspruch nehmen sollen, sodass ich mich nur um mich selber und meine eigenen Interessen kümmere und nach Sachen Ausschau halte, die mir irgendeinen Vorteil bringen.

Die Liebe beklagt sich nicht über andere. Es kann durchaus sein, dass sie Verachtung, Kritik und sogar Misshandlungen von anderen ertragen muss, aber die Liebe kann angesichts «jenes Tages» alles aushalten. «Seufzt nicht gegeneinander, Brüder, damit ihr nicht verurteilt werdet; siehe, der Richter steht vor der Tür!» (Jak 5,9).

Der Herr befahl: «Du sollst deinen Nächsten lieben wie dich selbst!» (Mk 12,31). Der Apostel Paulus gibt den Rat (Röm 15,2): «Denn jeder von uns soll seinem Nächsten gefallen zum Guten, zur Erbauung. Denn auch Christus hatte nicht an sich selbst Gefallen ...» Ausserdem schreibt er, wie wir es bereits erwähnten (Röm 14,7): «Denn keiner von uns lebt sich selbst und keiner stirbt sich selbst.»

«Das Leben eines Christen ist aus der Perspektive eines Sklaven zu sehen. Wenn du dich als Sklaven siehst, dann erwartest du nichts für dich», sagte einmal ein Prediger. Daran erinnert uns 1. Korinther 10,24: «Niemand suche das Seine, sondern jeder das des anderen.»

Wenn es etwas gibt, das der Herr in jedem von uns beurteilen wird, dann ist es die Liebe zu unseren Glaubensgeschwistern. In 1. Johannes 4,17 steht: «Darin ist die Liebe bei uns vollkommen geworden, dass wir Freimütigkeit haben am Tag des Gerichts, denn gleichwie er ist, so sind auch wir in dieser Welt.»

Lasst uns darum bedenken: «Wir werden ja alle vor dem Richterstuhl des Christus erscheinen» (Röm 14,10). Die folgenden Verse 11 und 12 sagen uns, dass «jeder von uns» (V. 12) seine Knie vor Gott beugen wird, nicht vor den Geschwistern. Jeder von uns wird Gott Rechenschaft geben, nicht den Brüdern. Und jeder von uns wird «für sich selbst» Rechenschaft geben, nicht für den anderen.

KAPITEL 9

Die Belohnungen

Wenn es etwas gibt, worauf wir Gläubigen uns verlassen können, dann ist es die Wiederkunft des Herrn Jesus und seine Verheissung, dass er seine Belohnung mitbringt, um seinen Dienern ihre Treue zu vergelten.

Es gibt mindestens vier Ausdrücke, mit denen der Herr wiederholt von dieser Belohnung spricht, die bei seinem Kommen ausgeteilt wird, als Ergebnis der Beurteilung im Preisgericht Christi.

Eines dieser Wörter mit der Bedeutung eines Preises ist *misthapodosia*. Es wird in Hebräer 10,35 gebraucht: «So werft nun eure Zuversicht nicht weg, die eine grosse Belohnung hat.» Ein anderer Ausdruck ist *antapodosis*, «Lohn», der in Kolosser 3,24 verwendet wird: «Ihr wisst, dass ihr von dem Herrn zum Lohn das Erbe empfangen werdet; denn ihr dient Christus, dem Herrn!»

Ein weiteres Wort, *brabeion*, steht in 1. Korinther 9,24: «Wisst ihr nicht, dass die, welche in der Rennbahn laufen, zwar alle laufen, aber nur *einer* den Preis erlangt? Lauft so, dass ihr ihn erlangt!»; Philipper 3,14: «[ich] jage auf das Ziel zu, den Kampfpreis der himmlischen Berufung Gottes in Christus Jesus.» Das Gegenteil dieses Ausdrucks, d. h. «einen Preis entziehen, aberkennen», lautet *katabrabeuo* und steht in Kolosser 2,18: «Lasst nicht zu, dass euch irgendjemand um den Kampfpreis bringt ...»

Nicht aus Gnade, sondern durch Werke

Aber das meistgebrauchte Wort im Griechischen für «Belohnung» ist *misthos*, was ursprünglich «Lohn» bedeutete, eine Bezahlung für die Dienste eines Tagelöhners (Mt 5,12; Lk 6,23; Mt 10,42; Mk 9,41; 1Kor 3,8.14; 9,17-18; 2Joh 8; Offb 11,18; 22,12). Später wurde seine Bedeutung zu «Belohnung» oder «Preis» erweitert.

Dasselbe Wort erscheint in 1. Timotheus 5,18 als ein «Lohn», das Entgelt für eine geleistete Arbeit: «Der Arbeiter ist seines Lohnes wert.» Es handelt sich hierbei um etwas Verdientes, nicht um ein Geschenk. In Johannes 4,35-36 sagt der Herr:

> «Sagt ihr nicht: Es sind noch vier Monate, dann kommt die Ernte? Siehe, ich sage euch: Hebt eure Augen auf und seht die Felder an; sie sind schon weiss zur Ernte. Und wer erntet, der empfängt Lohn und sammelt Frucht zum ewigen Leben, damit sich der Sämann und der Schnitter miteinander freuen.»

Auf dem Erntefeld des Herrn säen die einen, und die anderen ernten. Für die einen wie für die anderen gibt es einen «Lohn», eine verdiente Vergütung für die getane Arbeit. Und das ist die Frucht, die man zum ewigen Leben einsammelt.

So ist nun die Belohnung, der Preis, die der Apostel Paulus hier erwähnt, etwas, das der Herr geben wird, weil wir es während unseres Lebens als Gläubige verdient haben. Es ist nicht wie mit der Erlösung, die wir aus Gnade bekommen. Bei diesem Gericht geht es um die Werke, die jeder Einzelne getan hat. Und die Belohnung wird dann seinen Werken entsprechen.

Im Theologischen Seminar von Dallas hing vor einiger Zeit ein Schild mit der Aufschrift: «Die Erlösung ist aus Gnade, das Diplom durch Werke.» Genau das wird im Himmel geschehen.

Einige Schriftstellen zu diesem Thema:

- Matthäus 10,42: «Und wer einem dieser Geringen auch nur einen Becher mit kaltem Wasser zu trinken gibt, weil er ein Jünger ist, wahrlich, ich sage euch, der wird seinen Lohn nicht verlieren!»
- Markus 9,41: «Denn wer euch einen Becher Wasser in meinem Namen zu trinken gibt, weil ihr Christus angehört, wahrlich, ich sage euch: Ihm wird sein Lohn nicht ausbleiben.»
- Matthäus 25,21.23: «Da sagte sein Herr zu ihm: Recht so, du guter und treuer Knecht! Du bist über wenigem treu gewesen, ich will dich über vieles setzen; geh ein zur Freude deines Herrn!»
- Lukas 12,43-44: «Glückselig ist jener Knecht, den sein Herr, wenn er kommt, bei solchem Tun finden wird. Wahrlich, ich sage euch: Er wird ihn über alle seine Güter setzen.»
- 1. Korinther 3,8: «Der aber, welcher pflanzt, und der, welcher begiesst, sind eins; jeder aber wird seinen eigenen Lohn empfangen entsprechend seiner eigenen Arbeit.»

- 1. Korinther 3,14-15: «Wenn jemandes Werk, das er darauf gebaut hat, bleibt, so wird er Lohn empfangen; wird aber jemandes Werk verbrennen, so wird er Schaden erleiden; er selbst aber wird gerettet werden, doch so wie durchs Feuer hindurch.»
- 1. Korinther 4,5: «Darum richtet nichts vor der Zeit, bis der Herr kommt, der auch das im Finstern Verborgene ans Licht bringen und die Absichten der Herzen offenbar machen wird; und dann wird jedem das Lob von Gott zuteilwerden.» «Jedem» bedeutet nicht, dass alle Gläubigen vom Herrn gelobt werden (vgl. Mt 25,21.23.26). Die Betonung liegt vielmehr darauf, dass nur der Herr der Bevollmächtigte sein wird, seinen Dienern den gerechten Lohn zu geben. Gott wird in der Person Christi, dem alle Gerichtsausübung übergeben worden ist, jeden Einzelnen seiner Treue gemäss belohnen. Die einen werden mit dem Lob des Richters belohnt werden. Die anderen werden Verlust erleiden.
- 1. Korinther 9,24: «Wisst ihr nicht, dass die, welche in der Rennbahn laufen, zwar alle laufen, aber nur *einer* den Preis erlangt? Lauft so, dass ihr ihn erlangt!»
- 2. Korinther 5,10: «Denn wir alle müssen vor dem Richterstuhl des Christus offenbar werden, damit jeder das empfängt, was er durch den Leib gewirkt hat, es sei gut oder böse.»
- Philipper 3,14: «Und jage auf das Ziel zu, den Kampfpreis der himmlischen Berufung Gottes in Christus Jesus.»
- Kolosser 3,24: «da ihr wisst, dass ihr von dem Herrn zum Lohn das Erbe empfangen werdet; denn ihr dient Christus, dem Herrn!»

- Hebräer 10,35: «So werft nun eure Zuversicht nicht weg, die eine grosse Belohnung hat!»
- 1. Petrus 1,7: «damit die Bewährung eures Glaubens (der viel kostbarer ist als das vergängliche Gold, das doch durchs Feuer erprobt wird) Lob, Ehre und Herrlichkeit zur Folge habe bei der Offenbarung Jesu Christi.»
- 2. Johannes 8: «Seht euch vor, dass wir nicht verlieren, was wir erarbeitet haben, sondern vollen Lohn empfangen!»
- Offenbarung 11,18: «Und die Heidenvölker sind zornig geworden, und dein Zorn ist gekommen und die Zeit, dass die Toten gerichtet werden, und dass du deinen Knechten, den Propheten, den Lohn gibst, und den Heiligen und denen, die deinen Namen fürchten ...»
- Offenbarung 22,12: «Und siehe, ich komme bald und mein Lohn mit mir, um einem jeden so zu vergelten, wie sein Werk sein wird.»

Alle diese Schriftstellen deuten ganz klar auf ein einziges Ereignis hin und auf das Resultat, das dabei über die Belohnung der einen und über den Verlust der anderen entscheiden wird.

Wie das Feuer, das Mose in der Wüste im Dornbusch erschien, auf jenem heiligen, unnahbaren Ort, oder vielleicht wie in jener leidvollen Nacht, als Petrus den Herrn verleugnet hatte und der Blick des Herrn wie ein verzehrendes Feuer die Augen des Petrus traf und ihn dann dazu trieb, hinauszugehen und bitterlich zu weinen, so wird das Feuer der herrlichen Gegenwart Gottes die Werke jedes Einzelnen von uns prüfen und das Ergebnis wird daraufhin über zweierlei entscheiden: Belohnung oder Verlust. In Kolosser 3,23-25 steht:

> «Und alles, was ihr tut, das tut von Herzen, als für den Herrn und nicht für Menschen, da ihr wisst, dass ihr von dem Herrn zum Lohn das Erbe empfangen werdet; denn ihr dient Christus, dem Herrn! Wer aber Unrecht tut, der wird empfangen, was er Unrechtes getan hat – ihm wird sein unrechtes Handeln heimgezahlt –; und es gilt kein Ansehen der Person.»

Gewiss ist die grösste Belohnung, die der Gläubige erwarten kann, das Angesicht des Herrn zu sehen. Aber abgesehen von der Belohnung, ihn zu sehen und bei dem zu sein, der uns bis zum Tod geliebt hat, werden die Werke, die den göttlichen Schmelztiegel überstanden haben, mit jenen Kronen belohnt werden, von denen die Heilige Schrift spricht. Sie werden den Treuen überreicht werden.

Sie werden nicht an alle gleich verteilt. Sie werden denen gegeben werden, die sie durch ihre Werke verdient haben. Es sei nochmals gesagt, dass es dabei nicht um das ewige Leben und auch nicht um das Erbe im Himmel geht, das jeder Gläubige besitzen wird, weil er ein Kind Gottes ist, erlöst durch das Blut Christi. Es handelt sich um die Kronen, die diejenigen erhalten werden, die sie aufgrund ihrer Treue zu Christus verdient haben.

Kronen für die Überwinder

In der Heiligen Schrift gibt es im Grundtext zwei Wörter, die beide mit «Krone» in unsere Sprache übersetzt werden. Eines ist «Diadem», vom Griechischen *diadema* übernommen, das ursprünglich «herumbinden» bedeutet und das man zur Zeit der persischen Könige gebrauchte (Est 1,11; 2,17: «königliche Krone»; 6,8: «königlicher Kopfschmuck»). Später wurde es von Alexander dem Grossen und seinen Nachfolgern übernommen und auch von den Römern. Es war gewöhnlich ein blau-weisses Band, das den Turban befestigte, der die Krone bildete und als Symbol der Würde den Kopf der Kaiser, Könige und Fürsten zierte. Aber auch eine goldene Krone wurde so genannt (Est 8,15).

Im Neuen Testament wird dieses Wort in Offenbarung 12,3 und 13,1 gebraucht und Satan und seinem Abgesandten, dem Tier, zugeschrieben. Aber es kommt auch in Offenbarung 19,12 bei dem vor, der allein würdig ist, «viele Kronen», viele Diademe zu tragen, «der Treue und Wahrhaftige», was in Jesaja 62,3 prophetisch schon vorausgesagt wurde. Nie wird dieses Wort auf die Gläubigen angewandt. Uns gehören die «Überwinderkronen», wie wir es im Folgenden sehen werden.

Der andere Ausdruck, der mit «Krone» übersetzt ist, lautet *stephanos*, was auf Griechisch «Kranz» bedeutet. Besondere Persönlichkeiten, insbesondere Könige und Fürsten, trugen diese Art von Krone als einen Festschmuck (Spr 1,9; 4,9; Jes 28,1). Bei der Eheschliessung trugen die Brautleute einen Kranz (Hld 3,11). Einen Kranz überreichte man den Siegern bei öffentlichen Spielen; er wurde auch als Anerkennung für einen besonderen Dienst oder einen militärischen Sieg verliehen (1Kor 9,25; 2Tim 2,5). An diesen letzten beiden Stellen wird der Ausdruck *stephanos* mal als Substantiv und mal als Verb verwendet:

1. Korinther 9,25: «Jeder aber, der sich am Wettkampf beteiligt, ist enthaltsam in allem – jene, um einen vergänglichen Siegeskranz – *stephanos* – zu empfangen, wir aber einen unvergänglichen.»

2. Timotheus 2,5: «Und wenn sich auch jemand an Wettkämpfen beteiligt, so empfängt er doch nicht den Siegeskranz – *stephanoutai* –, wenn er nicht nach den Regeln kämpft.»

Diese Krone oder dieser Kranz hat immer die Bedeutung einer Belohnung. Hogg und Vine sagen diesbezüglich:

> «Ganz sicher ist uns sowohl die verdiente Belohnung als auch der Verlust dessen, was wir nicht verdient haben. Trotzdem steht geschrieben, dass diejenigen, die keine Krone bekommen, ebenfalls gerettet sind, wenn auch ‹wie durchs Feuer hindurch› (1Kor 3,15). Die Kronen, von denen die Heilige Schrift spricht, sind Siegeskränze, die man hier verdienen muss. Es handelt sich nicht um das allgemeine Erbe der Heiligen, das ihnen als ein Gnadengeschenk und ohne Berücksichtigung der Werke gegeben wird. ‹Krone› und ‹Erlösung› sind keine Synonyme.»

Diese Art von Krone wird nie von Königen getragen, sondern von Eroberern und Siegern. Es ist bemerkenswert, dass in Matthäus 27,29, Markus 15,17 und Johannes 19,2.5 *stephanos* und nicht *diadema* gebraucht wird, um die Dornenkrone zu beschreiben, die dem Erlöser auf den Kopf gesetzt wurde. Auf den ersten Blick könnten wir denken, dass es *diadema* heissen müsste, weil der, den sie «krönten», der König der Juden war. Aber, so sagt Vine, «wenn man den gotteslästerlichen Charakter jener Verhöhnung sieht und das dazu gebrauchte Material, dann ist es offensichtlich, dass *diadema* völlig unangebracht wäre». Wenn man jedoch noch etwas weiter in die Tiefe geht, dann war das Kreuz für den Herrn ein «Preis». Einerseits der Preis, den die Menschen zum Spott dem Sohn Gottes verliehen, was nicht mehr sein konnte als «Dornen und Disteln», die aus der durch die Sünde verfluchten Erde hervorwuchsen, andererseits aber war es der Preis, den er «unverdient verdiente» (vgl. Ps 69,5; Jes 53,4-10) – und wir sagen das mit tiefer Ehrfurcht –, weil er die Sünden der ganzen gefallenen Menschheit auf sich genommen hatte. Meine Sünde und Ihre Sünde.

Der Ausdruck, der angewandt wird, um vom Preis oder von der Belohnung zu sprechen, die der Herr seinen Knechten für ihre Treue in ihrer Arbeit geben wird, ist also immer *stephanos*. Es ist die Krone, der Kranz, für die Sieger oder Überwinder. Die Krone ist daher ein Symbol für «Belohnung» und «Preis».

Wenn man in den Spielen der griechisch-römischen Kultur gewann, dann hatte man das Ziel eines intensiven Trainings und eines harten Wettbewerbs erreicht, was eine aussergewöhnlich grosse Auszeichnung mit sich brachte. Man bewirtete den Sieger mit Banketten, man sang Lobeshymnen auf ihn, und ausserdem wurde ihm im Rahmen einer grossen Zeremonie mit grossen Ehrungen ein Siegeskranz überreicht. Dieser Kranz – auch in Form einer Girlande – bestand aus einem Olivenzweig, einem Lorbeer- oder einem Pinienzweig, je nach der Stadt, wo die Wettspiele ausgetragen wurden.

Wir müssen bedenken, dass die Belohnung für die Treue des Gläubigen wohl die Fähigkeit sein wird, die Herrlichkeit Christi für alle Ewigkeit zu bekunden. Die Bestimmung des Gläubigen ist, *Gott zu verherrlichen* (1Kor 6,20) und *ihm zu dienen* (Offb 22,3).

Wenn ich zum Beispiel in Begleitung eines Künstlers den Louvre, das Pariser Museum, besuche, dann kann ich die Kunstwerke anschauen und sie bestaunen. Aber der Künstler, der grössere Kenntnisse und ein tieferes Empfindungsvermögen für Kunst hat, wird es mehr geniessen und glücklicher sein als ich, wenn er die Kunstwerke auf sich einwirken lässt und das Talent des Malers der Bilder darin sieht. Genauso würde es bei einem Konzert mit einem Musiker sein und jemandem, der nichts davon versteht.

Daniel 12,3, Matthäus 13,43 und 1. Korinther 15,41 geben uns davon eine Vorstellung. In Daniel steht: «Die Verständigen werden leuchten wie der Glanz der Himmelsausdehnung, und die, welche die Vielen zur Gerechtigkeit weisen, wie die Sterne immer und ewiglich.» Der Herr sagt: «Dann werden die Gerechten leuchten wie die Sonne im Reich ihres Vaters.» Und Paulus fügt hinzu: «ein Stern unterscheidet sich vom anderen im Glanz.»

Was für Kronen?

Die Bibel spricht von verschiedenen Kronen:

Die unvergängliche Krone

Für diejenigen, die die Triebe der alten Natur im harten Kampf des Fleisches gegen den Geist überwinden:

> «Jeder aber, der sich am Wettkampf beteiligt, ist enthaltsam in allem – jene, um einen vergänglichen Siegeskranz zu empfangen, wir aber einen unvergänglichen» (1Kor 9,25).

Ab Vers 24 dieses Kapitels vergleicht Paulus den Christen mit einem Athleten: «Wisst ihr nicht, dass die, welche in der Rennbahn laufen, zwar alle laufen, aber nur *einer* den Preis erlangt? Lauft so, dass ihr ihn erlangt!» Das Leben eines Christen ist wie ein Wettlauf. So steht es auch in Hebräer 12,1-2:

> «Da wir nun eine solche Wolke von Zeugen um uns haben, so lasst uns jede Last ablegen und die Sünde, die uns so leicht umstrickt, und lasst uns mit Ausdauer laufen in dem Kampf, der vor uns liegt, indem wir hinschauen auf Jesus, den Anfänger und Vollender des Glaubens ...»

Auf dieser Rennbahn sind viele Läufer, aber nicht alle erreichen den Sieg. Darum sagt Paulus: «Lauft so, dass ihr ihn erlangt!»

Der Siegespreis ist nicht nur für einen Einzigen bestimmt. Er steht für alle bereit, aber nur diejenigen werden ihn erhalten, die ihn verdienen. J. Hunter sagt:

> «Paulus macht auf zwei Tatsachen aufmerksam: Erstens, das Laufen ist nicht automatisch mit dem Gewinnen verbunden. Zweitens ist es für uns möglich, den Preis zu erringen. Das Laufen erfordert eine gewaltige Anstrengung, Konzentration, Entschlossenheit und Hingabe. Es bedeutet, jedes Gramm an Energie einzusetzen und alle Kräfte aufzubieten, um als Sieger aus diesem Wettkampf hervorzugehen. Für unbeständige, schwache und träge Gläubige gibt es dort keinen Platz.»

Auf der Rennbahn des Glaubens zu laufen, um den Preis zu erlangen, erfordert eine Entscheidung, wie es Horacio Alonso sagte: «Jeder Gläubige entscheidet selbst, was für ein Gläubiger er sein will.» Ein ganz entschlossener Christ ist kein Normalfall, auch wenn er das sein sollte. Ein Gläubiger, der die Belohnung bekommen will, muss einen hohen Preis dafür bezahlen: ein diszipliniertes Leben führen. Ein siegreicher Athlet, ein Gewinner, führt kein ausschweifendes Leben mit Alkohol und Nachtleben. Aber auch in alltäglichen, belanglosen, vergänglichen Dingen unserer heutigen Zeit ist er diszipliniert. Darum schreibt Paulus: Er «ist enthaltsam in allem»; wörtlich heisst es «in allem hat er Selbstbeherrschung».

Wenn in 1. Korinther 9,25 steht: «Jeder ..., der sich am Wettkampf beteiligt», oder «jeder ..., der kämpft», wie es andere Übersetzungen sagen, dann wird im Griechischen für «kämpfen» ein sehr starker Ausdruck gebraucht: *agonizomenos*. Das ist Agonie, ein Todeskampf. Wir würden sagen: «erkämpft auf Leben und Tod». Ein Athlet führt auf vielen Gebieten ein entsagendes, mit äusserster Anstrengung verbundenes Leben, das er dem Sport und seiner «Disziplin» (dieses Wort gebraucht man nicht umsonst!) geweiht hat. Er denkt nur an eines: Leistung steigern und der Beste sein. Mit anderen Worten: den Siegespreis erhalten. Das Leben als Christ ist für Paulus und für uns eine harte Erfahrung, schwer, übermenschlich. Man kann es nur mit der Hilfe einer Macht leben, die über das Menschliche hinausgeht, in der Kraft Gottes.

Für Paulus bedeutete dieses Ziel, wie er es in den Versen 26 und 27 schreibt, nicht einfach laufen, um zu laufen und dabei mit einer sinnlosen Anstrengung ohne ein festes Ziel vorwärtszukommen. Die Disziplin bestand nicht aus Luftstreichen mit einem nutzlosen, unwirksamen Kraftaufwand, sondern er sagte: «Ich bezwinge meinen Leib und beherrsche ihn.» Damit ist keine Selbstgeisselung nach der Art einer unbiblischen Askese gemeint, sondern es bedeutet, die Triebe seiner menschlichen Natur unter Kontrolle zu halten und ihr das Recht abzusprechen, das sie immer fordert, nämlich den Verstand und die Handlungen zu beherrschen (Röm 7,18-24). Das heisst, «das Fleisch gekreuzigt» zu haben (Gal 5,24); dem Ich abzusagen (Gal 2,20); das Irdische in uns sterben zu lassen (Kol 3,5). Ausserdem sollen wir unseren Leib dem Zweck dienen lassen, für den er lebt, wie es Philipper 1,21 ausdrückt: «Denn für mich ist Christus das Leben ...»

Es ist wahr, dass die Erlösung nicht mit menschlichen Bemühungen verdient werden kann (Joh 1,13; Röm 9,16), aber das Leben als Christ erfordert Anstrengung, um es im Gehorsam und in Treue nach dem Willen Gottes zu führen. In Philipper 2,12 steht: «verwirklicht eure Rettung mit Furcht und Zittern». Weil ihr gerettet seid, lebt nun diese Rettung mit Furcht und Zittern, in tiefer Ehrfurcht, aus. In dieser Anstrengung gibt es keinen Platz für menschliche Fähigkeiten, denn der Apostel fährt fort: «denn Gott ist es, der in euch sowohl das Wollen als auch das Vollbringen wirkt – griech. *energon*, eine Entfaltung seiner unermesslichen Energie – nach seinem Wohlgefallen» – oder damit sich sein guter Wille erfüllt.

Paulus sagt den Philippern (Phil 1,10): «damit ihr prüfen könnt, worauf es ankommt, sodass ihr lauter – rein – und ohne Anstoss – tadellos – seid bis auf den Tag des Christus» (vgl. 1Kor 1,8). Der Tag Christi ist der Tag seines Kommens für die Gemeinde. Es ist der Tag, an dem er jeden Gläubigen prüfen wird, und dann wird er diejenigen belohnen, die trotz ihrer Unwürdigkeit rein und tadellos sind.

Der Apostel denkt an die Athleten, die Läufer und die Boxer: «jene, um einen vergänglichen Siegeskranz zu empfangen, wir aber einen unvergänglichen» (1Kor 9,25). Die Siegeskränze, die bei den Isthmischen Spielen überreicht wurden, waren keine Zweige des Lorbeerbaums, sondern von Pinien oder Sellerie. Natürlich hatten sie an sich keinen Wert. Ihr Wert lag im errungenen Sieg und in der Anerkennung der anderen, besonders des Schiedsrichters der Spiele. Was dann noch eine Weile weiterbestand, war die Berühmtheit der Spieler. Aber auch das geriet im Laufe der Zeit in Vergessenheit. Das Wort «unvergänglich» lautet im Griechischen *afthartos*, «was nicht verdirbt», «was nicht vergeht». Es ist das gleiche Wort, das dreimal im ersten Petrusbrief vorkommt: in 1. Petrus 1,4 steht, dass unser Erbe unvergänglich ist; in Vers 23 desselben Kapitels wird gesagt, dass wir aus dem unvergänglichen Samen des Wortes wiedergeboren sind; und in Kapitel 3,4 lesen wir vom unvergänglichen Schmuck des freundlichen und sanftmütigen Charakters der christlichen Frau.

So viele lobenswerte Anstrengungen nehmen die Athleten dieser Welt auf sich, um einen vergänglichen Preis zu erringen, der bald verrottet. Wie sollten sich da nicht die Anstrengungen eines Gott geweihten Lebens für die christlichen Athleten lohnen, zumal ihr Preis unvergänglich, unverderblich und ewig ist, ein Preis, der nie vergeht?

Welch ein Segen wird es an jenem Tag für diejenigen sein, die für ihre Treue den unvergänglichen Siegeskranz als Auszeichnung des Herrn empfangen, diesen Preis, der die Ewigkeit hindurch als eine Belohnung für ein integres Leben bestehen bleibt.

Die Krone der Freude

Für die Seelengewinner und die treuen Arbeiter im Dienst des Herrn: «Denn wer ist unsere Hoffnung oder Freude oder Krone des Ruhms? Seid nicht auch ihr es vor unserem Herrn Jesus Christus bei seiner Wiederkunft?» (1Thess 2,19). «Darum, meine geliebten und ersehnten Brüder, meine Freude und meine Krone ...» (Phil 4,1).

Paulus war ein Apostel, ein Evangelist, der mit der Verbreitung des Evangeliums beauftragt worden war (Apg 26,15-18; 1Kor 1,17; 9,16). Jede gerettete Seele, jeder Gläubige, der durch seinen Dienst zum neuen Leben in Christus geboren worden war, war für ihn ein Grund zur Freude, zur Fürsorge und zu tiefer Liebe. Er schrieb den Thessalonichern:

> «... obgleich wir als Apostel des Christus würdevoll – fordernd – hätten auftreten können, sondern wir waren liebevoll in eurer Mitte, wie eine stillende Mutter ihre Kinder

pflegt. Und wir sehnten uns so sehr nach euch, dass wir willig waren, euch nicht nur das Evangelium Gottes mitzuteilen, sondern auch unser Leben, weil ihr uns lieb geworden seid» (1Thess 2,6-8).

Wenn es etwas gab, das sein Herz erfüllte und das ihn zum Weitermachen antrieb, trotz der Nöte, der Leiden und der unzähligen Prüfungen, die er durchmachen musste, dann war es die Freude, errettete Seelen zu sehen, gegründete Gemeinden und das Evangelium, das durch das ganze Römische Reich in einem Kreuzzug des Lebens und der Rettung von Juden und Heiden lief. Ein Heer von Männern und Frauen, die gewonnen worden waren, von der Unwissenheit zum Glauben, vom Verderben zum ewigen Leben – das war die grösste Anziehungskraft für diesen Vorkämpfer der Gnade.

Paulus konnte schon von ferne den glorreichen Tag des Kommens Christi erblicken, dieses Ereignis, das seine Gedanken mit einer herrlichen Erwartungsfreude erfüllte, den Tag, an dem er die grosse Schar der Gläubigen sehen würde, die in der Gegenwart des Herrn verwandelt worden sind. Seine Seele strömte vor Freude und Dank über. Das würde an jenem Tag seine Krone, seine Freude sein. Er konnte sich rühmen und erheben, nicht im Fleisch, sondern in tiefer Dankbarkeit gegen Gott, dem wahren Grund, sich des Herrn zu rühmen (1Kor 1,31; 2Kor 10,17), weil er ihm gestattet hatte, das auserwählte Werkzeug zur Errettung von verlorenen Sündern zu sein (vgl. Apg 9,15-16).

In den Versen von 1. Thessalonicher 2,19-20 zeigt Paulus seine grosse Freude und wird dabei, wie es ein Autor sagte, in seinen Ausdrücken der Wertschätzung der Geschwister, die sich durch seinen Dienst bekehrt haben, poetisch, und er findet nicht die passenden Worte, um das auszudrücken, was er sagen möchte. Der Gedanke an die Freude im Himmel übersteigt sein Sprachvermögen. Das wird seine Krone, sein *stephanos*, am Tag der *parousia* Christi sein. An jenem Tag würde er unter der grossen Schar von Erlösten in weissen Kleidern diejenigen treffen, die sich «von den Götzen zu Gott bekehrt» haben, «um dem lebendigen und wahren Gott zu dienen» (1Thess 1,9-10). – Hier in 1. Thessalonicher 2,19 erwähnt Paulus zum ersten Mal in seinen Briefen die *parousia*, das Kommen des Herrn für die Seinen. Es ist auch das erste von sieben Malen, in denen sie in den Thessalonicherbriefen erwähnt wird.

Das «Ja, ihr seid ...!» von 1. Thessalonicher 2,20 ist mit Nachdruck gesagt. Eines Tages wird Paulus sie wiedersehen und sie ihn. Es wird ein wunderbares Treffen vor dem Richterstuhl Christi geben. Vielleicht wird es eine Überraschung sein, wenn er seine Kinder im Glauben und die «Kinder seiner Kinder» sehen wird. Er sieht sie, wie es A. Motyer sagt, «im Licht von Golgatha, wo der Kaufpreis für sie bezahlt wurde, und im Licht der Wiederkunft Jesu Christi, die der Anlass ihres Zusammenkommens in der Herrlichkeit sein wird». Dort wird er sehen, dass er nicht umsonst gelaufen ist und auch nicht vergeblich gearbeitet hat (Phil 2,16).

Aber die Freude von Paulus ist die gleiche Freude, die das Herz derer überfluten wird, die die Frucht ihres Zeugnisses, ihres Dienstes und ihrer Botschaft sehen werden, die Seelen, die für den Herrn gewonnen wurden und die eines Tages wie kostbare Edelsteine die Krone des Herrn der Herrlichkeit zieren werden.

Gewiss gibt es nicht nur in der Zukunft Freude, sondern auch schon in der Gegenwart. In Philipper 4,1 nennt Paulus seine geliebten Brüder in Philippi, nach denen er sich sehnt, «meine

Freude und meine Krone». *Freude*, denn dieses Glücksgefühl kommt im Apostel auf, wenn er seine Kinder im Glauben sieht. *Krone*, weil sie die Belohnung seiner Arbeit sind und sein werden. So ist es auch mit jedem Diener Gottes, wenn er das Ergebnis seiner treuen Arbeit sieht, die er in der Abhängigkeit vom Herrn getan hat und die sich im Leben der Seelen widerspiegelt, die Christus kennen, und von Gläubigen, die im Glauben wachsen. Aber zweifellos wird der Himmel nicht nur das Resultat der treuen Aussaat des Wortes Gottes offenbaren, sondern er wird auch in einem unvorstellbaren Ausmass die Frucht zeigen, die die Seele mit Freude erfüllen und zur Ehre des Herrn gereichen wird. In 2. Korinther 1,14 steht: «wie ihr uns zum Teil schon erkannt habt, nämlich dass wir euch zum Ruhm gereichen, so wie auch ihr uns, am Tag des Herrn Jesus.»

Es ist wahr: «Die mit Tränen säen, werden mit Freuden ernten. Wer weinend hingeht und den Samen zur Aussaat trägt, der kommt gewiss mit Freuden zurück und bringt seine Garben» (Ps 126,5-6). Aber es wird nicht nur eine Freude für diejenigen sein, die den lebendigen Samen des Evangeliums ausstreuten, sondern auch für die, die ihn mit ihren Gebeten bewässerten, die ihn pflegten, mit ihren Opfergaben mithalfen, und für die, die ernten, was andere gesät haben.

Der Herr sagte in Johannes 4,35-37:

> «Sagt ihr nicht: es sind noch vier Monate, dann kommt die Ernte? Siehe, ich sage euch: Hebt eure Augen auf und seht die Felder an; sie sind schon weiss zur Ernte. Und wer erntet, der empfängt Lohn und sammelt Frucht zum ewigen Leben, damit sich der Sämann und der Schnitter miteinander freuen. Denn hier ist der Spruch wahr: Der eine sät, der andere erntet.»

Die einen säen, die anderen begiessen und wieder andere ernten, aber immer hat Gott ...

«... das Gedeihen gegeben. So ist also weder der etwas, welcher pflanzt, noch der, welcher begiesst, sondern Gott, der das Gedeihen gibt. Der aber, welcher pflanzt, und der, welcher begiesst, sind eins; jeder aber wird seinen eigenen Lohn empfangen entsprechend seiner eigenen Arbeit» (1Kor 3,6-8).

T. Stewart schreibt:

«Wir können uns nur schwer vorstellen, dass wir selbst auch so predigen wie Petrus zu Pfingsten vor der grossen Menge, oder so eine Rede halten wie der Apostel Paulus vor den Athenern im Areopag, oder Zeugnis geben wie Martin Luther vor dem Reichstag in Worms, oder dass wir verurteilten Sündern vorstehen wie Charles G. Finney in Amerika, oder die Massen ermahnen, wie es C. H. Spurgeon in London tat. Was auch immer wir tun, wenn wir es in Zusammenarbeit mit dem Heiligen Geist machen, um Menschen zu Christus zu führen, dann ist es ein Teil der Krone des Seelengewinners.»

Lord Beaverbrook sagt:

«Wenn ich heute einen Einfluss auf das Leben eines aufrichtigen Mannes ausüben könnte, dann würde ich ihm raten, dass er die Entscheidung treffen solle, Evangelist zu werden statt ein hoher Regierungsbeamter oder ein Millionär. Als ich jung war, hatte ich mit meinem Vater Mitleid, weil er ein armer Mann und ein einfacher Prediger des Wortes Gottes war. Nun aber, wo ich ein alter Mann bin, beneide

> ich sein Leben und seinen Beruf. Denn das ist es, was dem Leben wirkliche Erfüllung gibt. Es gibt nichts, was ich mehr bewundere als einen Evangelisten. Das ist die höchste Quelle der Freude.»

Werden wir an jenem Tag eine Seele sehen, die eine Zierde in unserer Krone ist und unser Herz und das des Herrn mit Freude erfüllt?

Ernst Heinrich Gebhardt schrieb 1875 den Liedtext:

> «Wenn der Heiland, wenn der Heiland als König erscheint
> und die Seinen als Erlöste im Himmel vereint.
> O dann werden sie glänzen, wie die Sterne so rein,
> in des Heilandes Krone als Edelgestein!»

Es heisst in der Bibel: «Der Weise gewinnt Seelen» (Spr 11,30). Darum singen wir auch:

> «Es gibt keine grössere Ehr', kein tieferes Glück so fein,
> als die Stimme des Herrn in dieser Welt zu sein.»

Die Krone des Lebens

Für diejenigen, die sich in den Prüfungen bewähren und siegreich aus ihnen hervorgehen: «Glückselig ist der Mann, der die Anfechtung erduldet; denn nachdem er sich bewährt hat – wenn er die Prüfung bestanden hat, d. h., wenn der Herr seine Treue gesehen hat, als jemand, der echt, aufrichtig und vertrauenswürdig ist –, wird er die Krone des Lebens – oder anders gesagt das Leben – empfangen, welche der Herr denen verheissen hat, die ihn lieben» (Jak 1,12). «Sei getreu bis in den Tod, so werde ich dir die Krone des Lebens geben» (Offb 2,10).

Das Leben eines Christen und das Leben der Gemeinde sind voller Kämpfe und Prüfungen. «In der Welt habt ihr Bedrängnis», sagt Jesus (Joh 16,33). Und so ist es auch. Die Prüfungen sind ein unumgänglicher Teil der christlichen Laufbahn und zur Reife eines jeden Christen notwendig. Martin Luther formulierte treffend: «Meine Anfechtungen waren meine Lehrmeister der Theologie.»

Jesus selbst war einer, «der in allem versucht worden ist in ähnlicher Weise [wie wir], doch ohne Sünde» (Hebr 4,15). Er wurde «vom Geist in die Wüste geführt, damit er vom Teufel versucht würde» (Mt 4,1). Der Ausdruck «geführt werden» ist sehr stark und zeigt an, dass es eine notwendige Tat war, die der Heilige Geist für den Menschen Jesus beschlossen hatte, um ihn der Versuchung auszusetzen. Gepriesen sei der Herr, der nach vierzig Tagen intensiver Prüfungen siegte, um uns zu zeigen, dass es in der Kraft des Heiligen Geistes möglich ist zu bestehen. Wir können ihn aufmerksam betrachten und dem vertrauen, «der solchen Widerspruch von den Sündern gegen sich erduldet hat, damit ihr nicht müde werdet und den Mut verliert!» (Hebr 12,3).

Er litt für uns und hinterliess uns ein Beispiel, damit wir «seinen Fussstapfen» folgen (1Petr 2,21). Er wurde in allem versucht, deshalb «kann er denen helfen, die versucht werden» (Hebr 2,18). Er wurde versucht wie wir: «Denn wir haben nicht einen Hohenpriester, der kein Mitleid haben – mit uns zusammen leiden – könnte mit unseren Schwachheiten.» Deshalb lautet die Einladung: «So lasst uns nun mit Freimütigkeit hinzutreten zum Thron der Gnade, damit wir Barmherzigkeit erlangen und Gnade finden zu rechtzeitiger Hilfe» – um uns genau dann zu helfen, wenn wir es nötig haben (Hebr 4,15-16).

Glückselig, gesegnet, glücklich (griech. *makarios*) ist der Mann – und natürlich auch die Frau, denn Jakobus gebraucht hier allgemein gültige Ausdrücke –, der über den Umständen lebt und die Versuchung erduldet (Jak 1,12). Das Glück liegt nicht in der Versuchung an sich, sondern darin, sie zu ertragen. «Erdulden», «ertragen» (griech. *hypomeno*) heisst «aushalten», «unter Leiden festen Fusses standhaft sein, ohne nachzugeben» (vgl. 1Kor 13,7; Hebr 12,7; 1Petr 2,20). Es spricht davon, wie schwer eine Prüfung sein kann. Dazu ist eine besondere Widerstandskraft erforderlich. Sie erfordert diese unbeschreibliche Hilfe, die jedem Christen zur Verfügung steht und die Paulus im prägnanten Satz zum Ausdruck brachte: «Ich vermag alles durch den, der mich stark macht, Christus» (Phil 4,13).

Das Leben eines Christen ist kein Wettlauf, bei dem es auf die Geschwindigkeit ankommt, sondern auf die Ausdauer. Es ist ein echter Marathonlauf, wie die zweiundvierzig Kilometer (bzw. 42,195 km) der sportlichen Disziplin, die an vielen Orten der Welt ausgetragen wird. Zur Entstehung wird auf *planet-wissen.de* folgende Begebenheit erzählt:

> «Der geschichtlich bedeutende Ort Marathon liegt etwa 40 Kilometer nordöstlich von Athen. Dort wartete vor rund 2500 Jahren die griechische Armee auf die zahlenmässig weit überlegenen persischen Eroberer. Um Hilfe herbeizurufen, entsandten die bedrängten Griechen den Läufer Pheidippides ins 200 Kilometer entfernte Sparta.
>
> Der Sage zufolge soll er die Strecke in zwei Tagen zurückgelegt haben. Doch die Spartaner reagierten zögerlich, Pheidippides rannte zurück. Schliesslich besiegten die Griechen die persischen Angreifer auch ohne fremde Hilfe.

> Vor lauter Freude lief Pheidippides angeblich noch 40 Kilometer weiter bis Athen. Bei seiner Ankunft soll er ‹Freut euch, wir haben gesiegt!› gerufen haben und auf der Stelle tot zusammengebrochen sein. Heute erinnert ein Grabhügel an die Schlacht bei Marathon.»

Der Lauf des Christen beginnt am Fuss des Kreuzes und verlangt das Überwinden von Schwierigkeiten bis zum Thron in der Gegenwart des Herrn. Das ist die Etappe der Erlösung zwischen der Bekehrung und der Verherrlichung, die Zeitspanne der Heiligung.

Es gibt zwei Wörter in Jakobus 1,12, die unsere Aufmerksamkeit verdienen: *Anfechtung* und *Prüfung*, in der sich jemand oder etwas bewährt. Sie scheinen Synonyme zu sein, sind jedoch verschieden, obwohl sie eng miteinander verbunden sind. «Anfechtung», was auch mit «Versuchung» oder «Prüfung» übersetzt wird (griech. *peirasmos*), kommt auch in Jakobus 1,2 vor. – «Bewährt», «eine Prüfung bestanden habend» (griech. *dokimos*) bedeutet «vertrauenswürdig» aufgrund seiner Echtheit. Es kann sich dabei zum Beispiel um ein Metall handeln, das die Echtheitsprüfung bestanden hat, oder um eine Münze, die als ungefälscht erprobt wurde (vgl. Röm 14,18; 16,10; 1Kor 11,19; 2Kor 10,18; 13,7; 2Tim 2,15); und als Gegenüberstellung 1. Korinther 9,27: «verwerflich», «durchgefallen» (*adokimos*). Somit könnte Jakobus 1,12 folgendermassen übersetzt werden: «Glückselig der Mann, der die Prüfung erduldet, denn nachdem er sie bestanden hat, wird er die Krone des Lebens empfangen, die Gott denen versprochen hat, die ihn lieben.»

Gott prüft unseren Glauben, damit er als echt erfunden wird. So sagt es Petrus in seinem ersten Brief 1,6-7, wo es um die Erlösung geht, die für uns bereit ist (V. 5) und die in der Zukunft in ihrer ganzen Fülle von jedem Gläubigen erlangt wird: «Dann werdet ihr euch jubelnd freuen, die ihr jetzt eine kurze Zeit, wenn es sein muss, traurig seid in mancherlei Anfechtungen (griech. *peirasmos*), damit die Bewährung (*dokimos*) eures Glaubens (der viel kostbarer ist als das vergängliche Gold, das doch durchs Feuer erprobt wird) Lob, Ehre und Herrlichkeit zur Folge habe bei der Offenbarung Jesu Christi.»

Um Gold zu reinigen und alle Schlacken zu entfernen, muss es in die Esse, in den Schmiedeofen, gelegt werden, wo es dem Feuer ausgesetzt und geläutert wird. Gott ist der grosse Goldschmied. In Maleachi 3,3 heisst es: «Er wird sitzen und schmelzen und das Silber reinigen; er wird die Söhne Levis reinigen und sie läutern wie das Gold und das Silber ...» Gott nimmt sich die Zeit, um aus jedem Stück Gold oder Silber ein wahres Schmuckstück zu machen, das eines Tages in der Krone des Königs der Könige glänzen wird. In Psalm 66,10 gibt es ein ähnliches Bild: «Denn du hast uns geprüft, o Gott, und hast uns geläutert – gereinigt –, wie man Silber läutert.» Ein Gold- oder Silberschmied polierte damals den Gegenstand aus Edelmetall so lange, bis sich sein Gesicht darin ganz klar widerspiegelte. So macht es der Herr mit uns. Er arbeitet so lange an uns, bis sich sein Angesicht in unserem Charakter und in unserem Leben widerspiegelt (2Kor 3,18).

Es ist gut, in 1. Petrus 1,6 noch eine andere kostbare Tatsache zu betrachten. Hier wird gesagt, dass wir «in mancherlei Anfechtungen» traurig sind. Der Ausdruck «mancherlei» (griech. *poikilos*) bedeutet unter anderem auch «vielfarbig». Die Prüfungen sind verschieden, «von allen Farben», könnte man sagen. Sie sind körperlicher, seelischer und materieller Art; ganz vielseitig. Aber dieses griechische Wort kommt auch in 1. Petrus 4,10 vor, und dort wird von der «mannigfaltigen (griech. *poikilos*) Gnade Gottes» gesprochen. Wenn es eine Vielfalt von Anfechtungen gibt, dann gibt es auch eine Vielfalt von Gnadenerweisen, um ihre Last tragen zu helfen. Gepriesen sei die Zulänglichkeit unseres barmherzigen Gottes! Seine Gnade reicht aus!

Die Prüfungen oder Anfechtungen sind für den Gläubigen wie das Training für einen Athleten. Die harten Übungen sind nicht dafür gedacht, ihn kraftlos zu machen, sondern ihm eine grössere Widerstandskraft und Stärke zu verschaffen. So ist es auch mit den Prüfungen und Anfechtungen in unserem Leben. Sie dienen nicht dazu, uns die Kräfte zu rauben, sondern uns noch mehr Kraft zu geben; nicht um uns fertigzumachen, sondern um uns zu segnen.

Dieselbe Wahrheit liegt in den folgenden Worten Jesu:

> «Glückselig seid ihr, wenn sie euch schmähen und verfolgen und lügnerisch jegliches böse Wort gegen euch reden um meinetwillen! Freut euch und jubelt, denn euer Lohn ist gross im Himmel; denn ebenso haben sie die Propheten verfolgt, die vor euch gewesen sind» (Mt 5,11-12).

Simon J. Kistemaker sagt in seinem Kommentar zum Jakobusbrief:

> «Gott ist nicht daran interessiert, den Gläubigen fallen zu sehen, und auch nicht daran, dass er scheitert. Er will sehen, dass er Ausdauer hat, kämpft und siegt.»

Am Ende der Prüfung steht der Segen für den Gläubigen. Dieser Segen ist nicht immer materieller Art oder spürbar, aber immer ist er von geistlicher Natur. Vielleicht ist das Resultat nicht in diesem gegenwärtigen Leben zu sehen, aber zweifellos wird man es in der Ewigkeit erkennen. Jakobus schreibt:

> «Meine Brüder, nehmt auch die Propheten, die im Namen des Herrn geredet haben, zum Vorbild des Leidens und der Geduld. Siehe, wir preisen die glückselig, welche standhaft ausharren! Von Hiobs standhaftem Ausharren habt ihr gehört, und ihr habt das Ende – das Ziel – gesehen, das der Herr [für ihn] bereitet hat; denn der Herr ist voll Mitleid und Erbarmen» (Jak 5,10-11).

Der Ausdruck «wir preisen die glückselig, welche standhaft ausharren» bedeutet nicht, dass das Leiden selbst, in dem man ausharrt, glücklich macht; das ist natürlich immer unerwünscht. Die, die «standhaft ausharren», sind die, «die durchhalten» (*hypomeinantas*, vom Wortstamm *hypomeno*, «ertragen», s. o.). Also sind diejenigen glückselig, die unter dem Gewicht der Widerwärtigkeit festgeblieben sind. Darin wurzelt das Glück. Diese Festigkeit wird von Gott belohnt.

Im Fall von Hiob war es so, dass er nicht nur am Ende seines Lebens mit grösseren Segnungen als am Anfang belohnt wurde (Hi 42,10-17), sondern seine Belohnung bestand hauptsächlich darin, dass er ein genaueres Bild von sich selbst bekam, was geistliche Reife bedeutete, und vor allem, dass er Gott in einer grösseren und erhabeneren Dimension kennengelernt hat, als er ihn vorher kannte. Das kommt in seinen bekannten Worten zum Ausdruck:

> «Vom Hörensagen hatte ich von dir gehört, aber nun hat mein Auge dich gesehen. Darum spreche ich mich schuldig und tue Busse in Staub und Asche» (Hi 42,5-6).

Was ist das Resultat der Geduld, Ausdauer und Treue beim Ertragen von Anfechtungen und Prüfungen im Leben? Jakobus schreibt: «Nachdem er sich bewährt hat – wenn er die Prüfung bestanden hat –, wird er die Krone des Lebens empfangen, welche der Herr denen verheissen hat, die ihn lieben» (Jak 1,12).

Obwohl diese Krone in Wirklichkeit im «ewigen Leben» besteht, empfangen wir sie nicht als eine Belohnung, sondern als ein Geschenk der Gnade, das wir bereits besitzen (Joh 3,16; 6,47; Röm 6,23; 1Joh 5,12-13). Wir haben schon das ewige Leben, das nicht nur deshalb ewig ist, weil es nie zu Ende ist (in der Hölle ist der Tod auch ewig, unendlich), sondern es ist ewig, weil es das Leben Gottes ist, das Leben in Fülle, das Leben, das von dem ausgeht, der «der wahrhaftige Gott und das ewige Leben» ist (1Joh 5,20). Im Himmel wird es zur Vollendung kommen, und diejenigen, die gelitten haben, werden herrschen. Die geweint haben, werden getröstet werden. Die getrennt worden sind, werden wiedervereint (Offb 21,3-4). Die durch schwere Prüfungen gingen und vielleicht dabei ihre Gesundheit, ihre Güter und ihre Lieben verloren haben, werden den Herrn sagen hören: «Wer überwindet, der wird alles erben, und ich werde sein Gott sein, und er wird mein Sohn sein» (Offb 21,7). Sie werden glückselig sein, weil sie durch die Türen der himmlischen Stadt eintreten werden und «Anrecht haben an dem Baum des Lebens» (Offb 22,14).

In Offenbarung 2,10 wird im Rahmen einer Gemeinde Bitteres wie die Myrrhe – was «bitter» heisst und auch die Bedeutung von Smyrna ist – wie ein Parfum über Leiden, Gefängnisse, Anfechtungen und Verfolgungen ausgeschüttet. Aber es gibt eine Verheissung des Herrn für denjenigen, der wie sie «getreu bis in den Tod» ist: «... so werde ich dir die Krone des Lebens geben!» Diese Krone ist ein Emblem der Freude, der Herrlichkeit und der Unsterblichkeit.

Das «Sei getreu bis in den Tod» bedeutet, dass die Prüfung auch das physische Leben fordern könnte, sogar mit Gewalt. Das Leben der Christen endete in der Vergangenheit oft im Martyrium um Christi und des Evangeliums willen. Und auch heute noch endet es an vielen Orten der Welt auf dieselbe Weise. Die Geschichte der Gemeinde ist die Geschichte ihrer Märtyrer. Oder, wie es Tertullian sagte: «Das Blut der Märtyrer ist der Same der Gemeinde.»

Der römische Circus, die Scheiterhaufen der Inquisition, die Gefängnisse in Russland oder China und die Massaker in muslimischen Ländern sind nur ein kleiner Hinweis auf das, was die Gläubigen Jahrhunderte hindurch erlitten und noch leiden. Der Glaube muss oft mit dem Leben bezahlt werden. Aber der christliche Glaube wird durch Prüfungen gestärkt. Nie war die Gemeinde des Herrn treuer als in Zeiten der Verfolgung, wie schwer es auch war. Dennoch erteilt Gott nicht allen seinen Kindern den Ruf, als Märtyrer zu sterben, aber er ruft uns alle dazu auf, ihm unser Leben als ein Opfer darzubringen. Paulus sagte:

> «Ich bin mit Christus gekreuzigt; und nun lebe ich, aber nicht mehr ich [selbst], sondern Christus lebt in mir. Was ich aber jetzt im Fleisch lebe, das lebe ich im Glauben an den Sohn Gottes, der mich geliebt und sich selbst für mich hingegeben hat» (Gal 2,20).

In diesem Sinn ermahnte er auch die Geschwister in Rom und alle Gläubigen der Geschichte:

> «Ich ermahne euch nun, ihr Brüder, angesichts der Barmherzigkeit Gottes, dass ihr eure Leiber darbringt als ein

lebendiges, heiliges, Gott wohlgefälliges Opfer: das sei euer vernünftiger Gottesdienst» (Röm 12,1).

Gott beruft uns nicht einfach so zum Martyrium, aber der Herr weist uns darauf hin:

«Alle, die gottesfürchtig leben wollen in Christus Jesus, werden Verfolgung erleiden» (2Tim 3,12).

«Denn euch wurde, was Christus betrifft, die Gnade verliehen, nicht nur an ihn zu glauben, sondern auch um seinetwillen zu leiden» (Phil 1,29).

«Glückselig seid ihr, wenn sie euch schmähen und verfolgen und lügnerisch jegliches böse Wort gegen euch reden um meinetwillen! Freut euch und jubelt, denn euer Lohn ist gross im Himmel; denn ebenso haben sie alle Propheten verfolgt, die vor euch gewesen sind» (Mt 5,11-12).

«Geliebte, lasst euch durch die unter euch entstandene Feuerprobe nicht befremden, als widerführe euch etwas Fremdartiges; sondern in dem Mass, wie ihr Anteil habt an den Leiden des Christus, freut euch, damit ihr euch auch bei der Offenbarung seiner Herrlichkeit jubelnd freuen könnt» (1Petr 4,12-13).

«... wenn er aber als Christ leidet, so soll er sich nicht schämen, sondern er soll Gott verherrlichen in dieser Sache!» (1Petr 4,16).

Es gibt zwei bemerkenswerte Dinge im Brief an die Gemeinde in Smyrna, auf die ich noch etwas genauer eingehen möchte: Das eine ist, dass der Herr nicht sagt, dass er ihr die Prüfungen wegnehmen werde. Im Gegenteil! Er kündigt ihr an, dass sie Nöte haben wird. «Fürchte nichts von dem, was du erleiden wirst!» (Offb 2,10). Konnte der Herr sie denn nicht von ihnen befreien? Hat er sich dieser Gemeinde nicht als «der Erste und der Letzte» vorgestellt, vor dem es niemanden gab und nach dem es niemanden geben wird? Ja, aber der Herr aller Herren wird ihnen die Prüfungen nicht aus dem Weg räumen. Er selbst war auch tot und ist lebendig geworden (V. 8). Darum sagt er ihnen schon im Voraus, was ihnen passieren wird.

Es erfüllt uns mit Zuversicht zu wissen, dass es den Herrn nie überrascht, was in unserem Leben geschehen wird. Es gibt keinen Schmerz, keine Tränen und kein Leiden im Leben jedes einzelnen der Seinen, das er nicht schon zuvor weiss. Die Gläubigen von Smyrna waren arm – er war es auch (2Kor 8,9). Sie wurden abgelehnt «von denen, die sagen, sie seien Juden und sind es nicht» (Offb 2,9) – er erfuhr auch diese Ablehnung (Joh 1,10-11). Sie würden leiden müssen – er hatte es schon durchgemacht (Hebr 2,18). Zu dem, was der Teufel noch tun würde (Offb 2,10), sagt er: «Ich weiss.» Darum fordert er sie auf: «Sei getreu bis in den Tod.»

Die Treue kommt aus einer persönlichen Überzeugung (vgl. Hebr 11,1), die auf der Treue des Herrn Jesus Christus beruht. Der Glaube weist Angst, Zweifel und Misstrauen von sich. Der Gläubige, der weiss, dass die Prüfungen notwendig sind, weiss auch, dass der Herr in ihnen mit seiner Liebe, Gnade und Macht anwesend ist. In Jesaja 63,9 steht:

> «Bei all ihrer Bedrängnis war er auch bedrängt, und der Engel seines Angesichts rettete sie; in seiner Liebe und seinem Erbarmen hat er sie erlöst; er nahm sie auf und trug sie ...»

Die andere wichtige Sache hier ist, dass die Prüfung begrenzt ist. Gott selbst setzt ihr die Grenzen: «ihr werdet Drangsal haben zehn Tage lang» (Offb 2,10). Es ist eine gewisse Zeit, ob das nun wörtlich zu verstehen ist oder nicht, aber es zeigt an, dass die Prüfung unter Gottes Kontrolle steht. Gott lässt sie zu, aber er schränkt sie ein. Das gibt dem Herzen des Gläubigen Trost und Zuversicht. Petrus sagt es auch auf diese Weise: «jetzt eine kurze Zeit» (1Petr 1,6), und Paulus erklärt es in 1. Korinther 10,13 mit den Worten, die wir gut kennen und die schon immer die Herzen der Gläubigen getröstet haben: «Es hat euch bisher nur menschliche Versuchung betroffen» (vgl. Jak 1,13-16), «Gott aber ist treu; er wird nicht zulassen, dass ihr über euer Vermögen versucht werdet, sondern er wird zugleich mit der Versuchung auch den Ausweg schaffen, sodass ihr sie ertragen könnt» – mit Geduld standhalten (vgl. Hi 4,3-6).

Wiederum wird «die Krone des Lebens» verheissen (Offb 2,10), die man nicht durch persönliche Verdienste erwerben kann, nicht einmal durch den Märtyrertod. Die Krone ist die Belohnung für die Treuen, und sie wird von dem überreicht, der «tot war und lebendig geworden ist» (Offb 2,8). «Weil ich lebe, sollt auch ihr leben» (Joh 14,19). Das ist die Gewissheit des Christen. Paulus schreibt in 1. Korinther 15,19: «Wenn wir nur in diesem Leben auf Christus hoffen, so sind wir die elendesten unter den Menschen!»

Wenn die Hoffnung, die wir in Christus haben, nur für dieses Leben wäre, wären wir die Erbärmlichsten der Sterblichen. «Nun aber ist Christus aus den Toten auferweckt; er ist der Erstling der Entschlafenen geworden» (1Kor 15,20). Das ist die Realität, an die sich der Glaube des Christen hält! Sein Kommen wird diejenigen, die im Herrn entschlafen sind, und uns, die wir verwandelt werden, in den vollen Genuss des ewigen Lebens in der Gegenwart Gottes bringen. Es ist das Erbe, das Petrus in seinem ersten Brief erwähnt:

> «... zu einem unvergänglichen und unbefleckten und unverwelklichen Erbe, das im Himmel aufbewahrt wird für uns, die wir in der Kraft Gottes bewahrt werden durch den Glauben zu dem Heil, das bereit ist, geoffenbart zu werden in der letzten Zeit» (1Petr 1,4-5).

Schon jetzt geniesst der Gläubige die Erlösung, aber ihre ganze Fülle wird er erst im Himmel erfahren. Genauso hat er das ewige Leben von der Bekehrung an, aber die Krone wird er erst im Himmel erhalten. Die Krone des Lebens ist eine Belohnung, die der Herr denen geben wird, die in ihrem Zeugnis treu sind, auch wenn es für sie den Tod bedeutet. Wie die Verdammnis verschiedene Abstufungen der Bestrafung hat (Mt 11,22.24), so wird auch das ewige Leben dort im Himmel unterschiedliche Grade der Herrlichkeit haben, gemäss der Treue, die hier auf der Erde gezeigt wurde.

Die Worte des Herrn, die er Petrus zur Antwort gab, gehen auf diese Weise in Erfüllung:

> «Siehe, wir haben alles verlassen und sind dir nachgefolgt! Jesus aber antwortete und sprach: Wahrlich, ich sage euch: Es ist niemand, der Haus oder Brüder oder Schwestern oder

Vater oder Mutter oder Frau oder Kinder oder Äcker verlassen hat um meinetwillen und um des Evangeliums willen, der nicht hundertfältig empfängt, jetzt in dieser Zeit Häuser und Brüder und Schwestern und Mütter und Kinder und Äcker unter Verfolgungen, und in der zukünftigen Weltzeit ewiges Leben» (Mk 10,28-30).

Die Krone der Gerechtigkeit

Für diejenigen, die sein Kommen lieben und im Einklang mit seinen Geboten leben:

> «Ich habe den guten Kampf gekämpft – mit dem Tod gerungen –, den Lauf vollendet, den Glauben bewahrt. Von nun an liegt für mich die Krone der Gerechtigkeit bereit, die mir der Herr, der gerechte Richter, an jenem Tag zuerkennen wird, nicht aber mir allein, sondern auch allen, die seine Erscheinung liebgewonnen haben» (2Tim 4,7-8).

Das ist der Epilog des Lebens des Apostels, der schon alt geworden ist, wie er es seinem Freund Philemon schreibt (Phlm 9). Aber dieser letzte Brief, den Paulus mit seiner zitterigen Hand verfasst, ist an jemand gerichtet, der einen ganz besonderen Platz in seinem Herzen einnimmt. Es ist sein Sohn im Glauben, Timotheus, sein Nachfolger, so wie Josua Moses Dienst fortführte oder Elisa auf Elia folgte. Die Schatten des römischen Todesurteils legen sich bereits auf seine müde Seele und er ist sich sicher, dass seine Tage gezählt sind und die Zeit seines Abschieds nahe ist. Das Wort «Abschied» (griech. *analysis*: «loslassen») beschrieb ursprünglich das Bild eines Schiffes, dessen Taue zum Ablegen gelöst werden. Die Anker werden gelichtet, die Taue losgebunden und die Segel gehisst. Dann hört man die Stimme des Meisters, der wie damals sagt: «Lasst uns hinüberfahren an das jenseitige Ufer!» (Mk 4,35). Paulus hinterlässt Timotheus Ratschläge, die durch die Jahrhunderte gehen und bis zu uns gelangen sollten mit der Frische einer Niederschrift, die vom Heiligen Geist inspiriert worden ist.

Aber bevor Paulus sich verabschiedet und schon in der Ferne die Tore der Herrlichkeit sieht, schaut er zurück und macht eine Bestandsaufnahme seines Lebens. Dann macht er drei faszinierende Äusserungen, eine über einen Krieger, die zweite über einen Athleten und die dritte über einen Theologen.

Wie ein starker Krieger sagt er: «Ich habe den guten Kampf gekämpft» (2Tim 4,7). Im griechischen Urtext hört es sich so an: «Den grossartigen Kampf habe ich im Tod ausgerungen» oder: «Ich habe den mühseligen Wettstreit bis zum Ende gekämpft» (vgl. 1Tim 6,12). Ja, Paulus hat mit Menschen, mit Dämonen und sogar mit Christen gekämpft (2Kor 11,23-28).

Mit der Gewissheit eines Athleten des Glaubens fügt er hinzu: «Ich habe den Lauf vollendet» (2Tim 4,7). In der Apostelgeschichte 20,24 sieht er die Laufbahn vor sich und wünscht sehnlichst, sie zu durchlaufen:

> «Aber auf das alles nehme ich keine Rücksicht; mein Leben ist mir auch selbst nicht teuer, wenn es gilt, meinen Lauf mit Freuden zu vollenden und den Dienst, den ich von dem Herrn Jesus empfangen habe, nämlich das Evangelium der Gnade Gottes zu bezeugen.»

In Philipper 3,13-14 läuft Paulus auf dieser Rennbahn und sagt darüber:

> «Brüder, ich halte mich selbst nicht dafür, dass ich es ergriffen habe; eines aber [tue ich]: Ich vergesse, was dahinten

> ist, und strecke mich aus nach dem, was vor mir liegt, und jage auf das Ziel zu, den Kampfpreis der himmlischen Berufung Gottes in Christus Jesus.»

Nun ist er kurz vor dem Ziel. Der Ausdruck, den er hier benutzt, lautet im Urtext: *ton dromon teteleka* (2Tim 4,7). Er gebrauchte damit dasselbe Wort (*teleo*) wie der Herr Jesus, als er sagte: «Es ist vollbracht» (Joh 19,30).

Abschliessend sagt Paulus mit der Überzeugung eines Lehrers der Glaubenslehre: «Ich habe ... den Glauben bewahrt» (2Tim 4,7). Anders ausgedrückt: «Ich habe den Glauben unversehrt gehalten.» In diesem Fall ist es nicht sein persönlicher, subjektiver Glaube, sondern die Lehre, die Niederschrift der offenbarten Wahrheit, die ihm anvertraut worden war, der Schatz, den Gott in sein irdenes Gefäss gelegt hatte (1Kor 4,1-2; 2Kor 4,7) und den er eifrig und treu bewacht hat.

Noch etwas zum Bild des Athleten: Vor Beginn der Spiele, z. B. der Olympischen Spiele, war es Sitte, dass die Teilnehmer sich versammelten und einen feierlichen Schwur ablegten, in dem sie sich verpflichteten, die Regeln einzuhalten, ohne irgendeine illegale Hilfe in Anspruch zu nehmen. Die Besorgnis von Paulus (1Kor 9,27), die Regeln des Wettbewerbs nicht einhalten zu können und eliminiert zu werden, gehörte der Vergangenheit an. Er hatte recht mit dem, was er Timotheus schrieb: «Und wenn sich auch jemand an Wettkämpfen beteiligt, so empfängt er doch nicht den Siegeskranz, wenn er nicht nach den Regeln kämpft» (2Tim 2,5). Paulus hatte sie erfüllt.

Er hat den Glauben bewahrt und konnte sagen: «Ich nahm an den Spielen mit aller Ehrerbietung, die ihnen gebührt, teil.» Er hat die Gewissheit, sein Endexamen zu bestehen. Andere haben den Glauben verlassen (1Tim 1,19). Aber in der Gewissheit, seine Arbeit beendet zu haben und den Auftrag, zu dem ihn der Herr vor dreissig Jahren auf dem Weg nach Damaskus berufen hatte, erfüllt zu haben, wird er nun nach seinem langen und gefährlichen Lauf die Ziellinie überschreiten. Und was sieht er vor sich? Er sieht eine Krone, die der Richter in seinen Händen hält. Den *stephanos*, den Siegeskranz, der für ihn aufbewahrt wurde und den ihm niemand wegnehmen noch streitig machen wird. Er ist für ihn in sicherer Aufbewahrung beim gerechten Richter. Nero konnte ihn zwar für schuldig erklären, aber der gerechte Richter, der oberste Schiedsrichter, wird ihm die Krone der Gerechtigkeit (griech. *dikaiosyne*) überreichen.

Was ist das für eine Gerechtigkeit? Es ist nicht die Gerechtigkeit Christi, die jedem Gläubigen zugesprochen wird und von der er so viel in seinen Briefen an die Römer und insbesondere an die Galater geschrieben hatte, denn diese Gerechtigkeit kann man sich nicht mit Werken verdienen. Sie ist vielmehr der gerechte Preis, die gerechte Belohnung für seinen Lauf, für seinen Kampf und für seine Treue. Wie er es den Galatern in Kapitel 5,5 schreibt: «Wir aber erwarten im Geist aus Glauben die Hoffnung der Gerechtigkeit.» Francisco Lacueva schreibt im Bibelkommentar von Matthew Henry:

> «Die Gerechtigkeit dieser Krone beruht allein auf der Treue Gottes, der sie dem Sieger verheissen hat (2Tim 4,7-8). Ausserdem hat Christus diese Krone für sie gewonnen. Man kann also nicht von einer Tugend sprechen, die sie verdient, sondern von einer verheissenen Belohnung.»

Ist es etwa nicht gerecht, dass der Herr seinen treuen Dienern sagt: «Gut gemacht»?

Diese Krone wird «an jenem Tag» überreicht werden, am Tag der Preisverteilung vor dem Richterstuhl Christi. Sie wird nicht ausschliesslich Paulus gegeben werden, «sondern auch allen, die seine Erscheinung liebgewonnen haben» oder «die sein Kommen lieben». Sein Kommen, sein zweites Kommen, zu lieben, bedeutet, es mit einem brennenden Herzen herbeizuwünschen. W. Hendriksen sagt in seinem Kommentar zum Neuen Testament, 1. und 2. Timotheusbrief:

> «Beachten Sie das Wort ‹liebgewonnen›, nicht ‹gefürchtet›, weil die vollkommene Liebe die Furcht austreibt (1Joh 4,18). Wenn der Geist und die Braut sagen: ‹Komm›, dann wird jeder, der den Herrn wirklich liebt, ebenfalls ‹komm› sagen. Und wenn der Herr antwortet: ‹Ich komme bald›, dann wird die sofortige Antwort ‹Amen, komm, Herr Jesus› sein.»

Sein Kommen zu lieben, heisst, zu leben, wie er es möchte:

> «Geliebte, wir sind jetzt Kinder Gottes, und noch ist nicht offenbar geworden, was wir sein werden; wir wissen aber, dass wir ihm gleichgestaltet sein werden, wenn er offenbar werden wird; denn wir werden ihn sehen, wie er ist. Und jeder, der diese Hoffnung auf ihn hat, reinigt sich, gleichwie auch er rein ist» (1Joh 3,2-3).

> «Da nun dies alles aufgelöst wird, wie sehr solltet ihr euch auszeichnen durch heiligen Wandel und Gottesfurcht, indem ihr das Kommen des Tages Gottes erwartet – mit gespannter Vorfreude abwartet – und ihm entgegeneilt …» – im Originaltext: «beschleunigt», «antreibt» (2Petr 3,11-12).

> «Denn die Gnade Gottes ist erschienen, die heilbringend ist für alle Menschen; sie nimmt uns in Zucht, damit wir die Gottlosigkeit und die weltlichen Begierden verleugnen und besonnen und gerecht und gottesfürchtig leben in der jetzigen Weltzeit, indem wir die glückselige Hoffnung erwarten und die Erscheinung der Herrlichkeit des grossen Gottes und unseres Retters Jesus Christus» (Tit 2,11-13).

Es ist so, als würde Paulus Timotheus sagen: «Ich habe das Ziel erreicht. Du befindest dich noch im Wettlauf. Folge meinen Schritten, so wirst du zum gleichen Ergebnis kommen: Eine Krone wird dich erwarten.» Das gilt auch jedem Einzelnen von uns, wenn wir den guten Kampf kämpfen, auf der Rennbahn Christi laufen und den Glauben bewahren.

Die Krone der Herrlichkeit

Für die Hirten, die treu die Herde Gottes hüten: «Dann werdet ihr auch, wenn der oberste Hirte offenbar wird, den unverwelklichen Ehrenkranz empfangen» (1Petr 5,4) – die Krone der Herrlichkeit.

Für die, die Gott mitten aus seinem Volk heraus beruft: «Und ich will euch Hirten nach meinem Herzen geben, die sollen euch weiden mit Erkenntnis und Einsicht» (Jer 3,15). Für diejenigen, die die Herde des Hirten aller Hirten, des obersten Hirten, lieben und sie hüten, «nicht gezwungen, sondern freiwillig ..., nicht nach schändlichem Gewinn strebend, sondern mit Hingabe – herzlich gern, mit aufrichtigem Bemühen –, nicht als solche, die über das ihnen Zugewiesene herrschen, sondern indem ihr Vorbilder der Herde seid!» (1Petr 5,2-3).

Petrus erinnert sich gewiss in diesem 5. Kapitel seines ersten Briefes an jene Begebenheit am Ufer des Sees Genezareth, die sein Leben veränderte. Dort empfing er wiederholt aus dem Mund des Meisters den Auftrag: «Weide meine Lämmer! ... Hüte meine Schafe! ... Weide meine Schafe!» (Joh 21,15-17).

Nun spricht er seine Mitdiener an, die Ältesten der Gemeinden, denen er diesen Brief schreibt. Es sind die Männer, die Gott herausgerufen hat und auch heute noch beruft, damit sie in – nicht «über» – seiner Herde tätig sind. Es sind Pastoren, Älteste und Leiter, die für sein Volk sorgen, ihm Nahrung geben und es leiten sollen. Gott hat sie in ihr Amt eingesetzt. Sie sollen es nicht aus Pflicht, nicht mit finanziellen Ambitionen oder herrschsüchtig ausüben, sondern mit Hingabe einen rechtschaffenen Dienst im Namen des Herrn tun und Vorbilder der Gemeinde sein.

Das Wort «Vorbild» heisst im Griechischen *typos*, was die genaue Widerspiegelung eines Modells anzeigt. Jeder Älteste und jeder Pastor muss den Oberhirten so widerspiegeln, wie er ist, um auf diese Weise ein Vorbild für die Gemeinde Gottes zu sein. Eine gute Leiterschaft wird nicht durch eine Ernennung und auch nicht durch Handauflegung erreicht, sondern durch das Beispiel, das andere anspornt, Jesus nachzufolgen. Und das ist das Glorreiche des Amtes. Paulus sagte den Ältesten in Ephesus:

> «So habt nun acht auf euch selbst und auf die ganze Herde, in welcher der Heilige Geist euch zu Aufsehern gesetzt hat, um die Gemeinde Gottes zu hüten, die er durch sein eigenes Blut erworben hat!» (Apg 20,28).

Es ist eine ehrenhafte und edle, aber auch schwere Aufgabe (1Tim 3,1), zu der sie berufen sind. Sie ist nur möglich, wenn man die Kraft dessen in Anspruch nimmt, der der Herr der Gemeinde ist und sie aufrechterhält, sie ernährt und erbaut. Sie zu weiden, bedeutet, sich um sie zu kümmern, sie zu pflegen, ihr die rechte Speise zu geben, sie zu leiten, ihr als gutes Beispiel voranzugehen und sie zu beschützen (Hes 34,12-16). Das erfordert eine besondere Hingabe, eine besondere Abhängigkeit und eine besondere Demut. Eine besondere Liebe ist ebenfalls erforderlich, auch wenn sie keine Anerkennung findet, ihr keine Dankbarkeit entgegengebracht wird und sie auf kein Verständnis stösst, keines ... nichts ... (2Kor 12,15).

Sie sind Pastoren, Hirten, aber sie unterstehen dem «Chef der Pastoren», d. h. dem Oberhirten, vor dem sie eines Tages Rechenschaft ablegen werden. In Hebräer 13,17 wird der Herde eine Verhaltensvorschrift gegeben:

> «Gehorcht euren Führern und fügt euch ihnen; denn sie wachen über eure Seelen als solche, die einmal Rechenschaft ablegen werden, damit sie das mit Freuden tun und nicht mit Seufzen; denn das wäre nicht gut für euch.»

Sie werden sich vor dem verantworten müssen, der auch «der gute Hirte» ist (Joh 10,11.14-15), der sein Leben für die Schafe gab und der ihnen vorangeht; und sie folgen ihm, weil sie seine Stimme kennen. Aber er ist auch der grosse Hirte «der Schafe durch das Blut seines ewigen Bundes» (Hebr 13,20).

Die Aufgabe dieser «Unterpastoren» oder der Hirten, die dem «Hirten und Hüter eurer Seelen» (1Petr 2,25) untergeordnet sind, wird eines Tages beendet sein. Wann? «Wenn der oberste Hirte offenbar wird» (1Petr 5,4). Wenn er in den Wolken erscheinen wird, um seine Gemeinde zu sich zu holen, wenn er seinen *bema* (Richterstuhl Christi) der Belohnungen aufrichten wird, dann wird es eine *Krone der Herrlichkeit* für die Hirten geben, die den Auftrag, der ihnen anbefohlen wurde, treu erfüllt haben.

Ist es nicht genug, den Auftrag mit Freuden auszuführen und die Frucht der Arbeit im Leben anderer zu sehen, die verändert wurden und das Werk fortführen, wie eine Fackel, die von Hand zu Hand weitergereicht wird (2Tim 2,2)? Nein. Es wird auch eine Krone geben.

Diese Krone ist die *der Herrlichkeit*, weil sie die Herrlichkeit Gottes widerspiegelt, die eines Tages offenbart wird und an der wir teilhaben werden (1Petr 5,1). Gott hat uns zur ewigen Herrlichkeit berufen (1Petr 5,10). Ausserdem ist es eine unvergängliche – oder besser gesagt: eine unverwelkliche Krone (1Petr 5,4). Der hier gebrauchte Ausdruck (griech. *amarantinon*) bedeutet «was nicht verwelkt».

Es gibt eine Zierpflanze namens Amarant, die so benannt wurde, weil sie ihre Farbe nicht verliert, und selbst wenn sie abgeschnitten wurde, wird sie wieder frisch, wenn man sie ins Wasser stellt. Deshalb wird sie auch als ein Symbol der Beständigkeit angesehen. Die Krone ist unverwelklich, sie vergeht nicht und entspricht somit einer Krone von ewiger, unsterblicher Herrlichkeit. Im Altertum wurde ein Blumenkranz als Zeichen des Ruhmes und der Ehre über die Schultern des Siegers gelegt. Aber diese Blumen verwelkten in kurzer Zeit. Die Krone, die das Haupt jedes treuen Hirten schmücken wird, wird nicht erschlaffen, sie wird weder ihre Schönheit noch ihren Duft verlieren. Sie reflektiert die unverwelkliche Herrlichkeit des ewigen Gottes.

Der Oberhirte wurde von den Menschen mit einer Dornenkrone gekrönt (Mt 27,29), aber in Hebräer 2,9 lesen wir: «Wir sehen aber Jesus, der ein wenig niedriger gewesen ist als die Engel wegen des Todesleidens, mit Herrlichkeit und Ehre gekrönt.» Er teilt seine Leiden mit den Seinen, aber auch seine Herrlichkeit (Röm 8,17; 1Joh 3,2). Es wird ein Kreuz geben, aber auch eine Krone. Auch wenn wir nicht wirklich wissen, woraus eigentlich die Preise bestehen, so wissen wir doch, dass sie dessen würdig sein werden, der sie uns verleiht.

KAPITEL 10

Die Verluste

Es wird aber nicht für alle Belohnungen geben. Die Bibel spricht von der Möglichkeit, den Preis zu verlieren. Es gibt mehrere Schriftstellen, die uns etwas Licht über die Ereignisse geben, die an «jenem Tag», dem Tag des Preisgerichts Christi, geschehen werden.

In 1. Korinther 3,15 lesen wir: «Wird jemandes Werk verbrennen, so wird er Schaden erleiden; er selbst aber wird gerettet werden, doch so wie durchs Feuer hindurch.» Es wird wie bei Lot sein, dem, unmittelbar bevor das Feuer vom Himmel fiel, das Sodom verderben würde, gesagt wurde: «Rette deine Seele!» (1Mo 19,17). Er verlor alles, und nur sein Leben blieb ihm erhalten. Francisco Lacueva kommentiert es so:

> «Der Gedanke ist eindeutig: Es ist genauso wie bei einer Person, der es bei einem Feuerausbruch nicht gelingt, irgend-

welchen Besitz zu retten, nicht einmal die Kleidung, die sie trägt. Aber sie selbst entkommt unversehrt den Flammen, ohne einen Schaden. So wird es mit dem Arbeiter Christi sein, der mit unnützem Material gebaut hat. Er wird erleben, dass alle diese Baustoffe verbrennen, und er wird auch sehen, dass jegliche Belohnung verloren ist, aber er wird nicht das Geringste seiner Rettung verlieren (Röm 8,1). Sein Entrinnen wird nicht *durch das Feuer* (durch eine ‹Reinigung›), sondern *vor dem Feuer* (durch eine ‹Evakuierung›) sein. Der Herr wird ihn herausholen, wie man etwas schnell aus dem Feuer holt, das kurz vor dem Anbrennen ist.»

Sacharja 3,2 kann diese Situation illustrieren: «Ist dieser nicht ein Brandscheit, das aus dem Feuer herausgerissen ist?»

Verlust: Werke und Gelegenheiten

Was bedeutet hier «Verlust»? Der gebrauchte Ausdruck (griech. *zemioo* – s. 2Kor 7,9; Phil 3,8) enthält den Gedanken eines Schadens, einer Beeinträchtigung (vgl. Apg 27,10). Die Bedeutung im Urtext war wohl: «geschädigt herauskommen». Dieser Ausdruck kommt in Matthäus 16,26, Markus 8,36 und Lukas 9,25 vor und bezieht sich dort auf die Seele, auf das Leben des Ungläubigen; aber das ist hier ja nicht der Fall. Es besteht kein Zweifel daran, dass das Heil nicht verloren gehen wird, denn es ist durch das Werk Christi, seinen Sühnetod, seine Auferstehung zum Leben, das Innewohnen des Heiligen Geistes und die treuen Verheissungen des Wortes Gottes sichergestellt, wie es z. B. in Johannes 3,16.18; 5,24, Römer 8,1 und an vielen anderen Stellen geschrieben steht. Ebenso wenig werden die in Kapitel 2 und 3 der Offenbarung erwähnten Gnadengeschenke verloren gehen, die der Herr jedem Gläubigen zukommen lässt, der zur Schar der «Überwinder» gehört.

Aber der «Verlust», der Schaden, kann aus mindestens zwei Dingen bestehen:

Der Verlust des Werkes

In 1. Korinther 3,15 steht: «wird aber jemandes Werk verbrennen». Der Ausdruck «verbrennen» kommt von dem griechischen Wort *katakaio*, was bedeutet, dass etwas brennt, bis es völlig vom Feuer verzehrt ist. Zweifellos geschieht das mit dem Holz, mit Heu und Stroh oder dem dürren Laub. Es ist das Gegenteil zu «bleiben», dem Ausdruck von Vers 14. Dieses Werk hat keinen Bestand, es verträgt nicht die Aktion des Feuers. Es besteht die Prüfung nicht. Somit ist es ein untaugliches und nutzloses Werk, das im Test durchgefallen ist. Was für ein Gefühl der Niederlage und Schande wird es sein, wenn man sein Werk verbrennen sieht – und wie das Feuer «Holz, Heu und Stroh verbrennen» kann! Wie schrecklich wird es wohl sein, wenn man vorurteilsfrei und ohne Bedenken meint, dass man dem Herrn gedient habe, und wenn dann herauskommt, dass es in Wirklichkeit nur Schein war; man hat auf das Fleisch gesät, man suchte die eigene Ehre und nicht die Ehre Gottes! Es ist eine Schande, nicht das getan zu haben, was man hätte tun sollen und wie man es hätte tun sollen.

Der Verlust kann bedeuten, das Leben vergeudet zu haben, und zwar in dem Sinn, die Gelegenheit nicht wahrgenommen zu haben, die Gott uns in diesem Leben gibt, für ihn zu leben. Stattdessen haben wir es für uns selbst gelebt, wie es Paulus in Philipper 2,21 sagt: «Sie suchen alle das Ihre, nicht das, was Christi Jesu ist!» Der Herr drückt diesen Verlust mit folgenden Worten aus: «Denn wer sein Leben retten will, der wird es verlieren; wer aber sein Leben verliert um meinetwillen und um des Evangeliums willen, der wird es retten» (Mk 8,35).

Aus dem Kontext der zitierten Bibelstelle ist aber auch zu ersehen, dass der *Verlust* sowohl die Wegnahme des Preises als auch die Minderung des herrlichen Segens beinhaltet, den man in seinem vollen Umfang als Belohnung erhalten hätte, wenn der Richter die Werke gutgeheissen hätte.

In 2. Johannes 8 steht: «Seht euch vor, dass wir nicht verlieren, was wir erarbeitet haben, sondern vollen Lohn empfangen!»

Der Apostel spricht von der Arbeit des Säens, die jeder Gläubige in seinem Leben verrichtet, was wir schon zuvor erwähnten, und er möchte, dass die Ernte eines jeden vollkommen sei (Joh 4,36). Das Leben als Christ erfordert ein kontinuierliches Wachen, eine ständige Bereitschaft, wie es bei den Arbeitern zur Zeit Nehemias war, die mit der einen Hand am Bau arbeiteten und mit der anderen das Schwert hielten (Neh 4,11). Die Wahrheit in sich zu behalten (2Joh 2), erfordert eine stete Selbstprüfung und eine ständige Wachsamkeit nach aussen. Dieses Säen, das von uns erwartete Bauen am Werk Gottes, wird eines Tages seine Ernte, seine Belohnung, haben. Johannes wünscht, dass seine Kinder ihren «kompletten» und keinen verminderten Lohn bekommen. Wer mehr sät, wird natürlich auch mehr ernten. Die Frucht wird für einige «dreissigfältig», für andere «sechzigfältig» und für wieder andere «hundertfältig» ausfallen (Mk 4,8). Für mehr Frucht gibt es auch mehr Belohnung.

Wer treu am Tempel Gottes baut, wird eine grössere Freude, Genugtuung und Ehre haben, wenn er das Resultat seiner Arbeit sehen wird. Wer aber bei der ihm aufgetragenen Arbeit nicht treu ist, wird selbstverständlich keinen «vollen Lohn» bekommen. Das bedeutet einen «Verlust». Ein vollständiger Preis wird den Empfänger mit ewiger Freude ganz erfüllen und ihm eine neue und herrliche Verantwortung im Reich Gottes erteilen. Der Wunsch, den Boas in Rut 2,12 der Frau aussprach, die später seine Ehefrau sein würde, gilt auch jedem Gläubigen: «Der Herr vergelte dir deine Tat, und dir werde voller Lohn zuteil von dem Herrn ...»

Wie es unterschiedliche Grade der Verdammnis für die Ungläubigen gibt (Mt 11,22), so wird es auch Unterschiede in der Herrlichkeit für die Gläubigen geben.

Das Heil wird nicht verloren gehen, aber es wird für diejenigen Verluste geben, deren Werke vom Feuer vernichtet werden. Das wird dann zeigen, dass sie auf Antrieb und in der Kraft des Fleisches zur Selbstverherrlichung getan wurden und nicht zur Ehre und zum Lob des Herrn. Und obwohl dies dann, nach unserem viel grösseren Gerechtigkeitssinn als jetzt, eher eine Löschung als einen Verlust bedeuten wird, so wird der Schaden in Wirklichkeit darin bestehen, dass nichts zur Ehre des Herrn vorhanden sein wird und dass wir selbst ohne Belohnung dastehen werden, weil wir nicht nach seinem Heiligen Wort gelebt haben.

Beschämt in seiner Gegenwart

In 1. Johannes 2,28 finden wir noch einen anderen Gedanken: «Und nun, Kinder, bleibt in ihm, damit wir Freimütigkeit haben, wenn er erscheint, und uns nicht schämen müssen vor ihm bei seiner Wiederkunft.» Der Ausdruck «damit wir ... uns nicht schämen müssen vor ihm» bedeutet, «fern von ihm» oder «von ihm entfernt». A. T. Robertson beschreibt dies in seinem Buch

«Wortbilder des Neuen Testaments»: «[...] als ob man vor Entsetzen Rückwärtsschritte macht und sich dabei von Christus voller Schuldgefühle entfernt».

Das heisst nicht, dass diejenigen, deren Werke die Feuerprobe nicht bestanden haben, aus der Gegenwart des Herrn weggeschickt werden, wie der «unnütze Knecht» im Gleichnis von Matthäus 25, der nach Vers 30 «in die äusserste Finsternis» geworfen wird, wo «das Heulen und Zähneknirschen» ist.

Wir müssen uns, wie bereits gesagt, daran erinnern, dass diese Schriftstelle, wie auch der Rest des Kapitels, im Blick auf die Zeit des Kommens Christi in Herrlichkeit und seine Beziehung zu seinem Volk Israel ausgelegt werden muss, obwohl sie auch eine tiefe geistliche Anwendung für die gläubigen Christen enthält. Viele werden mit Sicherheit sehr beschämt dastehen, wenn sie sehen, dass sie so viele Gelegenheiten verpasst haben, und sie werden erkennen, dass sie dem Herrn während ihres Lebens auf dieser Erde so wenig Treue erwiesen haben. Wir alle werden uns schämen, denn auch der beste Christ wird sich angesichts der erhabenen Heiligkeit des unnahbaren Gottes unzureichend vorkommen.

Wir müssen aber auch nicht meinen, dass diese «Schande» mit einem Schuldgefühl die ganze Ewigkeit andauern wird, denn in Offenbarung 7,17 und 21,4 lesen wir von der liebevollen Barmherzigkeit des Herrn: «Gott wird abwischen alle Tränen von ihren Augen.» Obwohl die Konsequenzen ewig sind, wird der Gerechtigkeitssinn, der in unserem veränderten Geist herrschen wird, nicht nur das Gerichtsurteil akzeptieren, sondern sogar Dankbarkeit herbeiführen, die von der Gnade Gottes in der Seele des Gläubigen erweckt wird.

E. Schuyler schreibt in seinem Buch «Die Gemeinde im Preisgericht»:

> «Die Freude wird zweifellos das vorherrschende Gefühl im Leben mit dem Herrn sein. Wenn aber unsere Werke im Preisgericht offenbar werden, vermute ich, dass sich dann auch ein Schmerz unter die Freude mischt. Es wird schmerzen, weil man einen Verlust erleidet. Aber es wird auch eine Freude sein, wenn wir erkennen, dass die Belohnungen weitere Gnadenerweise unseres Herrn sind, denn der Beste von uns ist ‹ein unnützer Knecht›.»

Erinnern wir uns an Petrus. In jener kalten Nacht, als er den Herrn verleugnet hatte, reichte ein Blick des Herrn, um ihn an seine Sünde zu erinnern, seine Seele zu durchdringen und Tränen der Reue über sein Gesicht fliessen zu lassen. Lukas berichtet es uns folgendermassen:

> «Und der Herr wandte sich um und sah Petrus an. Da erinnerte sich Petrus an das Wort des Herrn, das er zu ihm gesprochen hatte: Ehe der Hahn kräht, wirst du mich dreimal verleugnen. Und Petrus ging hinaus und weinte bitterlich» (Lk 22,61-62).

Beachten wir die Verben «er sah», «er erinnerte sich», «er ging hinaus» und «er weinte bitterlich». Ist das nicht eine Vorwegnahme dessen, was ein Christ, der sich mit leeren Händen in die Gegenwart des Herrn begibt, empfinden wird, wenn ihn der feurige Blick Christi getroffen hat? Wird es nicht so wie bei Petrus sein, den man anschliessend nicht in der Nähe des Herrn sah, als er so Schweres am Kreuz erlitt? Die Liebe und Treue von Johannes bringen den Jünger näher an seinen Meister und

Herrn heran; die Untreue entfernt, nicht nur im Leben, sondern auch in der Herrlichkeit.

Es ist bemerkenswert, was der Apostel Paulus in 2. Timotheus 1,18 über Onesiphorus sagt: «Der Herr gebe ihm, dass er Barmherzigkeit erlange vom Herrn an jenem Tag!» Das bezieht sich unverkennbar auf den Tag des Kommens Christi für seine Gemeinde; und der Segen für seinen Diener Onesiphorus wird darin bestehen, «in der Nähe des Herrn» zu sein. Diese Nähe müssen wir nicht unbedingt örtlich verstehen, sondern als einen Ausdruck der Beziehung, der Gemeinschaft und der geistlichen Verbundenheit. Der grösste Segen, den ein Gläubiger erstreben kann, ist, an jenem herrlichen Tag seines Kommens und für alle Ewigkeit in der Nähe seines Heilands zu sein.

Eine Vorstellung davon geben uns die verschiedenen Grade der Nähe, an der sich die drei Gruppen der «Helden Davids» erfreuten (2Sam 23,8-12; 13-23 und 24-39). Oder die drei Kreise der zwölf Apostel, die den Grad ihrer Vertrautheit und Gemeinschaft mit Jesus zeigten. Wenn man Judas, den «Sohn des Verderbens» (Joh 17,12) abrechnet, dann waren es noch acht Jünger, die dem Herrn nachfolgten und mit ihm Gemeinschaft hatten, aber nie gehörten sie zum innersten Kreis, zu dem von Petrus, Johannes und Jakobus. Aber auch unter diesen drei Jüngern gab es einen, der die höchste Stufe der Gemeinschaft mit Jesus erreichte: Johannes, der an jenem denkwürdigen, letzten Passah vor dem Kreuz Jesus näher war als alle anderen. Wenn es für Johannes, den «Jünger, den Jesus liebte», ein besonderes Vorrecht war, «seinen Platz an der Seite Jesu» zu haben (Joh 13,23), was wird es für den treuen Christen bedeuten, der in ihm bleibt, d. h. beständig und fest im göttlichen Wort der Wahrheit, und der in der vertrauten Gemeinschaft mit Christus lebt, während er wie die Braut im Hohelied (8,5) «gestützt auf ihren Geliebten» durch die Wüste dieser Welt zieht? Was wird ihn erwarten, wenn er auch in der Zukunft in dieser engen, innigen und gesegneten Beziehung zum Herrn in seinem Reich und seiner Herrlichkeit als sein Vertrauter in seiner Nähe bleibt und das Vorrecht und ein grösseres Mass an Verantwortung bei der Erfüllung seiner ewigen Pläne erhält?

Das Gegenteil davon heisst, sich vom Herrn entfernen zu müssen, oder etwa – weil der entsprechende Ausdruck in 1. Johannes 2,28 im Passiv steht – «von ihm beschämt werden». Man hat sich von ihm zurückzuziehen, was man mit gesenktem Haupt zum Zeichen der Scham tun wird, weil seine Werke sich als unvollkommen erwiesen haben und der gerechte Richter das Urteil gefällt hat.

> Noch einen weiteren Aspekt finden wir in 2. Petrus 1,10-11: «Darum, Brüder, seid umso eifriger bestrebt, eure Berufung und Auserwählung fest zu machen; denn wenn ihr diese Dinge tut, werdet ihr niemals zu Fall kommen; denn auf diese Weise wird euch der Eingang in das ewige Reich unseres Herrn und Retters Jesus Christus reichlich gewährt werden.»

Das «Festmachen der Berufung und Auserwählung» bedeutet, dass jeder Gläubige seiner persönlichen Berufung und Auserwählung gemäss zu leben hat und dabei durch seine Früchte die Echtheit seines Glaubens beweisen muss. Wenn man das befolgt, dann wird solch ein Leben einen «weit geöffneten Eingang» sicherstellen oder, wie es eine andere Übersetzung sagt, zum Reich Gottes «wird man ihnen die Türen sperrangelweit öffnen». Wenn man allerdings unverantwortlich lebt, dann wird es so sein, als werde man durch einen kleinen Nebeneingang hineingehen. Jedes wiedergeborene Kind Gottes wird in den Himmel eingehen, aber nicht alle durch die «weit geöffnete Tür». Für einige wird das Wort zutreffen, das Petrus in seinem ersten Brief schreibt: «Wenn der Gerechte [nur] mit Not gerettet wird ...» (1Petr 4,18). Ja, er wird gerettet werden, aber nur mit Not.

W. C. Scroggie sagt:

> «Wir können nicht glauben, dass wir im Himmel irgendeinen unerfüllten Wunsch haben werden – im Gegenteil: Es wird uns versichert, dass wir an seinem Anblick gesättigt sein werden, wenn wir erwachen (Ps 17,15). Aber das bedeutet nicht, dass wir alle die gleiche Fähigkeit haben werden, uns an Gott und dem Himmel zu erfreuen, auch nicht, dass wir das gleiche Vorrecht der Verantwortung und Autorität bekommen werden oder dass wir denselben Glanz der Herrlichkeit ausstrahlen werden (1Kor 15,41).»

Dr. J. D. Johnson hat es richtig gesagt:

> «Im Himmel wird es Unterschiede geben, Unterschiede im Gewinn und in der Herrlichkeit. Es gibt einige, die gerade noch gerettet werden [...], und andere, die einen ‹weit geöffneten Eingang› zu den himmlischen Wohnungen haben werden. Dieser Tatbestand der Unterschiede im Gewinn ist völlig kompatibel mit der vollkommenen Glückseligkeit aller Gläubigen. Jeder wird die Glückseligkeit haben, die er fassen kann. Für alle wird es eine Fülle an Freude geben, wenn auch das Fassungsvermögen für die Freude von Fall zu Fall verschieden sein kann.»

Der Kommentar von F. Lacueva ist angebracht:

> «Was wird der Gläubige sagen, wenn Jesus ihn vor sein Gericht lädt (Röm 14,10; 2Kor 5,10) und ihn fragt: ‹Was bringst du mir? Was hast du mit meinen Gnadenerweisen gemacht? Wo sind deine Dienste für mich?› Er wird nicht wissen, was er antworten soll, wenn alles, was er in seinen Händen hält, ‹Holz, Heu, Stroh› ist, Dinge, die das Feuer Gottes, der ein ‹verzehrendes Feuer› ist (Hebr 12,29), verbrennen wird. Wird er nicht, obwohl er gerettet ist, beschämt sein?»

Und hier noch eine Bemerkung von S. W. Paine aus dem Wycliffe-Bibelkommentar:

> «Hier gibt es einen Hinweis darauf, dass in der himmlischen Gesellschaft keine Klassen fehlen werden. Die Verwaltung der Reichtümer Gottes wird ewige Kapitalerträge produzieren. Der Christ, der mit grossen Reichtümern ausgestattet ist, dank der Zuteilung durch das Werk Christi, investiert jetzt und spart, um in der Zukunft weitere Reichtümer zu erhalten (vgl. 1Tim 6,19).»

Disqualifiziert

Ebenso sagt es Paulus in 1. Korinther 9,24-27:

> «Wisst ihr nicht, dass die, welche in der Rennbahn laufen, zwar alle laufen, aber nur *einer* den Preis erlangt? Lauft so, dass ihr ihn erlangt! Jeder aber, der sich am Wettkampf beteiligt, ist enthaltsam in allem – jene, um einen vergänglichen Siegeskranz zu empfangen, wir aber einen unvergänglichen. So laufe ich nun nicht wie aufs Ungewisse; ich führe meinen Faustkampf nicht mit blossen Luftstreichen,

sondern ich bezwinge meinen Leib und beherrsche ihn, damit ich nicht anderen verkündige und selbst verwerflich werde.»

Wir wissen bereits, dass «verwerflich» hier nicht «weggeworfen» im Sinn von «das Heil verlieren» oder von der Gegenwart Gottes ausgeschlossen zu sein bedeutet. Dieser Ausdruck (griech. *adokimos*, «nicht bestanden» oder «durchgefallen») zeigt an, dass jemand in der Gegenwart zur Seite gestellt wird, um mit seiner Arbeit fortzufahren, wobei er zusätzlich seine zukünftige Belohnung verliert.

F. B. Meyer sagte in seiner Ansprache mit dem Titel «Ein Verworfener» Folgendes:

«Als die Füllfederhalter auf den Markt kamen, kaufte ich mir einen in der Hoffnung, er würde mir sehr gute Dienste leisten. Aber schon bald war ich von ihm enttäuscht. Manchmal, wenn ich ihn gebrauchen wollte, schrieb er einfach nicht. Bei anderen Gelegenheiten war er so voller Tinte, dass er meine Finger verfärbte. Schliesslich gab ich ihn auf und kaufte mir einen anderen Füllfederhalter. Dieser ist mir jetzt sehr dienlich und ich habe keinerlei Schwierigkeit, jede beliebige Schreibarbeit damit zu erledigen. Aber ich habe auch noch den anderen aufgehoben. Er ruht in der Schublade meiner Kommode. Oft, wenn ich meine Sachen für eine Reise packe, meine ich, ihn ganz hinten von seinem Ruheplatz aus sagen hören: ‹Ah, er geht fort, und schon wieder nimmt er mich nicht mit. Es gab eine Zeit, wo er nicht ohne mich das Haus verliess. Niemals schrieb er einen Brief ohne mich. Nie verfasste er einen Artikel, den ich nicht zuerst kannte. Aber schon seit vielen Tagen

> und Monaten bin ich hier in die Ecke gestellt, ohne wieder gebraucht zu werden.› Dieser ausrangierte Füllfederhalter gleicht dem, was Paulus sagen wollte, als er seine Angst, ein Verworfener zu sein, zum Ausdruck brachte.»

Gibt es jemand unter uns, der wegen seiner Gleichgültigkeit, seiner Untreue dem Herrn und seinen Plänen gegenüber, wegen seines Mangels an Heiligkeit und Dienstbereitschaft und wegen seines schlechten Zeugnisses den Herrn dazu bringt, dass er sagt: «Ich brauche dich nicht. Du bist disqualifiziert.»? Unser Zeugnis und unser Dienst werden hier auf dieser Erde ein Ende haben, nicht aber unsere Disqualifikation, die ewige Konsequenzen hat.

In 2. Timotheus 2,12 lesen wir: «Wenn wir standhaft ausharren, so werden wir mitherrschen; wenn wir verleugnen, so wird er uns auch verleugnen.» Für den Herrn zu leiden, heisst nicht unbedingt, den Märtyrertod zu erleiden. Nach dem Verb, das hier gebraucht wird (griech. *hypomeno*), bedeutet es «geduldig ertragen», «mit Beständigkeit durchhalten», wie es auch in Römer 12,12 zu lesen ist: «In Bedrängnis haltet stand.» Das wird jeder Gläubige erleben, der gottesfürchtig leben will: «Und alle, die gottesfürchtig leben wollen in Christus Jesus, werden Verfolgung erleiden» (2Tim 3,12). Oder wie es der Herr Jesus selbst vorausgesagt hat: «In der Welt habt ihr Bedrängnis» (Joh 16,33).

Aber weil «die Leiden der jetzigen Zeit nicht ins Gewicht fallen gegenüber der Herrlichkeit, die an uns geoffenbart werden soll» (Röm 8,18), und weil «unsere Bedrängnis, die schnell und vorübergehend und leicht ist», uns «eine ewige und über alle Massen gewichtige Herrlichkeit» verschafft (2Kor 4,17), werden wir zur Belohnung mit ihm herrschen. Paulus erwähnt es schon in Vers 17 von Römer 8: «Wenn wir aber Kinder sind, so sind wir auch Erben, nämlich Erben Gottes und Miterben des Christus; wenn wir wirklich mit ihm leiden, damit wir auch mit ihm verherrlicht werden.» John Stott sagt: «Der Weg zum Leben ist der Tod; und der Weg zur Herrlichkeit geht durch Leiden.»

Was bedeutet nun, den Herrn zu verleugnen? Es handelt sich dabei um das Verhalten eines Gläubigen, der, obwohl er wirklich ein Kind Gottes ist, nicht als solches lebt; er spricht nicht so und er bekennt seinen Herrn nicht, wie es einem Gotteskind gebührt. Es bedeutet, so zu tun, als kenne man jemanden nicht; es ist der Verrat an einer Person. So war es mit Petrus in der unheilvollen Nacht seiner Verleugnung, in der er sogar noch fluchte angesichts der nachdenklichen Blicke der Ungläubigen, die ihn als einen Nachfolger Christi identifiziert hatten. Das kann vorkommen, und es ist eine traurige Situation für einen Christen, wenn so etwas passiert. Trotz alldem steht uns seine Gnade und Barmherzigkeit bereit, und wie der Apostel haben wir die Möglichkeit zur Busse, zu Tränen und zu einem wiederherstellenden Bekenntnis. Feigheit ist nicht das, was einen Gläubigen auszeichnet, denn «Gott hat uns nicht einen Geist der Furchtsamkeit gegeben, sondern der Kraft und der Liebe und der Zucht» (2Tim 1,7). Wenn wir feige sind, dann werden wir uns eines Tages vor dem Herrn schämen, denn «wenn wir verleugnen, so wird er uns auch verleugnen» (2Tim 2,12).

Was heisst, dass er uns verleugnet? Wenn es sich hierbei um einen Gläubigen handelt, dann passen die Worte natürlich nicht, die der Herr den Ungläubigen sagt, wenn sie vor seinem Richterstuhl das Urteil hören werden: «Ich habe euch nie gekannt; weicht von mir, ihr Gesetzlosen» (Mt 7,23; 25,12; Lk 13,25.27), denn: «Der Herr kennt die Seinen!» (2Tim 2,19). Die

Verleugnung des Herrn wird darin bestehen, dass ihm der Segen und die Belohnung, die für einen Gläubigen bestimmt sind, der Christus nicht verleugnet (Offb 2,13), vom Herrn wegen seiner Feigheit aberkannt werden.

Somit wird solch ein Christ nie wie der Apostel Paulus sagen können: «Ich habe den guten Kampf gekämpft, den Lauf vollendet, den Glauben bewahrt. Von nun an liegt für mich die Krone der Gerechtigkeit bereit ...» (2Tim 4,7-8). Jeder Gläubige entscheidet hier auf dieser Erde, wo sein Platz und was seine Belohnung im Himmel sein wird, wenngleich es der Ort aller Gläubigen sein wird.

Überraschungen im Himmel?

Möglicherweise werden wir im Himmel Überraschungen erleben. Wir werden Menschen suchen, von deren grossen geistlichen Taten und Erfahrungen wir gelesen und gehört haben. Etliche werden zweifellos wunderbare Belohnungen bekommen. Aber vielleicht werden auch einige von ihnen nicht den Preis erhalten, den sie unserer Meinung nach bekommen sollten. Wir werden auch eine grosse Schar von unbekannten Gläubigen sehen, die unauffällig gelebt haben, aber ewige Belohnungen bekommen werden, die gleich oder sogar grösser sind als die der meistbekannten und führenden Christen. Das liegt daran, dass der Umfang und der gute Ruf der eigenen Arbeit und das persönliche Ansehen und die Wichtigkeit vor den Menschen nichts für Christus bedeuten.

Kolosser 3,23-25 gibt uns einen neuen Gesichtspunkt:

> «Und alles, was ihr tut, das tut von Herzen, als für den Herrn und nicht für Menschen, da ihr wisst, dass ihr von dem Herrn zum Lohn das Erbe empfangen werdet; denn ihr

dient Christus, dem Herrn! Wer aber Unrecht tut, der wird empfangen, was er Unrechtes getan hat; und es gilt kein Ansehen der Person.»

Es ist nicht leicht zu verstehen, worin das Empfangen dessen, «was er Unrechtes getan hat», für diejenigen besteht, die sich bereits verwandelt in der Gegenwart des Herrn befinden und an der Herrlichkeit teilhaben, die uns offenbart werden wird. Aber der Apostel Paulus präsentiert uns hier ein wahres, göttliches Gesetz, in dem es keine mildernden Umstände und kein Ansehen der Person gibt. Was wir hier tun, wird dort Ergebnisse haben, an denen nicht zu rütteln ist. Belohnung oder Bestrafung. Strafe im Himmel? Wie sollen wir sonst den Ausdruck verstehen: «Wer aber Unrecht tut, der wird empfangen, was er Unrechtes getan hat»? Der Theologe W. E. Vine sagte dazu in seinem «Thematischen Kommentar: Prophetie»:

> «Er, der die Frommen aus der Versuchung erretten und die Ungerechten für den Tag des Gerichts zur Bestrafung aufbewahren kann (2Petr 2,9), weiss auch, wie er in Bezug auf das Ergebnis seines Gesetzes von Saat und Ernte mit seinen Kindern umzugehen hat. Das Bemühen, die Aussagen dieses Textes zu entschärfen, indem man meint, dieses Gesetz sei nur für dieses Leben gültig, ist ein Fehlschlag, weil hier und auch im Kontext nichts steht, was den Leser auf etwas anderes schliessen lässt, als dass die Ernte im Jenseits stattfindet, obwohl hier gesät wird. Wenn sich diese Worte nicht auf den Gläubigen vor dem Richterstuhl Christi beziehen würden, was man aus anderen Bibelstellen ersieht, dann wäre die Frage gar nicht erst aufgekommen, ob sich diese Schriftstelle auf jene Zeit und jenen Ort bezieht oder nicht.»

Dass niemand deine Krone nehme

Abschliessend ist zu sagen, dass Offenbarung 3,11 im Einklang mit den bisherigen Ausführungen steht: «Halte fest, was du hast, damit niemand deine Krone nehme!» Dieses Wort an die Gemeinde von Philadelphia ist eine Aufforderung, dass diese Gemeinde – und alle Gemeinden aller Zeiten, besonders die von heute, die der Wiederkunft des Herrn so nahe ist – an ihrer Standhaftigkeit festhalten soll, ohne etwas von dem aufzugeben, was sie hat. Worum geht es dabei? Um die Erkenntnis Gottes, seines Wortes und seiner Lehre, um die glückselige Hoffnung und besonders auch um die Treue zum Herrn, wie sie jene einzigartige Gemeinde gezeigt hat (Offb 3,8.10). Sie sollten alles zu dem Zweck festhalten, dass «niemand deine Krone nehme». Es ist so, als würde der Herr sagen: dass dir niemand die Krone entreisse oder die Krone verdiene, die dir zusteht; dass du nicht disqualifiziert wirst, weil du nicht gut gelaufen bist, und du dann den Preis, den Siegeskranz, verlierst (1Kor 9,25-27). Dass sie nicht dein Talent wegnehmen und es einem anderen geben, der besser damit handeln konnte (Mt 25,28). Dass dich niemand der Belohnung beraube, die für dich reserviert ist. Dass dir nichts die Freude nimmt, an den Siegen und der Herrlichkeit des Himmels für alle Ewigkeit teilzuhaben.

KAPITEL 11

Verheissungen für die Überwinder

Wir haben die Preise betrachtet, die der Richter den Gläubigen zur Belohnung für ihre Werke geben wird. Sie haben sie verdient, denn trotz ihrer Schwäche bewiesen sie ihm die Treue. Wir können nicht wissen, wie der gerechte Richter seine Belohnungen den Gläubigen an jenem Tag übergeben wird. Offenbar sind die *Kronen*, die vergeben werden, keineswegs materieller Art. Es ist ein Bild, das uns eine Vorstellung davon gibt: Die Treue des Gläubigen wird vom Herrn belohnt. Die Treue auf jedem Gebiet des christlichen Dienstes, des Lebens, das als lebendiges, heiliges und Gott wohlgefälliges Opfer Gott dargebracht wurde, wird die Billigung des Herrn und sein Lob verdienen («dann wird jedem das Lob von Gott zuteilwerden», 1Kor 4,5). Diese Anerkennung wird mit einer grösseren Herrlichkeit und mit einer unbeschreiblichen Freude belohnt werden, die einer innigeren Gemeinschaft mit dem Herrn und einem unerwartet höheren Dienst zur Ehre seines Namens in der Ewigkeit entspringen.

Verheissungen vor dem Richterstuhl

Aber es wird auch noch weitere Geschenke geben, die der Herr für die Seinen bestimmt hat. Es sind keine Preise, sondern Verheissungen. Sie sind nicht verdient, sondern gewährt. Sie sind keine Auszeichnungen für treue Werke, sondern Beigaben der unergründlichen Gnade des Erlösers. Sie werden am Ende der einzelnen Briefe enthüllt, die an die Gemeinden des ersten Jahrhunderts gesandt wurden. Johannes schreibt sie in Offenbarung Kapitel 2 und 3 an die Gemeinden in Ephesus, Smyrna, Pergamus, Thyatira, Sardes, Philadelphia und Laodizea.

Diese Verheissungen werden von dem wunderbaren Wort «wer überwindet ...» eingeleitet. Es besteht kein Zweifel daran, dass das Leben als Christ ein Kampf, mühselig und oft total erschöpfend ist. Es kann sogar das Leben kosten. So sind nun diese «überaus grossen und kostbaren Verheissungen» (2Petr 1,4) zur Ermutigung und Ermunterung für die Zeit der Prüfung da, die die Gemeinde des Herrn von Pfingsten bis zur *parousia* («Erscheinung», Wiederkunft) Christi durchläuft. Die Gemeinden des Buches der Offenbarung existierten im ersten Jahrhundert wirklich. Aber sie stellen ausserdem symbolisch die Gemeinden des Herrn der ganzen Kirchengeschichte dar.

Es gibt eine Interpretationslinie, die jede einzelne dieser Gemeinden mit bestimmten Zeitabschnitten in der Kirchengeschichte in Zusammenhang bringt. Danach würde Ephesus der Gemeinde zur Zeit der Apostel entsprechen, Smyrna der Gemeinde der Märtyrer, Pergamus der Gemeinde als offizielle

Staatsreligion ab Konstantin dem Grossen, Thyatira der Kirche des Mittelalters, Sardes der Gemeinde der Reformationszeit, Philadelphia der Gemeinde der Mission und der grossen Erweckungen im 18. und 19. Jahrhundert und Laodizea würde die letzte Etappe der Gemeinde repräsentieren.

Wir müssen bedenken, dass nicht nur im ersten Jahrhundert diese sieben Gemeinden existierten, sondern es auch die ganze Geschichte hindurch ein «Ephesus», «Sardes», «Philadelphia» usw. gab. Diese Interpretation, die der *historisch-grammatikalischen Auslegungsmethode* entspricht, die wir vertreten, scheint uns diejenige zu sein, die sich am meisten am Text und an der Botschaft orientiert, die der Heilige Geist durch diese Briefe vermittelt.

Demzufolge sind die Verheissungen für die Überwinder auch Verheissungen für jeden Christen. Sie werden am Ende des Wettkampfs erfüllt und dann in Gaben umgesetzt, die der Herr darreichen wird, der jeder einzelnen Gemeinde sagt: «Ich kenne deine Werke ...» «Kennen» ist in diesem Fall nicht nur eine intellektuelle Wahrnehmung. Er weiss alles (Joh 16,30). «Kennen» und «wissen» (griech. *oida*) ist dasselbe Verb, das sich in allen Briefen wiederholt (Offb 2,2.9.13.19; 3,1.8.15) und ein vollständiges und tiefes Wissen anzeigt. In dem Buch «Wortbilder des Neuen Testaments» von A. T. Robertson wird der englische Theologieprofessor und Sprachwissenschaftler Henry Barclay Swete zitiert, der sagt, dass dieses Verb «viel besser die vollkommene Klarheit des Geistes hervorhebt, der sich genauestens an alle Taten des Lebens wahrheitsgetreu erinnert». Das stimmt mit dem Bekenntnis überein, das Petrus am Ufer des Sees Genezareth ablegte: «Herr, du weisst alle Dinge ...» (Joh 21,17).

Zum Abschluss der Botschaften, die der Geist Gottes in der Offenbarung Kapitel 2 und 3 den Gemeinden sendet, gibt es in jeder von ihr die Erwähnung einer Gabe, die der Herr, der mitten unter ihnen lebt, verleiht. Er rühmt die bewiesene Treue und die Werke, die lobenswert sind. Er tadelt ihre Verfehlungen, ihre Sünden und ihre unfruchtbaren Werke. Immer hat er ein Wort der Ermahnung voller Gnade und Liebe bereit, das zur Busse und Rückkehr zu einer ungetrübten Gemeinschaft mit ihm einlädt. Der Herr selbst verheisst dem, der «überwindet», wunderbare Geschenke, von denen die meisten einen eschatologischen Charakter haben, d. h., dass sie dann in Erfüllung gehen, wenn die Gemeinde ihre Wohnung im Himmel bezogen hat.

Die Überwinder

Wer sind die Überwinder? Johannes, der Autor des Buches der Offenbarung, schreibt in seinem ersten Brief, wer sie sind: alle diejenigen, die glauben, dass Jesus der Sohn Gottes ist. Dort lesen wir:

> «Denn alles, was aus Gott geboren ist, überwindet die Welt; und unser Glaube ist der Sieg, der die Welt überwunden hat. Wer ist es, der die Welt überwindet, wenn nicht der, welcher glaubt, dass Jesus der Sohn Gottes ist?» (1Joh 5,4-5).

Demnach sind alle Gläubigen Überwinder. John MacArthur schreibt in den Anmerkungen seiner Studienbibel:

> «Das Wort für ‹Überwinder› stammt von einem griechischen Wort mit der Bedeutung ‹besiegen›, ‹den Sieg davontragen›, ‹überlegen sein› und ‹siegreiche Kraft›. Das Wort spiegelt eine wirkliche Überlegenheit wider, die zu überwältigendem Erfolg führt. Der Sieg ist offensichtlich; er beinhaltet

> den Sturz des Feindes, sodass der Sieg für alle sichtbar wird. Jesus verwendete dieses Wort auch, um sich selbst zu beschreiben (Joh 16,33). Da die Gläubigen mit Christus verbunden sind, haben sie an seinem Sieg Teil (Röm 8,37, 2Kor 2,14). Das Wort ‹überwinden› enthält in der Originalsprache den Gedanken, dass der Gläubige einen dauerhaften Sieg über die Welt hat.»

Dieser Sieg ist auf das kostbare Blut Christi begründet, das er für uns vergossen hat. So sagt es Offenbarung 12,11: «Und sie haben ihn überwunden um des Blutes des Lammes und um des Wortes ihres Zeugnisses willen und haben ihr Leben nicht geliebt bis in den Tod!»

Simon Kistemaker erklärt in seinem Kommentar zum Buch der Offenbarung die Redewendung «jedem, der siegt ...» – oder «wer überwindet» (s. Offenbarung Kapitel 2 und 3) – folgendermassen:

> «Der Ausdruck ‹siegt› ist ein Schlüsselwort, das im Griechischen im Partizip Präsens steht: ‹der gerade siegt›, ‹der ein Siegender ist›. Es ist keine Zeit der Vergangenheit oder ein Perfekt, als sei es eine abgeschlossene Handlung, sondern eine gegenwärtige und fortlaufende Aktion. Das heisst, dass der Kampf und die Prüfungen des gegenwärtigen Lebens in dieser Welt nicht endgültig sind. Der Triumph, der für die Gemeinde vorgesehen ist, hat seine Grundlage auf dem bereits errungenen Sieg Jesu. Christus hat den Kampf gewonnen, aber der Krieg ist noch nicht zu Ende. Nicht nur die Märtyrer, sondern auch alle Gläubigen sind persönlich an diesem Krieg gegen Satan und seine Kohorten beteiligt. Darum empfängt jeder Nachfolger Christi die Verheissung

> des ewigen Lebens und alle anderen Verheissungen, die dem Gläubigen gegeben werden (Offb 2,7.10.17.26; 3,5.12.21). Dem, der siegt, d. h. jedem wahren Gläubigen, sind alle Verheissungen gegeben.»

In Offenbarung 21,7-8 lesen wir:

> «Wer überwindet, der wird alles erben, und ich werde sein Gott sein, und er wird mein Sohn sein. Die Feiglinge aber und die Ungläubigen und mit Gräueln Befleckten und Mörder und Unzüchtigen und Zauberer und Götzendiener und alle Lügner – ihr Teil wird in dem See sein, der von Feuer und Schwefel brennt; das ist der zweite Tod.»

Hier ist der Gegensatz aufschlussreich. Auf der einen Seite sind die Überwinder, die das ewige Leben erben, und auf der anderen die Sünder, die in die ewige Verdammnis gehen. Folglich können wir sagen, dass jeder Gläubige ein potenzieller Überwinder ist. Er hat alle Mittel, um im Kampf zu siegen. Er besitzt das neue Leben, in dem sich die ganze Macht Gottes offenbart (Kol 1,11.29; 1Petr 1,5); er ist mit Christus verbunden (Eph 2,6); der Beistand des Heiligen Geistes ist ihm gegeben (Joh 14,16-17), der Glaube (Kol 2,12), die mächtige Grundlage des Wortes Gottes (Apg 20,32; Eph 6,17; 1Joh 2,14), das Gebet (Eph 6,18), die geistliche Waffenrüstung (Eph 6,10-17), die brüderliche Gemeinschaft (1Thess 5,14) und der Dienst der Engel (Hebr 1,14). Können wir da noch sagen, dass Gott uns im «Kampf des Glaubens» der Willkür des Feindes ausgesetzt hat? Ganz und gar nicht! Aber wie viele sind auf der Strecke geblieben! Wie viele werden den Wettlauf nicht vollenden! Wie viele werden nicht wie Paulus sagen können: «Ich habe ... den Glauben bewahrt» (2Tim 4,7)!

Sie haben nicht den Glauben und ein gutes Gewissen bewahrt, sondern dieses von sich gestossen und haben darum «im Glauben Schiffbruch erlitten» (1Tim 1,19).

Wie jedem wahren Gläubigen seine Erlösung sicher ist, weil sie weder von seiner Treue noch von seinen Werken und seiner Beständigkeit abhängt, sondern von der göttlichen Bewahrung und seinen unverbrüchlichen Verheissungen, so ist jeder Gläubige, der jedoch auch «Verlust erleiden» kann, ein Überwinder und wird das Verheissene, das Gott den Seinen geben wird, empfangen, wobei es allerdings Grade der Herrlichkeit geben wird. Es fällt auf, dass die Verheissungen für die Gemeinden, d. h. für die Gläubigen im Allgemeinen, sich nur auf ihr gemeinsames Erbe beziehen.

Der Ausdruck «Überwinder» wird besonders von Johannes gebraucht, was dem «Gläubigen», von dem Paulus redet, entspricht. Henry Barclay Swete meint: «Der Ton des Sieges dominiert bei Johannes, bei Paulus ist es der Glaube; oder vielmehr zeigt sich der Glaube bei Johannes im Licht des Sieges.»

So definiert nun das Wort «Überwinder» einen wahren Christen, von dem erwartet wird, dass er seiner Berufung gemäss lebt und er sich infolgedessen entsprechend in seiner Gemeinde einbringt. In einer lokalen Gemeinde sind nicht alle wahre Christen. Es gibt auch «Namenschristen». Die wahren Christen sind in der Tat Überwinder, weil sie ihr Leben mit Christus vereint leben. Sie identifizieren sich mit ihm, und wie der Tod Christi auch ihr Tod ist, so ist der Sieg Christi auch ihr Sieg (Röm 6,3-5; Gal 2,20; Kol 3,1-4). In seinem zweiten Brief an die Korinther schreibt Paulus: «Gott aber sei Dank, der uns allezeit in Christus triumphieren lässt» (2Kor 2,14). Anders gesagt, «er führt uns wie eine jubelnde, siegreiche Heerschar im Triumphzug Christi mit». Die

Gemeinde in Korinth war keineswegs perfekt. Sie hatte unzählige Probleme, die von fleischlichen und sektiererischen Gläubigen verursacht worden waren, die in einer geistlichen Kindheit steckten, im Streit lebten und sich gegenseitig beleidigten und Unrecht taten. Aber es ist erstaunlich, wie Gott sie sieht:

> «Ich danke meinem Gott allezeit euretwegen für die Gnade Gottes, die euch in Christus Jesus gegeben ist, dass ihr in allem reich gemacht worden seid in ihm, in allem Wort und in aller Erkenntnis, wie denn das Zeugnis von Christus in euch gefestigt worden ist, sodass ihr keinen Mangel habt an irgendeiner Gnadengabe, während ihr die Offenbarung unseres Herrn Jesus Christus erwartet, der euch auch fest machen wird bis ans Ende, sodass ihr unverklagbar seid am Tag unseres Herrn Jesus Christus. Gott ist treu, durch den ihr berufen seid zur Gemeinschaft mit seinem Sohn Jesus Christus, unserem Herrn» (1Kor 1,4-9).

Gott sah sie «in Christus», in seiner Vollkommenheit, an. Und dadurch waren sie «Überwinder». So ist es auch mit uns Gläubigen. Wir kämpfen nicht, um den Sieg zu erringen, sondern weil der Sieg bereits da ist. Die «Überwinder» ruhen in dem Sieg aus, den Gott ihnen schon in Christus gegeben hat. In ihm, der mit aller Autorität gesagt hat: «Es ist vollbracht», sind wir Sieger. Watchman Nee sagte: «Der Gläubige kämpft nicht zum Sieg hin, sondern er kämpft vom Sieg aus.» Wir sind «gesegnet ... mit jedem geistlichen Segen in den himmlischen [Regionen] in Christus» (Eph 1,3). Römer 8,37 bestätigt es: «Aber in dem allen überwinden wir weit durch den, der uns geliebt hat.»

J. Allen schreibt im Kommentar zum Buch der Offenbarung, aus der Serie «What the Bible Teaches» (Was die Bibel lehrt):

> «Es ist genau zu beachten, dass alles, was zu den sieben Verheissungen an die Überwinder gehört, in den letzten drei Kapiteln der Offenbarung ausführlich beschrieben wird, wo Einzelheiten über das ewige Reich angegeben werden. In diesem ewigen Reich gibt es nur zwei Klassen von Menschen: die Geretteten und die Verlorenen. Das geht ganz klar aus Offenbarung 21,7-8 hervor, wo der Unterschied zwischen denjenigen gemacht wird, die ‹alles erben›, und denen, deren ‹Teil in dem See sein wird, der von Feuer und Schwefel brennt›. Es gibt keine Mittelschicht von Personen.»

Es ist andererseits auch interessant zu sehen, was Frederick A. Tatford in seinem Buch «Das letzte Wort der Prophetie» herausstellt:

> «In den ersten drei Briefen wird die Busse der ganzen Gemeinde als eine Möglichkeit angesehen. Trotz ihres Versagens ist es für sie alle noch möglich zu überwinden. Aber in den letzten vier Briefen werden nur einige wenige Gläubige in jeder Gemeinde als potenzielle Überwinder angesehen, und nur an diese Überwinder ist das Wort gerichtet.»

Den Unterschied zwischen einer «Belohnung» und einer «Verheissung» können wir in Offenbarung 2,10b und 2,11b erkennen. Die Belohnung wird denen gegeben, die bis zum Tod treu sind: «Sei getreu bis in den Tod, so werde ich dir die Krone des Lebens geben!» Die Verheissung bekommen alle Gläubigen ohne Ausnahme, auch wenn sie nicht den Märtyrertod erleiden mussten: «Wer überwindet, dem wird kein Leid geschehen von dem zweiten Tod.»

Wie wir im Leben alle heilig sind, aber nicht alle in einer vollkommenen Heiligung leben (1Kor 1,2), so sind wir alle «Erben Gottes und Miterben Christi» (Röm 8,17; 1Petr 1,4-5), aber nicht alle leben so, wie es den Kindern des Königs gebührt. Wir sind zwar alle Überwinder, aber nicht alle leben im Sieg.

Adler oder Sperling?

Wir sollten uns fragen: Was ist die Norm Gottes für jeden Gläubigen? Ein Leben der Heiligung und des Sieges in Christus. Gott hat ein hohes Ziel für uns, seine Kinder. Der «Flug», den er für die Seinen bestimmt hat, ist der eines Adlers und nicht eines Sperlings (Jes 40,31; Ps 103,5). Für Gott ist ein «normaler» Gläubiger nicht ein Christ, der ein unstetes Leben mit einem ständigen Auf und Ab führt, sondern jemand, der immer mehr in seiner Reife heranwächst, denn für ihn ist «der Pfad des Gerechten ... wie der Glanz des Morgenlichts, das immer heller leuchtet bis zum vollen Tag» (Spr 4,18).

So wie das Urteil des Preisgerichts Christi eine grössere Herrlichkeit für die bedeuten wird, die treu geblieben sind und belohnt werden, so wird der Genuss der Verheissungen, die der Herr geben wird, für diejenigen von grösserer Freude sein, die hier in seiner Nähe gelebt haben.

Die Verheissungen

Vom Baum des Lebens essen

«Wer überwindet, dem will ich zu essen geben von dem Baum des Lebens, der in der Mitte des Paradieses Gottes ist» (Offb 2,7). Die Gemeinde von Ephesus hatte hart gearbeitet, sie war dem Wort Gottes treu geblieben und war trotz des Leidens nicht schwach geworden, aber sie hatte ihre erste Liebe verlassen. Sie sollte daran denken, wovon sie abgefallen war, Busse tun und die ersten Werke tun, um zu vermeiden, dass der Herr ihren Leuchter von seinem Platz wegnimmt. Für den Überwinder gibt es immer eine neue Gelegenheit. Immer gibt es die Möglichkeit zur Wiederherstellung.

Der Baum des Lebens hatte im Garten Eden gestanden (1Mo 2,9). Der Fall Adams in die Sünde des Ungehorsams entzog ihm das Recht, von ihm zu essen. Weil seine Nahrung ihm das geistliche Leben verschaffte, war es Gottes Gnade und Barmherzigkeit, dass er das gefallene Geschöpf nun von diesem Baum entfernte, damit es nicht ewig im sündigen Zustand, in Schwachheit und Verdorbenheit leben musste. Aber denen, die das ewige Leben durch den Gehorsam des zweiten Adam, Jesus Christus, empfangen haben (Röm 5,19; 1Joh 5,11-12), wird Gott durch seine unendliche Gnade erneut das Recht geben, von dem Baum des Lebens zu essen.

Dieser Baum des Lebens steht «in der Mitte des Paradieses Gottes». «Paradies» bedeutet «Garten» (Jes 1,30; Jer 29,5; Pred 2,5), «Park», «Ort von grösster Harmonie und Schönheit». Es ist der Ort, an den der bekehrte Bandit vom Kreuz ging, als er gestorben war, wie Jesus es ihm versprochen hatte (Lk 23,43). Es ist auch der Ort, an den Paulus, nach seinem Bericht in 2. Korinther 12,4, in seiner Vision entrückt wurde und der als der «dritte Himmel» bezeichnet wird, d. h. die Wohnung Gottes, das Haus des Vaters. In Offenbarung 22,2 steht geschrieben: «In der Mitte zwischen ihrer Strasse und dem Strom, von dieser und von jener Seite aus, war der Baum des Lebens, der zwölfmal Früchte trägt und jeden Monat seine Frucht gibt ...» Und in Vers 14 wird noch gesagt: «Glückselig sind, die seine Gebote tun, damit sie Anrecht haben an dem Baum des Lebens ...»

Was heisst es, von dem Baum des Lebens zu essen? Wir können diesen Ausdruck nicht genau erklären, aber es wird so sein, dass wir in vollem Umfang am ewigen Leben durch die innige und vollkommene Gemeinschaft mit Gott teilhaben werden. Das ewige Leben haben wir mit unserer Errettung geschenkt bekommen und wir freuen uns darüber, weil wir «im Licht wandeln, wie er im Licht ist» (1Joh 1,7), aber eines Tages wird es im Himmel vollkommen sein. Jetzt haben wir schon ewiges Leben (Joh 5,24), das wir durch das Innewohnen des Heiligen Geistes in uns bekommen haben.

Beachten wir, dass hier «dem will ich zu essen geben» steht. Die Verheissung gilt allen Gläubigen, aber die Antwort darauf ist persönlich: «Wer ein Ohr hat, der höre» (Offb 2,7). So wird es auch in Offenbarung 3,20 der Gemeinde in Laodizea gesagt: «Wenn jemand meine Stimme hört und die Tür öffnet ...» Oder in Johannes 6,51: «Ich bin das lebendige Brot, das aus dem Himmel herabgekommen ist. Wenn jemand von diesem Brot isst, so wird er leben in Ewigkeit ...»

«Essen» bedeutet hier eine persönliche Einladung zur Gemeinschaft. Im Orient war das Einladen zu Tisch eine Geste der Höflichkeit und aufrichtiger Freundschaft. Dabei denken wir zum Beispiel an Abraham, der die Engel als seine Gäste aufnahm (1Mo 18,2 ff.), oder an die Wanderer auf dem Weg nach Emmaus, die den auferstandenen Herrn eingeladen haben, ohne es zu wissen (Lk 24,29-30). Ein Tisch vereint, versammelt und dient der Kommunikation. Diesbezüglich noch einmal Offenbarung 3,20: «... so werde ich zu ihm hineingehen und das Mahl mit ihm essen und er mit mir.» Wir können sagen, dass der

Herr hier nach Psalm 23,5 handelt, wo es heisst: «Du bereitest vor mir einen Tisch angesichts meiner Feinde.» Eines Tages werden wir an seinem Tisch sitzen und die Ewigkeit in seiner Liebe und in der Gemeinschaft mit ihm verbringen.

Es ist bemerkenswert, dass das Wort, das in Offenbarung 2,7 für «Baum» gebraucht wird, das gleiche ist, das in Galater 3,13 steht und mit «Holz» übersetzt worden ist: «Verflucht ist jeder, der am Holz hängt.» Auch in 1. Petrus 2,24 steht es so: «Er hat unsere Sünden selbst an seinem Leib getragen auf dem Holz ...» Damit wir den Zugang zum Baum des Lebens haben, gab es den Einen, der leiden musste und am Baum des Todes, dem Holz des Kreuzes, um unsertwillen zum Fluch gemacht wurde. Er ist würdig, von uns angebetet zu werden!

Kein Leid vom zweiten Tod erfahren

«Wer überwindet, dem wird kein Leid geschehen von dem zweiten Tod» (Offb 2,11). Smyrna war nach der Ansicht der Menschen eine arme Gemeinde, aber reich in Gottes Augen. Leidgeprüft, aber treu. Der Herr fordert sie darum auf, weiterhin bis zum Tod treu zu bleiben, und er würde ihr dann die Krone des Lebens geben. Es ist nicht so, dass man das ewige Leben bekommt, wenn man treu ist, das hiesse durch Werke, wie hervorragend diese auch sein mögen. Das ewige Leben ist ein Geschenk Gottes, eine Gnadengabe (Eph 2,8-9): «Denn aus Gnade seid ihr errettet durch den Glauben, und das nicht aus euch – Gottes Gabe ist es; nicht aus Werken, damit niemand sich rühme.» Römer 6,23: «Denn der Lohn der Sünde ist der Tod; aber die Gnadengabe Gottes ist das ewige Leben in Christus Jesus, unserem Herrn.»

In diesem Fall ist die Verheissung für diejenigen, die zur Belohnung für ihre Treue den Preis des Lebens erhalten, weil sie bis aufs Äusserste Treue zeigten und sogar bereit waren, ihr Leben für Christus und das Zeugnis des Evangeliums zu geben. «Es ist möglich, dass in diesem Leben die Loyalität Christus gegenüber auf das Haupt des Christen eine Dornenkrone setzt, aber im zukünftigen Leben wird er zweifellos eine Krone der Herrlichkeit tragen» (W. Barclay).

Wir betrachten aber gerade die *Verheissung* und nicht die *Belohnung*. Der Herr, der sich der Gemeinde als den präsentiert, «der tot war und lebendig geworden ist» (Offb 2,8), verheisst allen Überwindern, dass sie niemals den zweiten Tod erleiden werden (Offb 2,11). Es sind diejenigen, die Christus treu gewesen sind und an seinem Sieg teilhaben. Für sie war die Treue einfach der Beweis, dass Christus in ihnen gelebt hat und lebt. Diese Verheissung gibt ihnen die Gewissheit, dass sie trotz allem eines Tages in den himmlischen Wohnungen empfangen werden, um nie wieder von ihrem Gott getrennt zu werden. Die definitive Trennung von Gott ist der «zweite Tod». Dieser zweite Tod bedeutet für die Ungläubigen die Verdammnis (Offb 21,8). Sie werden nicht an der glückseligen ersten Auferstehung zum Leben teilnehmen, sondern an der Auferstehung zur Verdammnis (Joh 5,29; Offb 20,6). Sie werden zwar auferstehen, aber geistlich noch tot sein und im Gericht vor dem grossen weissen Thron gerichtet und verurteilt werden (Offb 20,14-15).

Es ist interessant, was bei dieser Verheissung betont wird: «... dem wird kein Leid geschehen ...» Im Originaltext steht eine doppelte Verneinung (griech. *ou me*). Es ist zu verstehen als: «nie und nimmer», «auf gar keinen Fall», «überhaupt nicht» wird ihm Leid geschehen von dem zweiten Tod. Dieser *zweite Tod* – die ewige Trennung von Gott – ist die Folge des *ersten Todes*, der der Lohn der Sünde ist (Röm 6,23a), und er ist, wie es

F. Lacueva sagt, «ein ständiges Sterben, ohne jemals aufzuhören zu sterben».

Es ist unmöglich, dass ein Gläubiger dem zweiten Tod gegenübersteht, denn: «Der Tod ist verschlungen in Sieg!» (1Kor 15,54) – durch den Sieg Christi. Deshalb hat er seinen Stachel, seine Kraft zum Verletzen, verloren (V. 55). Es stimmt: «Wer einmal geboren ist, wird zweimal sterben; wer aber zweimal geboren ist, wird nur einmal sterben (falls er stirbt).»

Vom verborgenen Manna essen und einen weissen Stein mit seinem neuen Namen erhalten

> «Wer überwindet, dem werde ich von dem verborgenen Manna zu essen geben; und ich werde ihm einen weissen Stein geben und auf dem Stein geschrieben einen neuen Namen, den niemand kennt ausser dem, der ihn empfängt» (Offb 2,17).

Das ist Pergamus, die Gemeinde, die inmitten einer verdorbenen und gottesfeindlichen Gesellschaft lebte, die so pervers war, dass der Herr zweimal anzeigt, dass sich in dieser Stadt der «Thron Satans» befand und es sein Wohnort war. Aber dennoch hatte die Gemeinde am Namen des Herrn festgehalten und blieb ihm treu, ohne den Glauben zu verleugnen. Sie bekommt jedoch den Tadel, dass sie einige Mitglieder in ihrer Mitte duldete – wahrscheinlich waren es nur Namenschristen –, die geistliche und moralische Gräuelsünden praktizierten, die von Irrlehren stammten. Campbell Morgan macht dazu eine interessante Bemerkung: «Die Vernachlässigung und Kompromisse in Bezug auf die Lehre, und damit auch auf das praktische Leben, machten die Disziplinierung der Gemeinde unvermeidlich.»

Am Ende gibt der Herr die Verheissung für die Überwinder, die treu blieben und sich in einer aufrichtigen Busse demütigten, um die Heiligkeit aufrechtzuerhalten, die von der Gemeinde gefordert wird. Es ist eine zweifache Verheissung: das Essen vom verborgenen Manna und der Empfang eines weissen Steins mit dem aufgedruckten Namen.

Die Verheissung des «verborgenen Mannas» hat mit der Allgenügsamkeit Christi zu tun, die im Gegensatz zur Attraktivität der Welt steht. Bei der Wüstenwanderung war das Manna, das ein Bild für den Fleisch gewordenen Christus ist, nur für das Volk Gottes da. Diese Speise, das «Himmelskorn» (Ps 78,24), das «Brot der Starken», d. h. der Engel (Ps 78,25), war nicht nur eine materielle, sondern auch eine geistliche Nahrung (1Kor 10,3) und war denen unbekannt, die nicht zu Israel gehörten. So ist auch für die Ungläubigen Christus das «verborgene Manna». Sie kennen ihn nicht und sie essen nichts von ihm. Er ist «das wahre Brot aus dem Himmel» (Joh 6,32.50-51), das denen unbekannt ist, die die Reinheit seines sündlosen Lebens, den Umfang seines perfekten Charakters und die Süsse seiner Lehre nicht kennen (2Mo 16,14.31: das Manna war weiss, rund und süss). Aber den Seinen ist er kein Unbekannter. Der Gläubige ernährt sich vom Manna, dem Brot des Himmels, und eines Tages wird der Herr in Person für die Seinen, die Überwinder in Christus, die ewige Speise sein. Bei ihm zu sein, ihn zu kennen, ihn zu hören, ihm zu folgen und ihm zu dienen, wird die Herrlichkeit des Himmels sein. Er wird alles sein, was wir für die Ewigkeit brauchen.

Die Verheissung des «weissen Steins» kann mehrere Deutungen haben:

- In der griechisch-römischen Kultur war es Sitte, dass der Richter dem Angeklagten zum Zeichen der Freisprechung einen weissen Stein mit seinem Namen überreichte. War der Stein schwarz, so war es ein Zeichen der Verurteilung. Dieser kleine Stein wird sie für ewig an die Barmherzigkeit Gottes erinnern, der sie aufgrund des Erlösungswerks Jesu für gerecht erklärt hat.

- Eine andere Erklärung wäre, dass ein Freund zum Zeichen der Freundschaft einen weissen Stein nimmt, ihn in zwei Teile teilt und dann seinem Freund eine Hälfte gibt, während er die andere für sich behält, als Beweis der Einheit und der ständigen Gemeinschaft.
- Gemäss einer weiteren Interpretation, die sehr gut möglich ist, hat es mit dem kleinen Stein zu tun, den ein Athlet am Ende des Wettkampfs als einen Preis erhielt. Darauf stand sein Name geschrieben und diente ihm als «Eintrittsausweis» zum speziellen Bankett, das anschliessend gefeiert wurde.
- Noch eine andere Deutung, die uns am meisten einleuchtet, besagt, dass der Stein etwas mit dem «Zeichen der Gastfreundschaft» für denjenigen zu tun hat, der in ein Haus zu einem Festessen oder zu einer Feierlichkeit eingeladen wurde. Eine Hälfte war für den eingeladenen Gast, die andere für den Gastgeber. Eines Tages wird den Überwindern, die ihre Berufung und Auserwählung festmachen, «Eingang in das ewige Reich unseres Herrn und Retters Jesus Christus» (2Petr 1,10-11) und in die himmlische Stadt (Offb 19,9; 22,14) gewährt werden. In Ewigkeit werden sie dort uneingeschränktes Gast- und Aufenthaltsrecht geniessen.

Wie auch immer die Auslegung sein mag, es gibt dabei etwas sehr Wichtiges, und das ist, dass auf diesem Stein ein neuer Name geschrieben steht, den niemand kennt ausser dem, der ihn empfängt. Er ist für den Gläubigen bestimmt, dem die Sünden vergeben sind, der mit Christus in Freundschaft verbunden ist oder in seiner Gegenwart als Gast empfangen wurde. Er ist ein Zeichen der innigen Gemeinschaft des Herrn mit den Seinen, mit jedem Einzelnen von ihnen. In der Bibel finden wir mehrere Fälle einer Namensänderung, wobei die neuen Namen eine besondere Absicht Gottes mit dem Gläubigen widerspiegeln: Abraham (1Mo 17,5), Sarah (1Mo 17,15), Jakob (1Mo 32,29), Petrus (Joh 1,42), Paulus (Apg 13,9) usw. Ob der neue Name des treuen Gläubigen wohl etwas mit einem neuen, grösseren und herrlicheren Ziel Gottes für ihn zu tun hat (vgl. Jes 62,2: «und du wirst mit einem neuen Namen genannt werden, den der Mund des Herrn bestimmen wird»)?

Eine Erklärung wäre auch, dass der neue Name der Name des Herrn ist und nicht der des Gläubigen (Offb 3,12). Sei es nun der neue Name des Herrn Jesus oder ein neuer für jeden Gläubigen, auf jeden Fall bekundet er eine Beziehung der Liebe, des Vertrauens und des Einsseins, die in der Ewigkeit für immer bestehen bleibt.

Vollmacht über die Nationen und der Morgenstern

> «Und wer überwindet und meine Werke bis ans Ende bewahrt, dem werde ich Vollmacht geben über die Heidenvölker, und er wird sie mit einem eisernen Stab weiden, wie man irdene Gefässe zerschlägt, wie auch ich es von meinem Vater empfangen habe; und ich werde ihm den Morgenstern geben» (Offb 2,26-28).

Das ist die Verheissung an die Überwinder in Thyatira. Der Herr, der Sohn Gottes, «der Augen hat wie eine Feuerflamme und dessen Füsse schimmerndem Erz gleichen» – ein Ausdruck des Gerichts –, kennt die Gemeinde, die viel Liebe, Glauben, Dienst, Geduld und ein stetes Wachstum hat. Es gibt aber auch einige unter ihnen, vielleicht sind es nur Namenschristen, die ein anstössiges Leben führen und derart seltsamen und verdorbenen Lehren folgen, dass er sie «die Tiefen des Satans» nennt.

Der Herr stellt sich hier als denjenigen vor, der «Augen hat wie eine Feuerflamme». Er ist es, «der Nieren und Herzen erforscht» (Offb 2,23), d. h., er kennt nicht nur die Werke, sondern auch die Beweggründe, die sie antreiben, und ausserdem wird er jeden Einzelnen nach seinen Werken richten. Die Ungläubigen wird er zur ewigen Verdammnis verurteilen und die fleischlichen Gläubigen zum Verlust ihrer Belohnung. So müssen sie nun zwischen den «Tiefen des Satans» (V. 24) und der Höhe des hellen Morgensterns (V. 28) wählen.

Den Überwindern, die es akzeptierten, die leichte Last des Herrn zu tragen, d. h., den Glauben, ohne zu wanken und ohne umzufallen, bis zum Kommen des Herrn zu behalten, verheisst er zwei wunderbare Dinge:

Vollmacht über die Heidenvölker oder Nationen, indem sie mit ihm herrschen (Offb 2,26). Dieses Thema tritt im Buch der Offenbarung wiederholt auf: 1,6; 12,5; 19,15. Paulus hatte es den Gläubigen in Korinth schon vorausgesagt: «Wisst ihr nicht, dass die Heiligen die Welt richten werden?» (1Kor 6,2). Richten heisst auch regieren. Wo Christus ist, da wird auch seine Gemeinde sein.

> «Glaubwürdig ist das Wort: Wenn wir mitgestorben sind, so werden wir auch mitleben; wenn wir standhaft ausharren, so werden wir mitherrschen» (2Tim 2,11-12).

Wenn der Messias zum König der Könige und Herrn aller Herren ausgerufen wird und die Reiche der Welt kommen werden, um ihm anzugehören, wenn er von Ewigkeit zu Ewigkeit regieren wird (Offb 11,15), dann wird ihm eine himmlische Heerschar in Kleidern aus weisser und reiner Leinwand folgen (Offb 19,14). Es kann sein, dass diese Heere Engel sind, aber es ist auch möglich, dass es sich auf die Glückseligen bezieht, *die seine Gebote tun* (Offb 22,14) und somit rein sind.

Wir werden dem Herrn folgen, wir werden mit dem Herrn herrschen und wir werden an seiner Macht über die Heidenvölker der Erde teilhaben, die so regiert werden («geweidet» mit fester Hand, mit einem eisernen Stab), dass die widerspenstigen Nationen zerschlagen werden, «wie man Töpfergeschirr zerschlägt» (vgl. Jer 19,10-11).

Eines Tages wird der Herr Jesus Christus «viele Heidenvölker in Erstaunen setzen, und Könige werden vor ihm den Mund schliessen. Denn was ihnen nie erzählt worden war, das werden sie sehen, und was sie nie gehört hatten, werden sie wahrnehmen» (Jes 52,15). Er wird sein Reich aufrichten, die Prophezeiungen (Dan 7,14.18; Ps 2,8-9) und seine eigenen Verheissungen erfüllen (Mt 19,28), und im Namen Jesu werden sich «alle Knie derer beugen, die im Himmel und auf Erden und unter der Erde sind, und alle Zungen bekennen, dass Jesus Christus der Herr ist, zur Ehre Gottes, des Vaters» (Phil 2,10-11).

Aber er verheisst ihnen noch etwas: den *Morgenstern* (Offb 2,28), der der Sonne gleich ist. Dieser Satz kann als die

Erfüllung der biblischen Verheissungen für die Erlösten verstanden werden: «Die Verständigen werden leuchten wie der Glanz der Himmelsausdehnung, und die, welche die Vielen zu Gerechtigkeit weisen, wie die Sterne immer und ewiglich» (Dan 12,3). Matthäus 13,43: «Dann werden die Gerechten leuchten wie die Sonne im Reich ihres Vaters.»

Man kann ebenso verstehen, dass der Morgenstern mit dem Herrn selbst, der Sonne der Gerechtigkeit, identisch ist (Mal 3,20; 2Petr 1,19; Offb 22,16). Ihn zu haben, bedeutet, mit dem Herrn den Glanz seiner Gegenwart zu teilen und «immer und ewiglich» mit dem Widerschein seiner Herrlichkeit zu leuchten (Dan 12,3; Mt 13,43; 1Kor 15,40-41.49). Wenn der Gläubige diese Erde verlässt, wird er Christus besitzen, mit ihm vereint sein, um ihn nie wieder loszulassen.

Es kann sein, dass man hier durch das «Tal des Todesschattens» gehen muss (Ps 23,4), aber es werden «die Leiden der jetzigen Zeit nicht ins Gewicht fallen gegenüber der Herrlichkeit, die an uns geoffenbart werden soll» (Röm 8,18).

Mit weissen Kleidern bekleidet sein

> «Wer überwindet, der wird mit weissen Kleidern bekleidet werden; und ich will seinen Namen nicht auslöschen aus dem Buch des Lebens, und ich werde seinen Namen bekennen vor meinem Vater und vor seinen Engeln» (Offb 3,5).

Sardes hat den Namen, dass sie lebt, und ist doch tot (Offb 3,1). Da ihr Leben und Kraft fehlen, bekommt sie den Rat, wach zu werden und das Übrige zu stärken, das «im Begriff steht zu sterben» (V. 2). Diese Gemeinde wird aufgefordert, sich an das Empfangene zu erinnern, es zu bewahren und Busse zu tun, bevor der Herr sie wie ein Dieb in der Nacht überrascht.

Aber Sardes hat auch «einige wenige Namen ... die ihre Kleider nicht befleckt haben; und sie werden mit mir wandeln in weissen Kleidern, denn sie sind es wert» (Offb 3,4). Etwas «wert sein» bedeutet, das gleiche Gewicht zu haben. «Wert» oder «würdig» zu sein, heisst, dass sie das leben, was sie glauben und was sie predigen. Sie sagen nicht nur, sie seien Christen, sondern sie leben auch als solche.

In den Waagschalen des Lebens müssen die Worte und die Taten dasselbe Gewicht haben und ebenso auch das Bekenntnis und das Leben. Paulus sagt den Philippern: «Nur führt euer Leben würdig des Evangeliums von Christus» (Phil 1,27). Das erwartet die Welt von uns. Die Welt will «unsere Predigt sehen», anstatt sie nur zu hören, obwohl sie sie auch hören muss, denn es ist unsere Verantwortung und unser Vorrecht, das Wort zu verkündigen. Aber ein heiliges Leben entspringt einer tiefen Kenntnis des Willens Gottes, der in seinem Wort niedergeschrieben ist. Graham Scroggie sagt:

> «Jede wahre Tat muss aus der Erkenntnis hervorkommen; ein würdiges Leben aus einem gesunden Glaubensbekenntnis; die christliche Ethik aus der biblischen Lehre; Gutes tun aus einem guten Denken; die gute Moral aus der Theologie.»

Von uns wird gefordert, dass wir nach der Ethik des Himmels leben und die Gesetze erfüllen, die der Herr aller Herren diktierte. Es geht nicht darum, von Christus zu predigen, sondern Christus gemäss zu leben. Wir haben nicht nur das Evangelium zu verkündigen, sondern es auch zu leben. Sonst sind es nur

Worte ohne Leben, eine leblose Theologie. Auf diese Weise treffen auf uns die bekannten Worte Isaaks zu, als er die Hände Jakobs abtastete, die zur Täuschung mit einem Ziegenfell bedeckt waren: «Die Stimme ist Jakobs Stimme, aber die Hände sind Esaus Hände!» (1Mo 27,16.22). Tun und Sagen sind hier etwas ganz anderes.

Und dann verheisst der, der den Geist Gottes in seiner ganzen Fülle und die sieben Gemeinden – die Sterne – in seiner Hand hat, den Überwindern:

> «Wer überwindet, der wird mit weissen Kleidern bekleidet werden; und ich will seinen Namen nicht auslöschen aus dem Buch des Lebens, und ich werde seinen Namen bekennen vor meinem Vater und vor seinen Engeln» (Offb 3,5).

Die weissen Kleider weisen auf Reinheit und Treue, aber auch auf den Sieg hin (Offb 7,14; 19,14). Es hat sie sicherlich etwas gekostet, ihre Kleider inmitten der verdorbenen Welt und der Oberflächlichkeit jener Gemeinde rein zu halten. Aber der Herr verheisst ihnen diese ewigen weissen Kleider.

Wir sollten nicht meinen, dass wir hier so leben können, wie es uns beliebt, weil wir ja dort mit weissen Kleidern angetan werden. Das wäre ein Missbrauch der Gnade Gottes und eine Beleidigung des Heiligen Geistes. Paulus sagt: «Sollen wir in der Sünde verharren, damit das Mass der Gnade voll werde? Das sei ferne!» (Röm 6,1-2).

Gott befiehlt uns, seinen Kindern, in dieser Welt seiner Ethik und seiner Heiligkeit gemäss zu leben. Der Imperativ, der einer Diskussion oder Spekulation keinen Raum gibt, lautet: «Ihr sollt heilig sein, denn ich bin heilig!» (3Mo 11,44; 1Petr 1,16). Darum müssen wir die Mahnung von damals hören, die in Prediger 9,8 an uns herangetragen wird: «Lass deine Kleider allezeit weiss sein, und lass das Öl nicht fehlen auf deinem Haupt!» Am Ende, wenn die Schar der Erlösten in weissen Kleidern dem Sieger in seinem Siegeszug folgt, erfüllt sich die erhabene Lobpreisung Gottes, mit der Judas seinen kurzen Brief beendet:

> «Dem aber, der mächtig genug ist, euch ohne Straucheln zu bewahren und euch unsträflich, mit Freuden vor das Angesicht seiner Herrlichkeit zu stellen, dem allein weisen Gott, unserem Retter, gebührt Herrlichkeit und Majestät, Macht und Herrschaft jetzt und in alle Ewigkeit! Amen» (Jud 24-25).

Die zweifache Verheissung für diese Gemeinde enthält auch die absolute Sicherheit, ausgedrückt durch «seinen Namen nicht auslöschen»; «nie und nimmer», «ganz und gar nicht» (im Grundtext steht hier, wie in Offb 2,11, eine doppelte Verneinung, griech. *ou me*) seinen Namen auszulöschen aus dem Buch des Lebens, nicht weil es seine Werke verdient hätten, sondern weil dort die Namen der Überwinder tatsächlich mit unauslöschbarer Tinte geschrieben stehen, und sie werden auch nie ausradiert werden.

In vielen alten Städten waren die Namen ihrer Einwohner bis zu ihrem Tod in einem Personenregister eingeschrieben. Danach wurden sie aus dem Buch «der Lebenden» oder «des Lebens» gestrichen (vgl. 2Mo 32,32-33; Ps 69,29; Jes 4,3). Zur Zeit des Alten Testaments war der Ausdruck «aus dem Buch gelöscht werden» gleichbedeutend mit «sterben», «ausgeschlossen werden» und er bedeutete sogar, für immer von Gott getrennt zu werden (2Mo 32,32-33; Ps 69,29). Aber die Gläubigen werden nicht sterben, sodass unsere Namen nie aus dem *Buch des Lebens des*

Lammes (Offb 21,27) verschwinden werden. Weil wir Himmelsbürger sind (Phil 3,20), sind unsere Namen im Himmel geschrieben (Lk 10,20; Hebr 12,23), im Buch des Lebens (Phil 4,3), unter den Gerechten darin eingeschrieben (Ps 69,29) – und das von Anbeginn der Welt (Offb 13,8; 17,8; 20,15; 21,27). Samuel Pérez Millos schreibt in «Exegetischer Kommentar zum griechischen Text des Neuen Testaments»:

> «Im Kontext dieser Schriftstelle geht es um diejenigen, die wirklich gerettet waren, und nicht um die, die nur einen Anschein der Frömmigkeit hatten. Es ist nicht das Personenregister der Überzeugten, sondern der zu Christus Bekehrten. Der Herr bestätigt hier, dass der wahrhaftig Gerettete auf keinen Fall das Heil verlieren wird. Es ist eine emphatische Bestätigung der endgültigen Heilsgewissheit und nicht der Möglichkeit, das Heil zu verlieren.»

Aus all diesen Gründen wird der gerechte Richter die Überwinder, deren «er sich auch nicht [schämt], sie Brüder zu nennen» (Hebr 2,11), vor Gott, seinem Vater, anerkennen und somit sein Wort halten: «Jeder nun, der sich zu mir bekennt vor den Menschen, zu dem werde auch ich mich bekennen vor meinem Vater im Himmel» (Mt 10,32). Das wird er auch vor den himmlischen Heerscharen der heiligen Engel tun: «Ich sage euch aber: Jeder, der sich zu mir bekennen wird vor den Menschen, zu dem wird sich auch der Sohn des Menschen bekennen vor den Engeln Gottes» (Lk 12,8).

Viele Gläubige, die hier anonym, unbekannt und verachtet sind, werden in unversehrter Treue vor den Thron treten und dann vom Herrn, den sie liebten und dem sie dienten, bekannt, anerkannt und erhöht werden. Welche Anerkennung ziehen wir vor – die der Menschen oder die von Jesus Christus?

Eine Säule im Tempel Gottes

> «Wer überwindet, den will ich zu einer Säule im Tempel meines Gottes machen, und er wird nie mehr hinausgehen; und ich will auf ihn den Namen meines Gottes schreiben und den Namen der Stadt meines Gottes, des neuen Jerusalem, das vom Himmel herabkommt von meinem Gott aus, und meinen neuen Namen» (Offb 3,12).

Jene wunderbare Gemeinde von Philadelphia, die nur eine «kleine Kraft» hat (Offb 3,8), hat das Wort Gottes bewahrt und den Namen des Herrn nicht verleugnet. Sie hat eine geöffnete Tür zu wunderbaren Gelegenheiten des Zeugnisses vor sich und auch die Zusage, nicht durch die «Stunde der Versuchung, die über den ganzen Erdkreis kommen wird», gehen zu müssen (Offb 3,10). Das ist ein Hinweis auf Ereignisse der Endzeit, denn er enthält die Verheissung, dass die Gemeinde des Herrn nicht durch die unheilvolle Stunde, die sogenannte Grosse Trübsal, gehen wird, von der die ganze Welt betroffen sein wird. Die Gemeinde wird davon ausgenommen sein, denn sie wird vom Herrn entrückt, bevor sich die Schleusen der Gerichte Gottes öffnen, die sich über die gottlosen Menschen ergiessen werden. Im Buch der Offenbarung, Kapitel 6 bis 18, werden diese Gerichte ausführlich beschrieben.

Die Gemeinde in Philadelphia – mit jedem einzelnen ihrer Mitglieder – empfängt vom Herrn, dem Heiligen und Wahrhaftigen, der «den Schlüssel Davids hat, der öffnet, sodass niemand zuschliesst, und zuschliesst, sodass niemand öffnet» (Offb 3,7), die herrliche Verheissung, dass sie eine Säule im Tempel Gottes sein wird und nie mehr – wiederum wird die doppelte Verneinung gebraucht, die «nie und nimmer», «überhaupt nicht» bedeutet – von dort hinausgehen wird. Diese tröstliche Verheissung erinnert uns daran, dass es jetzt für den Gläubigen nicht nur «keine Verdammnis mehr» gibt (Röm 8,1), sondern auch «keine Trennung», denn:

> «Wer will uns scheiden von der Liebe des Christus? Drangsal oder Angst oder Verfolgung oder Hunger oder Blösse oder Gefahr oder Schwert? ... Aber in dem allen überwinden wir weit durch den, der uns geliebt hat. Denn ich bin gewiss – sagt Paulus –, dass weder Tod noch Leben, weder Engel noch Fürstentümer noch Gewalten, weder Gegenwärtiges noch Zukünftiges, weder Hohes noch Tiefes, noch irgendein anderes Geschöpf uns zu scheiden vermag von der Liebe Gottes, die in Christus Jesus ist, unserem Herrn» (Röm 8,35-39).

«Säule» ist ein Synonym für Stabilität und Stärke, was auch die Bedeutung der Säulen namens *Jachin* («er befestigt, gründet») und *Boas* («in ihm ist Stärke») ist, dieser beiden monumentalen und hervorragenden Kunstwerke der Architektur von etwa acht Metern Höhe und fünfeinhalb Metern Umfang, die vor dem Tempel Salomos standen (1Kö 7,15-21). Sie wurden nicht nur als Stützen des Gebäudes aufgerichtet, sondern sie verliehen ihm auch Schönheit und Pracht. So erfüllten sie fast vier Jahrhunderte ihren Zweck. Aber sie fanden ein trauriges Ende, was ein Bild für viele Gläubige ist, die hier, wie ein Präludium für die Ewigkeit, «Säulen» sein könnten, aber ihren Platz verlassen, und es ergeht ihnen dann so wie jenen, die von den Chaldäern abgerissen und dann als Bronze nach Babylonien transportiert wurden. Sie blieben auch weiterhin «Bronze», aber sie waren keine «Säulen» mehr.

Wer hier eine *Säule* ist, wer «stark in dem Herrn und in der Macht seiner Stärke» ist (Eph 6,10), den wird Gott «zu einer Säule im Tempel meines Gottes machen» (Offb 3,12). So eine *Säule* war Jeremia, dem Gott in seiner Prophezeiung sagte:

> «Du aber, gürte deine Lenden – mache dich bereit! –, mache dich auf und rede zu ihnen alles, was ich dir gebieten werde! Sei nicht verzagt vor ihnen ... Siehe, ich mache dich heute zu einer festen Stadt und zu einer eisernen Säule und zu einer ehernen Mauer ...; sie werden zwar gegen dich kämpfen, aber sie werden dich nicht überwältigen; denn ich bin mit dir, spricht der Herr, um dich zu erretten!» (Jer 1,17-18).

Auch Petrus, Johannes und Jakobus galten als solche *Säulen* (Gal 2,9).

Die Verheissung versichert jedem, der überwindet, dass er als Säule im ewigen Heiligtum Gottes aufgerichtet wird und dass er die Inschrift des Namens Gottes, des Namens der Stadt Gottes, des neuen Jerusalem, und des neuen Namens Christi tragen werde. Damals war es Sitte, besonders in der Stadt Philadelphia, den Namen eines Ehrenbürgers oder einer heidnischen Gottheit in die Säulen der wichtigen Bauwerke einzugravieren. Es ist durchaus möglich, dass der Gläubige, der im Sieg seines Herrn und Heilands lebt, drei eingeschriebene Namen trägt, wenn er in der Herrlichkeit ankommt: den Namen Gottes, weil er Gottes Eigentum ist, den Namen der Heiligen Stadt, des neuen Jerusalem, der «Stadt meines Gottes», weil er als Bürger dort hingehört (Gal 4,26; Hebr 11,10; 12,22; 13,14; Offb 21,1 ff.; Phil 3,20), und den neuen Namen Jesu, der eine neue Beziehung anzeigt, die durch eine ungetrübte Gemeinschaft und eine neue Dimension der Offenbarung seiner Person und seiner ewigen Pläne für den Gläubigen zustande kommt (Eph 4,13; 1Kor 13,12). «Wir wissen aber, dass wir ihm gleichgestaltet sein werden ...; denn wir werden ihn sehen, wie er ist» (1Joh 3,2).

Darum lautet die Aufforderung: «Halte fest, was du hast, damit [dir] niemand deine Krone nehme!» (Offb 3,11).

Mit dem Herrn auf seinem Thron sitzen

> «Wer überwindet, dem will ich geben, mit mir auf meinem Thron zu sitzen, so wie auch ich überwunden habe und mich mit meinem Vater auf seinen Thron gesetzt habe» (Offb 3,21).

Laodizea, die Gemeinde mit den meisten Mängeln, empfängt für ihre Überwinder den grössten Preis. Es stimmt, dass sie eine laue Gemeinde ist, die sich für reich hält und selbstzufrieden ist, doch moralisch und geistlich ist sie arm. Aber es stimmt auch, dass der Herr der Gemeinde, der treue und wahrhaftige Zeuge, sie wie einen blinden und blossen Bettler sieht, mit dem man einfach Mitleid haben muss.

Er gibt ihr die Gelegenheit, Busse zu tun und die Tür zu öffnen, damit er, der nicht völlig in ihr wohnt, eintrete und die verloren gegangene Gemeinschaft erneuert wird. Die Einladung dessen, der vor der Tür steht, ist liebenswürdig und freundlich, aber auch dringlich. Die Zeitform, in der das griechische Verb für «anklopfen» steht, zeigt kein gelegentliches Klopfen an, sondern es ist ernst und beharrlich und erwartet eine Antwort. Es ist wie mit dem Bräutigam in Hohelied 5,2, der darauf wartet, dass man ihm öffnet, aber schlussendlich traurig durch die dunklen Strassen der Stadt fortgeht, während die Braut im Halbschlaf liegt und sich fragt: Wie sollte ich aufstehen?

Gleichzeitig ist diese Einladung voll der Autorität des Herrn aller Herren, aber er dringt nicht ohne Erlaubnis ein, er bricht nicht die Tür auf, sondern respektiert die Entscheidung jedes Einzelnen. Er klopft nur, spricht seine Einladung aus und wartet. Sein Ruf ergeht dabei an jeden persönlich und fordert eine persönliche Antwort: «Siehe, ich stehe vor der Tür und klopfe an. Wenn jemand meine Stimme hört und die Tür öffnet, so werde ich zu ihm hineingehen und das Mahl mit ihm essen und er mit mir» (Offb 3,20). Er steht vor der Herzenstür, aber nicht, weil es etwa das Zentrum der Gefühle oder der Emotionen wäre, sondern weil es der Sitz unserer Persönlichkeit ist, wo die Entscheidungen getroffen werden. Es ist die Tür des Willens. Und dieser Wille drückt sich im Hören-Wollen und Öffnen oder im Nicht-hören-Wollen aus.

Das Mahl, um das es hier geht (griech. *deipnon*), war die Hauptmahlzeit des Tages, und man nahm daran mit Herzlichkeit und Harmonie im Kreis der Familie teil (Lk 17,8; 22,29-30). So möchte Christus in *seine* Gemeinde eintreten und in ständiger und inniger Gemeinschaft mit den Seinen leben. So war es auch, als der auferstandene Herr am Tisch in Emmaus sass, das Brot brach und es segnete. Aber es ist nötig, dass wir das Gleiche sagen wie die Jünger damals: «Bleibe bei uns, denn es will Abend werden, und der Tag hat sich geneigt!» (Lk 24,29-32).

Laodizea ist ein Abbild der Gemeinde des Herrn aller Zeiten und besonders von unseren Tagen, dem Präludium des Kommens des Herrn. Wie viel Lauheit gibt es im Leben der Christen! Wie viel Selbstgefälligkeit, wie viel Scheinheiligkeit, wie viel

Emotion und wie wenig Geistlichkeit! Wie viel Formalismus und wie wenig Kraft! Wie sehr haben wir es doch nötig, der göttlichen Einladung Folge zu leisten und die von Gleichgültigkeit, Trägheit, Stolz, Oberflächlichkeit und Sünde verschlossene Tür zu öffnen!

Paulus betete für die Epheser:

> «... dass er – der Vater unseres Herrn Jesus Christus – euch nach dem Reichtum seiner Herrlichkeit gebe, durch seinen Geist mit Kraft gestärkt zu werden an dem inneren Menschen, dass der Christus durch den Glauben in euren Herzen wohne, damit ihr, in Liebe gewurzelt und gegründet, dazu fähig seid, mit allen Heiligen zu begreifen, was die Breite, die Länge, die Tiefe und die Höhe sei, und die Liebe des Christus zu erkennen, die doch alle Erkenntnis übersteigt, damit ihr erfüllt werdet bis zur ganzen Fülle Gottes» (Eph 3,16-19).

Die drei Personen der göttlichen Dreieinigkeit sind daran interessiert, dass der Gläubige ein Leben in geistlicher Fülle führt, was nichts anderes ist als ein Leben voll des Heiligen Geistes.

Zum Schluss gibt der gütige Herr dem, der überwindet, eine Verheissung ohnegleichen (Offb 3,21): Er darf sich auf seinen eigenen Thron setzen (vgl. Ps 110,1; Hebr 1,13; 1Petr 3,22). Dieser Thron ist der Thron Gottes und des Lammes (Offb 22,1). Nicht nur, dass er seine Armut, Blösse und Blindheit gegen die Gaben eintauscht, die der Herr ihm anbietet, sondern er gibt ihm auch das Recht, sich auf seinen Thron zu setzen. Er, der vom Thron seiner Gemeinde abgesetzt worden ist, verheisst dem Überwinder, sich auf seinen Thron setzen zu dürfen. Hier, auf dieser Erde, haben wir das Mahl der Gemeinschaft, das Abendmahl, dort den Thron der Gnade.

Die Verheissungen sind für die Überwinder. Wenn wir eine Zusammenfassung der Verheissungen machen, die der Herr den Überwindern gegeben hat, dann bemerken wir darin eine klare Steigerung. Sie gleichen einem Crescendo in einer Symphonie, die mit einem Adagio leicht und sanft beginnt, sich steigert und schliesslich, in ihrem Höhepunkt, in einem Maestoso, einem majestätischen, triumphalen Satz, endet. Die Überwinder werden vom «Baum des Lebens» essen, und ihnen «wird kein Leid geschehen von dem zweiten Tod» (Offb 2,7.11). Sie werden am «verborgenen Manna» teilhaben, indem sie immer mehr die unergründliche Person des Herrn Jesus kennenlernen, und sie werden als Gäste der Heiligen Stadt den geheimnisvollen «weissen Stein» bekommen (Offb 2,17). Sie werden im Reich Christi «Vollmacht über die Heidenvölker» erhalten und mit «weissen Kleidern» angetan werden (Offb 2,26; 3,4). Sie werden wissen, dass ihre Namen niemals aus dem Buch des Lebens ausgelöscht, sondern freudig vor dem Vater und seinen Engelscharen bekannt werden. Sie werden Säulen «im Tempel Gottes» (Offb 3,12) sein und das Recht haben, auf dem Thron des Herrn der Herrlichkeit zu sitzen (Offb 3,21).

Wir können wirklich sagen, dass seine Gnade, die er gibt, umso reicher ist (Jak 4,6). Seine Gnade hat uns nicht nur in Christus erwählt, sie hat uns auch vor der ewigen Verdammnis gerettet, sie hat uns mit geistlichen Reichtümern in himmlischen Orten beschenkt, sie versorgt uns auf unserer Pilgerreise, und ausserdem erwarten uns Wohnungen im Haus des Vaters und mit ihnen die unbeschreiblichen Schätze des glücklichen Erbes, das wir in Erfüllung seiner äusserst zuverlässigen Verheissungen in der Gegenwart dessen bekommen werden, der für uns starb, der in uns lebt und der für uns wiederkommt. Er ist würdig, alles an Lob, Anbetung, Dank, Ruhm und Ehre zu bekommen. Er ist es, den wir lieben, ohne ihn gesehen zu haben; an den wir glauben, obwohl wir ihn jetzt noch nicht schauen können; aber wir freuen uns mit unaussprechlicher und herrlicher Freude auf ihn.

«Weil wir nun diese Verheissungen haben, Geliebte, so wollen wir uns reinigen von aller Befleckung des Fleisches und des Geistes zur Vollendung der Heiligkeit in Gottesfurcht» (2Kor 7,1).

Aber es wird auch Preise geben, und diese werden das Resultat der Feuerprobe im Preisgericht Christi sein. Dort werden nur die Treuen die Krone des Lebens, die Krone der Gerechtigkeit, die Krone der Freude, die Krone der Herrlichkeit und die unverwelkliche Krone bekommen. Es besteht kein Zweifel daran, dass alle Gläubigen im Himmel sein werden. Ohne Zweifel werden wir alle vor dem Richterstuhl Christi erscheinen, und es besteht kein Zweifel daran, dass diejenigen, die die Prüfung bestehen, Belohnungen bekommen werden. Wir alle werden leuchten «wie die Sterne immer und ewiglich» (Dan 12,3). Aber nicht alle werden die gleiche Belohnung erhalten.

In 1. Korinther 15,41 steht: «Ein Stern unterscheidet sich vom anderen im Glanz.» Und dieser Glanz, diese Herrlichkeit, wird für den Geber der Belohnungen sein, nicht für den Empfänger. Darum lesen wir in Offenbarung 4,10-11, dass die vierundzwanzig Ältesten, die die Gemeinde repräsentieren, ihre Kronen vor dem Thron niederwerfen und sprechen: «Würdig bist du, o Herr, zu empfangen den Ruhm und die Ehre und die Macht ...»

> «Wisst ihr nicht, dass die, welche in der Rennbahn laufen, zwar alle laufen, aber nur *einer* den Preis erlangt? Lauft so, dass ihr ihn erlangt!» (1Kor 9,24).

Wie müssten wir angesichts des unverleugbaren, unvermeidlichen und unumgänglichen Endexamens unser Leben, unsere Werke und unseren Dienst überprüfen! Wie sollten wir vor dem unmittelbar bevorstehenden Wiederkommen des Herrn der Ernte unsere Verpflichtung dem Evangelium gegenüber auswerten! Er wird von seinen Dienern Rechenschaft über die getane Arbeit fordern – oder die nicht getan wurde!

Wie müssten wir uns mit Furcht und Verantwortung die Ermahnung von Paulus an die Philipper zu Herzen nehmen: «Verwirklicht eure Rettung mit Furcht und Zittern» (Phil 2,12)!

Wir sollten öfter das Lied singen, das für einige ein Grund zur Freude und für andere eine Ursache der Missbilligung und der Schande sein wird:

«Muss ich gehen mit leeren Händen, so
vor meinem Herrn zu stehn?
Kann ich keine Seel ihm bringen, keine
einz'ge Garbe sehn?
Muss ich gehen mit leeren Händen? Muss
ich so vor Jesus stehn?
[...] kehrten die verlornen Jahre nur noch
einmal mir zurück.
Für den Heiland froh zu wirken, wäre
dann mein ganzes Glück.»

Protestantisches Kirchenlied von C. A. Daniel.

Möge das Thema des Preisgerichts Christi für uns ein ernster Aufruf zur Wachsamkeit für unser Leben und unseren Dienst sein und gleichzeitig ein grosser Ansporn, damit das Leben Christi in uns zu sehen ist, zu einem vollmächtigen Zeugnis des Evangeliums für die Verlorenen.

KAPITEL 12

Der entscheidende Grund für das Leben und den Dienst

Was werden wir im Blick auf das Preisgericht Christi tun? Welche Entscheidung werden wir treffen, da wir ja eines Tages vor dem stehen werden, der *Augen wie Feuerflammen* hat und unsere Werke prüfen wird?

Nachdem Paulus das Thema des Preisgerichts Christi vorgestellt hatte (2Kor 5,10), sprach er über zwei Dinge (2Kor 5,11-15): die Furcht des Herrn und die Liebe Christi. Paulus sagte von der Realität des Preisgerichts Christi: «Denn wir alle müssen vor dem Richterstuhl des Christus offenbar werden, damit jeder das empfängt, was er durch den Leib gewirkt hat, es sei gut oder böse.» Und dann fügte er gleich hinzu (2Kor 5,11): «In dem

Bewusstsein, dass der Herr zu fürchten ist, suchen wir daher die Menschen zu überzeugen». S. Kistemaker erklärt in seinem Kommentar zum 2. Korintherbrief:

> «Zweifellos ist die Furcht des Herrn eine Form der Ehrerbietung, die seinem Namen gebührt. Es ist nicht die panische Angst vor dem Richter, der uns für immer verurteilen würde, wie er es mit denjenigen tun wird, die ihn nicht als den Retter und Herrn ihres Lebens anerkannt haben. Aber es ist die ehrerbietige Furcht, die uns der heilige Gott einflösst, vor dem wir über unser Leben der Hingabe und des Dienstes Rechenschaft ablegen müssen. Das sollte uns nicht vor Angst lähmen, sondern uns vielmehr inspirieren, ein Leben in der Heiligung zu führen, während wir auf den Tag seines Kommens warten.»

Möge unser Leben von der Liebe zum Herrn und von der Hingabe zum Dienst für ihn geprägt sein, in Treue, mit Leidenschaft und einem brennenden Herzen für ihn. Paulus unterzieht sich selbst und seine Mitarbeiter einer Selbstprüfung. Er möchte sich gründlich prüfen, um zu sehen, ob seine Predigt zur Verbreitung des Evangeliums beigetragen hat und ob sein Leben ein Beispiel für andere gewesen ist (2Kor 2,17; 4,2). Sie mussten ihr Leben so betrachten, als stünden sie vor dem Richterstuhl Christi. Durch das Verständnis dieser Dinge lernte Paulus die Furcht des Herrn kennen, und er legte es seinen Lesern ans Herz, dass sie sich selbst prüfen sollten, als stünden sie vor dem Richterstuhl des Herrn. Während unseres kurzen Aufenthaltes auf dieser Erde werden wir nicht nur von der Welt gründlich in Augenschein genommen, sondern auch vom Herrn, der uns beurteilt (1Kor 4,4). Wir wissen: «Alles ist enthüllt und aufgedeckt vor den Augen dessen, dem wir Rechenschaft zu geben haben» (Hebr 4,13).

Aus welchem Beweggrund werden wir ein Leben in der Heiligung, in der Hingabe und im Dienst für Gott führen? Aus der ehrerbietigen Furcht des Herrn, die uns die Tatsache einflösst, dass wir am Ende Rechenschaft ablegen müssen?

Liebe, die eine Antwort erwartet

Aber es gibt noch einen weiteren Grund, der noch bewegender ist. Es ist der Beweggrund im wahrsten Sinne des Wortes, die lebenswichtige Ursache für unser Leben mit dem Herrn und für seinen Dienst, und zwar:

> «Die Liebe des Christus drängt uns, da wir von diesem überzeugt sind: Wenn einer für alle gestorben ist, so sind sie alle gestorben; und er ist deshalb für alle gestorben, damit die, welche leben, nicht mehr für sich selbst leben, sondern für den, der für sie gestorben und auferstanden ist» (2Kor 5,14-15).

Auf welche Liebe bezieht sie sich, auf unsere zu ihm oder auf seine zu uns? Zweifellos auf seine Liebe zu uns. Meine Liebe ist so armselig, so schwach, so unvollkommen, dass ich ihm nur ganz ehrlich wie Petrus sagen kann: «Herr, du weisst, dass ich dich lieb habe» (Joh 21,16). Es ist seine Liebe zu uns, die ihn ans Kreuz gebracht hat, um zu sterben, damit wir die Erlösung bekommen. Er ist auferstanden, um uns aus Liebe zu Teilhabern seines Lebens zu machen. Es ist seine Liebe, die uns antreiben soll, nicht für uns selbst zu leben, sondern für den, der für uns gestorben und auferstanden ist.

«Drängen» hat die Bedeutung von «verpflichten», «zwingen», «beherrschen». Die Liebe Christi verpflichtet uns, sie zwingt und beherrscht uns. Diese Liebe «treibt uns in die Enge». Sie gab uns den erstaunlichsten Beweis, den wir uns nur denken können: dass er «für alle gestorben» ist.

Diese unergründlich tiefe Liebe, die durch seinen Heiligen Geist in unsere Herzen ausgegossen ist (Röm 5,5), drängt uns nun, wie Paulus sagt, sie treibt uns an und gibt uns die nötige Kraft, um für ihn in einem Leben der wahren Heiligkeit und eines aufopfernden Dienstes zu leben.

Was ist einleuchtender, als dass diejenigen, die von der Herrschaft des Ichs und von der Sünde befreit worden sind, als Einzige das wahre Leben leben können? Was ist anderes von ihnen zu erwarten, als dass sie ihr Leben dem weihen, von dem sie das Leben aufgrund seines Todes und durch die Kraft seiner Auferstehung erhielten? Ohne Zweifel ist es so, wie es William MacDonald in seinem Kommentar zum Neuen Testament sagt:

> «Der Heiland starb nicht für uns, damit wir in unserem eigenen erbärmlichen und egoistischen Leben so weiterleben, wie wir es wollen. Er starb vielmehr für uns, damit wir ihm von nun an unser Leben in einer liebenden und freudigen Ergebenheit weihen.»

In 1. Johannes 4,17-18 steht geschrieben:

> «Darin ist die Liebe bei uns vollkommen geworden, dass wir Freimütigkeit haben – haben können – am Tag des Gerichts, denn gleichwie er ist, so sind auch wir in dieser Welt. Furcht ist nicht in der Liebe, sondern die vollkommene Liebe treibt die Furcht aus, denn die Furcht hat mit

> Strafe zu tun; wer sich nun fürchtet, ist nicht vollkommen geworden in der Liebe.»

Manche meinen, dies sei die Liebe, die Gott uns gibt (vgl. 1Joh 4,13-16). Andere denken, dass dies unsere Liebe zu Gott sei und dass sie sich, als Folge davon, auf die Glaubensgeschwister projiziert (vgl. 1Joh 4,11-12.19-20). Wie dem auch sei: Die Liebe, die im Leben des Gläubigen wächst – d. h., sie hat in dem Gläubigen den Platz gefunden, wo sie sich vollkommen entfalten kann –, gibt ihm die Zuversicht, sich ohne Furcht dem Gericht vor dem Richterstuhl Christi zu stellen (denn darauf bezieht sich sicherlich Vers 17). Wenn wir im Bereich der Liebe leben, dann werden wir keinen Tadel vonseiten des Richters zu erwarten haben. J. N. Darby schreibt:

> «Wenn ich an die Liebe denke, bin ich glücklich. Aber wenn ich an das Gericht denke, dann ist mein Gewissen nicht sehr ruhig ... aber hierfür gibt es etwas: ‹Wie er ist, so sind auch wir in der Welt› (1Joh 4,17). Die Liebe zeigte sich darin, dass Gott zu uns kam, als wir Sünder waren. Man erfreut sich ihrer in der Gemeinschaft, aber sie wird erst darin vollkommen: dass ich in Christus bin und dass Christus sich selbst am Tag des Gerichts verdammen müsste, wenn er mich verdammen wollte, denn wie er ist, so bin ich in dieser Welt ...»

Es stimmt, dass in der Liebe keine Furcht ist, denn die Liebe steht über der Furcht. Wenn wir lieben, wie wir geliebt werden, dann wird es keine Angst geben, sondern ein vollkommenes Vertrauen, das uns ermöglicht, an jenem Tag beruhigt auf die Urteilsverkündigung dessen zu warten, der sagen wird: «Recht so, du guter und treuer Knecht» (Mt 25,21.23).

Das unmittelbare Bevorstehen der Wiederkunft des Herrn und dann vor seinem Richterstuhl erscheinen zu müssen, die Verantwortung, als Verwalter so zu leben, dass es «Lob, Ehre und Herrlichkeit zur Folge habe bei der Offenbarung Jesu Christi» (1Petr 1,7) und, als Quelle der Inspiration, die Liebe Christi, die uns drängt, ein integres Leben nach dem Willen Gottes zu führen, um das Evangelium der Gnade zu verteidigen, es an andere weiterzugeben und es zu verkündigen und auch uns gegenseitig zu ermutigen und zu erbauen – das alles sind Gründe, die unsere Lebensführung und den Dienst für Gott antreiben.

Es ist an der Zeit aufzuwachen

In den Worten von Römer 13,11 wird uns Alarm geschlagen:

> «Und dieses [sollen wir tun] als solche, die die Zeit verstehen, dass nämlich die Stunde schon da ist, dass wir vom Schlaf aufwachen sollten; denn jetzt ist unsere Errettung näher, als da wir gläubig wurden.»

Was hat uns schläfrig gemacht? Was für ein Schlaf hat uns überwältigt? War es der von Simson, wegen fehlender Heiligung? War es Jonas Schlaf, der den Hilferuf der Verlorenen nicht hörte? War es der Schlaf der Bequemlichkeit und der Unzufriedenheit, wie bei der Frau aus dem Hohelied Kapitel 5? Oder schlafen wir wie Petrus und vergessen dabei das Gebet? Ist es vielleicht der Schlaf des Eutychus: Müde von der Arbeit vernachlässigen wir das Wort Gottes? – Was ist Ihr «Schlaf»?

Es ist an der Zeit aufzuwachen. Die Rettung ist nahe. Der Herr spricht:

> «Und siehe, ich komme bald und mein Lohn mit mir, um einem jeden so zu vergelten, wie sein Werk sein wird» (Offb 22,12).

> «Siehe, ich komme bald; halte fest, was du hast, damit [dir] niemand deine Krone nehme!» (Offb 3,11).